职业指导核心技能训练手册
（指导篇）

中国就业培训技术指导中心　组织编写

中国劳动社会保障出版社

图书在版编目(CIP)数据

职业指导核心技能训练手册. 指导篇/中国就业培训技术指导中心组织编写. -- 北京：中国劳动社会保障出版社，2020

ISBN 978-7-5167-4641-7

Ⅰ. ①职… Ⅱ. ①中… Ⅲ. ①职业选择-手册 Ⅳ. ①C913. 2-62

中国版本图书馆 CIP 数据核字(2020)第 162695 号

中国劳动社会保障出版社出版发行

(北京市惠新东街 1 号 邮政编码：100029)

*

北京市艺辉印刷有限公司印刷装订 新华书店经销

787 毫米×1092 毫米 16 开本 26. 25 印张 328 千字

2020 年 12 月第 1 版 2022 年 3 月第 2 次印刷

定价：65. 00 元

读者服务部电话：(010) 64929211/84209101/64921644

营销中心电话：(010) 64962347

出版社网址：http://www.class.com.cn

编写人员

主　　编　田光哲　张裕佳

执笔人员　田光哲　顾　珂　许可林　寇　蕊　宋　瑞
　　　　　郝　清　孙　炯　刘凤景　苏丽波　张号全
　　　　　李　晨

前　言

党的十九大报告指出，就业是最大的民生，要坚持就业优先战略和积极就业政策，实现更高质量和更充分就业，提供全方位公共就业服务。作为贯彻党的十九大精神的具体举措，人力资源和社会保障部会同国家发展和改革委员会、财政部印发了《关于推进全方位公共就业服务的指导意见》（人社部发〔2018〕77号），提出构建“覆盖全民、贯穿全程、辐射全域、便捷高效”公共就业服务体系的目标和要求，为当前和今后一个时期公共就业服务发展指明了方向。

职业指导是公共就业服务的重要组成部分。职业指导帮助人们充分了解自我、正确认识就业形势、掌握国家就业政策，将劳动者个人的职业生涯发展和社会需要紧密结合起来，在实现就业、稳定就业过程中发挥着重要作用，是更高水平、更精细化、更有针对性的公共就业服务。

为了适应新形势下的任务要求，帮助广大职业指导工作者进一步提升业务素质，大力推进职业指导人员队伍专业化建设，我们组织专家、学者和具有丰富实践经验的一线工作者，共同编撰出版《职业指导核心技能训练手册》系列丛书，希望本套丛书能为读者提升业务技能带来帮助。

本书编写过程中，得到有关单位和人员的大力支持，在此致以诚挚谢意。由于时间关系和编撰人员业务水平所限，本书难免有错漏之处，敬请读者批评指正。

目　录

01章　帮助指导基础

02章 帮助指导的内容

03章　高校毕业生就业的帮助指导

04章　城镇失业人员就业的帮助指导

05章 进城务工人员就业的帮助指导

06 章　残疾人就业的帮助指导

07 章 用人单位招用工指导

01 章

帮助指导基础

总体而言，职业指导有两个重要的组成部分：职业诊断和帮助指导。《职业指导核心技能训练手册（诊断篇）》一书已经全面介绍了职业诊断的内容，本书将针对帮助指导的内容进行专门介绍。之所以将职业指导“一分为二”有两个目的：一是要突出“职业诊断”的功能作用，以做到发现问题症结，对症下药，更好地实施有针对性的帮助指导；二是要突出“帮助指导”在职业指导过程中的功能作用，强调服务的主动性、帮扶的有效实施和问题解决的目标效果，以做到提供积极策略和实施有效措施，更好地发挥职业指导在就业服务工作中的积极作用。

本章分为两节，重点从两个方面介绍帮助指导。第一节，帮助指导基础。这一节主要介绍帮助指导的定义、帮助指导的基本原则、帮助指导的基本策略、帮助指导的基本流程和内容、帮助指导的基本类型以及职业指导人员的道德和行为要求。本节重点要阐明三个问题：一是帮助指导的本质特征是什么，从五个方面阐述了帮助指导的定义，在性质上明确了帮助指导的基本内涵和定位；二是实施帮助指导应当遵循什么规则、如何开展有关工作，详尽介绍了开展帮助指导的基本思想、工作内容以及实施类型，在理论上提供了开展帮助指导的框架支撑；三是作为一名职业指导人员，在实施帮助指导过程中应当遵守的职业道德和行为准则是什么，对职业指导人员做好帮助指导提出了道德和行为方面的具体要求。第二节，帮助指导的主要技术。这一节从信息采集、咨询指导、行为改变、认知调整、跟踪指导、自助指导六个方面，系统介绍实施帮助指导的核心技术。学习本节对有效提升职业指导人员开展帮助指导的技术能力水平具有重要作用。

第一节　帮助指导概述

一、帮助指导的定义

帮助指导是为劳动者就业、稳定就业、职业发展和用人单位招用工提供咨询、指导及援助的过程。换言之，帮助指导就是为了解决服务对象在就业方面遇到的问题，为其出谋划策、指点引导、出力相助的过程。这里之所以称为帮助指导，就是意图更加突出“帮助”，并强调其主动性和实施性内涵。通过对帮助指导定义的了解，能使广大职业指导人员在服务工作中取得更多的实质性帮助效果，使更多服务对象从中受益。帮助指导的定义可以从以下五个方面加以理解。

（一）帮助指导的服务对象

帮助指导的服务对象包含人力资源市场中劳动者和用人单位两个主体。帮助指导既要面向劳动者，促进其就业、稳定就业和职业发展；同时又要面向用人单位，对其招用工等进行指导服务，两者不可偏倚。仅仅强调对劳动者的帮助指导而忽略对用人单位的帮助指导是全局上的失误，会严重影响帮助指导的效果，应当加以纠正。对用人单位的帮助指导是就业服务的重要组成部分，也是当前帮助指导工作过程中相对薄弱的环节，应当予以进一步完善，加速提升职业指导人员队伍在这方面的实施能力和专业水平。

（二）帮助指导的最终目标

帮助指导的最终目标是促进个人的职业发展。一般来说，帮助指导的目标可概括为促进就业、促进就业稳定和促进个人职业发展。这种概括需要强调两点：第一点，促进就业、促进就业稳定是过程，而最终要实现的目标是个人职业发展，是要让每一位劳动者都可以拥有更多的获得感和幸福感，那种仅以“找份工作”为目的的做法是不全面的，有碍于帮助指导工作有效开展；第二点，就业、就业稳定、职业发展三者是递进的，也是相辅相成、互为依托的，在进行帮助指导的过程中需要无时无刻地注意到这个关系，同时应注意到不要偏离职业发展这个最终目标，这对提升帮助指导的长远效应具有极为重要的意义。

（三）帮助指导的实施线路

帮助指导伴随个人职业生涯全过程，而不仅是其中某一个阶段或时期。这实质上是在强调两点。第一点，帮助指导的过程是漫长的、分阶段的，正如美国著名学者唐纳德·休珀（Donald Super）在他的职业发展阶段说中所阐述的那样，职业生涯包括成长阶段、探索阶段、确立阶段、维持阶段、衰退阶段，这些阶段串联起来就是一个大循环，人们在不同阶段中所扮演的角色是完全不一样的，而角色不同，需求和目标一定就会不同。第二点，帮助指导在不同阶段中存在着完全不同的目标和任务，远比人们想象的要复杂得多。帮助指导伴随个人职业生涯的全过程，预示着其工作的长期性、丰富性和复杂性，而这也说明了职业指导人员肩负着光荣而艰巨的使命。

（四）帮助指导的附加作用

帮助指导具有教育和援助的附加作用，其不仅体现在提供职业信息、进行政策宣讲等方面。例如，职业指导人员在为求职者出谋划策，帮助他们选择正确的职业发展方向、定位适宜的工作岗位等过程中采取的信息提供、解释引导、说服劝告等指导措施都具有教育的附加作用；又如，职业指导人员向就业困难人员送政策、送温暖、送岗位等行为，都具有援助的附加作用。积极正确的教育可以使人一生受益，及时有效的援助可以为困难人员解燃眉之急，使其建立健康的价值取向和职业态度。从这个角度来看，教育和援助等附加作用所产生的效果也可以反映出帮助指导的绩效。

（五）帮助指导的工作宗旨

帮助指导的工作宗旨是要为服务对象提供更多有效帮助，要努力解决问题。指导就是积极地出主意、想办法，帮助就是努力地提供支持和援助，实质上都是在强调问题的解决，强调职业指导人员面对服务对象所遇到困难和问题应当千方百计地提供好的解决思路和有效的解决措施，以解决问题为导向，不遗余力地在服务对象最需要的阶段和时刻提供针对性的支持和援助。这既是帮助指导工作的核心价值，也是职业指导人员需要不懈追求的工作境界和目标。

二、帮助指导的基本原则

（一）坚持责任分担

提高帮助指导的效果，首先强调的是责任分担，具体来讲必须做到三点。一是建立良好的帮助关系。帮助者愿意主动积极地实施帮助，被帮助者愿意欣然接受帮助，这种关系就是一种关照性的关系，也可称为一种“帮助联盟”，这个“联盟”的强弱是关系到帮助指导能否成功的主要因素。帮助者不回避，被帮助者不拒绝，才能保障帮助指导能够正常实施。二是实现认识上的统一。帮助者和被帮助者应对帮助的关系、帮助的目标、帮助的结果等方面形成一致的认识，保证在行动上能够形成默契。三是帮助者和被帮助者都应知道自己应当做什么，知道自己对实现既定目标负有哪些责任，以保证取得真正有效的帮助指导效果。

（二）坚持尊重需求

尊重服务对象的需求是做好帮助指导工作的基本前提，也是以人民为中心思想的具体体现。贯彻这一原则应主要着重于三个方面：一是从思想上要认识到服务对象的需求是自我意志的体现，是一种客观存在，应当予以关注，予以理解，予以接纳，不应将自己的喜恶强加于人；二是从态度上要积极支持配合，努力协助服务对象以满足其需求，认真负责，主动实施；三是从行动上要结合个别差异，分门别类，审慎评估可行性，积极建言献策，努力帮助服务对象实现既定目标。如果对服务对象的需求有深刻认识，端正服务态度，在行动上做到尽心尽力，帮助指导就具备了坚实的基础。

（三）坚持问题导向

将问题导向作为行动的出发点是做好帮助指导工作最根本的原则和帮助指导工作的本质特征。做到这一条应从两个方面加以理解。一是要开展精准化服务，满足服务对象个性化需求。要根据服务对象面临的问题和困难，制订符合其特点和条件的帮助指导计划，精准施策，设计专门的帮助路径、援助措施和解决方案。将帮助指导做深做细，做到共性问题共同解决，个性问题个别指导，特殊问题特别对待，避免上大课、做大报告、开大会等粗放的做法。二是要切实帮助服务对象排除障碍，及时有效解决问题，尤其是围绕困难群体要开展全程指导，开展调查摸底，分析其自身特点和可利用的就业资源，帮助其树立积极的就业意识和生活信念，实施即时服务、全程帮扶。要杜绝喊口号、摆花架子，真正地将以人民为中心的思想付诸实践，落实到具体的解决问题的工作中。

（四）坚持引导自助

自助指导是以提供普及资料、信息和工具为主要形式的职业咨询和指导服务，能够使帮助指导发挥更广泛的作用和效果，而进行自助指导的一个重要途径就是引导服务对象自助。引导服务对象实现自助指导需要重点落实两个方面。一是要加强自助指导服务内容的宣传。在实施自助指导的过程中，规范自助指导内容，提供灵活的自助指导形式，通过及时发布有效信息、大力宣传就业典型、精心挖掘典型案例等方式，做好相关自助服务宣传。特别是要通过提升服务对象的获得感、幸福感和满意度，不断提升自助指导的服务效果并扩大其应用范围。二是扩展自助载体。在继续利用报纸、电视等传统媒体开展自助指导宣传的基础上，根据服务对象获取信息方式的不同拓展传播渠道，采取他们易于接受的形式，依托微信、微博、直播平台等新媒体，做到有机结合，互为补充，从而达到最佳的自助指导效果，令就业创业政策等相关信息宣传入户、入校、入企、入人心。

（五）坚持促进发展

持续性地获得职业发展是每一位服务对象的根本愿望，是个人不断走向自我实现的战略，是促进个人成长的推动力，是开展帮助指导的最终使命。因此无论在任何情况下，帮助指导都应毫不动摇地围绕这个理念开展工作，全力以赴地帮助服务对象实现这个目标。实施促进发展的原则应做到五个结合。一要结合服务对象意愿。结合服务对象意愿实施帮助指导，将其作为促进发展的依据、方向和目标，最容易使服务对象获得尊重感、获得感，也可以使服务对象在最大限度上予以配合，容易收到较好的帮助成效。二要结合个人特点。结合个人特点促进职业发展，可以最大限度地调动个人的潜能，可以使个人最容易、最快捷地获得职业发展。三要结合环境条件变化。围绕环境的变化促进发展，顺应形势，才有可能更好更快地发展。四要结合个人发展的可能性。个人占有的资源是决定职业发展的条件，结合个人所具备的条件促发展，既是现实之举，也是明智之举。五要结合国家和社会需要。到祖国最需要地方去发展，到社会最急需的岗位上去奋斗，是每一位有志之士寻求发展的最佳出路，职业指导人员应当帮助指导服务对象努力实现个人发展与国家、社会需要相结合的目标。

三、帮助指导的基本策略

（一）结合不同就业群体特点，提供“多元化”的帮助指导服务

1. 开展巡回指导。职业指导人员要面向社会，要主动地、不断地向社会延伸，要进入街道、进入社区、进入学校、进入企业去宣传就业政策、发布职业信息、处理疑难问题、总结典型经验，要贴近劳动者和用人单位，直接解决问题。

2. 开展生涯出路指导。职业指导人员要为高校毕业生提供生涯出路指导，要帮助高校毕业生树立积极的就业观念，正确选择就业、创业、升学、留学等发展方向。要为高校毕业生提供政策和信息咨询指导，提供实施对策和方法，开展就业、创业风险评估，开展针对性的学习与训练，帮助他们选择更加适合自己发展的生涯出路。

3. 开展职业适应性指导。职业指导人员要结合青年就业人员开展职业适应性指导，要积极宣传现代企业文化，帮助其树立责任意识、服务意识、规范意识、沟通意识、团队意识以及创新意识，促进其就业稳定和职业发展，促进人职匹配。

4. 开展以社区岗位开发为重点的帮助指导。职业指导人员要围绕城镇下岗失业人员开展工作，就应与社区及有关部门建立稳定的合作关系。职业指导人员应结合社区经济发展，以社区岗位开发为重点，分析社区岗位特征，搜集社区就业岗位信息，不断汇总社区潜在岗位类型和

需求，及时向社区内下岗失业人员发布信息，提供引导，及时反馈，实现其在社区就业。职业指导人员要探索社区就业帮助指导的方法和途径，提高下岗失业人员进入社区服务领域的人员比例和稳定性，以居家养老、家政服务以及新就业形态岗位的开发为突破口，细致调查、摸底分类，利用典型引路等方式对有条件的下岗失业人员开展针对性的指导。职业指导人员还应提供跟踪帮助指导，主动搜集反馈信息，及时解决各种问题。

5. 开展招用工指导。职业指导人员要围绕用人单位“招工难”“用工难”为主要突破口，搭建就业服务平台，开展同业交流，帮助用人单位分析招用工问题成因，使用人单位认识误区、转变观念，树立人力资源为第一资源的理念，进而改进招用工方法、提高工资待遇和福利、保障员工权益、改善生产条件、提供技能培训机会、提供晋升发展空间、建立积极的企业文化等，最终达到促进用人单位适应新形势，适应未来经济和社会发展需要的目的。

（二）结合特别困难群体，开展“精准化”的帮助指导服务

1. 要对困难群体开展分类帮助指导。职业指导人员要将对困难群体的帮助指导做深做细，根据困难群体的就业条件进行调查摸底，建立特困指导档案并合理分类、逐一分析，考虑特困人员自身特点和可利用的就业资源，结合就业政策制订指导计划，提出具有针对性的援助措施和办法。要选派工作责任心强，具有丰富经验的职业指导人员负责以上工作，做到明确援助对象、明确援助的目标和任务、用爱心和诚心实施分类指导服务，做到共性问题共同解决、个性问题个别指导、特殊问题特别对待。

2. 要对困难群体开展即时帮助指导。职业指导人员要做到对困难群体所遇到的现实问题及时了解、主动引导、积极献策、及时办理，帮助其树立积极的就业意识和生活信念，分析自身可利用的资源和特长，

克服自身弱点。宣传就业、再就业政策时，要结合每个人的具体情况，积极主动拓宽就业渠道，想方设法排忧解难，推荐就业，指导就业，实施即时服务。

3. 要对困难群体实施全程帮助指导。职业指导人员要对特困人员实施“一对一”的入户跟踪服务，开展多种形式的沟通，了解其遇到的困难，建立信赖感，并动员全社会各方面的力量为其献上一份爱心，献上一份力量，尽到一份责任。要采取安排专门的职业指导人员、建立专门服务窗口、召开专场招聘会、树立先进典型等措施，将就业政策、劳动力市场信息、求职计划、就业指导和训练送上门。对重点人员要提供应急措施，多方面引导，多渠道推荐就业，多层次提供援助，不厌其烦、不畏其难、不辞辛苦地做好就业安置，实施全程化的跟踪帮扶服务。

（三）结合不同服务对象的问题，开展预防性帮助指导

预防性帮助指导是指针对不同服务对象所面临问题的性质和难度，以提前入手为基本策略，以自助、互助、帮助为主要形式开展的具有针对性、系统性的帮助指导活动。预防性帮助指导强调五个方面。一是不同服务对象所开展的预防性帮助指导内容有所不同。例如，对于下岗失业人员的预防性帮助指导需要侧重的是国家再就业援助政策的宣传、自信心的建立等，而对于新成长劳动力即那些要求初次就业的年轻人，则需要在就业观念、求职技巧、良好职业意识建立等方面加以预防性帮助指导。二是根据问题的特点和类型，开展分层、分类指导。例如：对于一些易于解决的问题，主张首先排除解决，尽可能避免服务对象因此而受挫；对于一些复杂的问题则主张提前着手，防止问题恶化。三是一切强调提前解决。提前解决问题，将困难和障碍及时排除，减少挫折频率，减少挫折强度，可显著增加成功的可能性。这是预防性帮助指导策略的核心所在，对广大服务对象尤其是那些困难群体而言更是至关重要的。四是强调针对性、系统性。预防性帮助指导只有在有针对性，且又

是从全面进行考虑的帮助指导活动的影响下，才能产生好的效果。五是强调自助和主动。可以看出，预防性帮助指导的一个主要价值是体现在未雨绸缪上，但更重要的还体现在唤起自助的理念上。预防性帮助指导主张责任分担以及指导者和被指导者双方人员积极参与。在指导的过程中，它更强调被指导者的主观能动性，促成的不是被动的接纳，而是双方积极的沟通和互动，是被指导者的自主和主动。事实上，在许多情况下，问题的解决更多是依靠被指导者自身，而不是仅仅依赖于职业指导人员。从这个意义上来讲，预防性帮助指导对我国职业指导工作的推动，对促进就业均具有重大的现实意义。

预防性帮助指导在具体实施方面，进一步提出“三级预防”的思路，具体内容如下。

1. 一级预防，主要针对问题未暴露期。其目的是采取各种积极措施，消除和控制在实现就业和稳定就业过程中将遇到的各种障碍因素，防止无问题人群遭遇挫折。能够充分体现一级预防的情况很多，例如，对社区就业人员所实施的预防性帮助指导：通过典型现身说法帮助下岗失业人员转变就业观念、树立服务意识，帮助其了解社区就业岗位的职业要求，帮助其结合自身特点选择职业岗位，帮助其做好上岗前的心理准备等。又如，对大学毕业生所实施的预防性帮助指导：开展有针对性求职训练，帮助大学毕业生进行个人形象设计以避免遭受求职失败，帮助其广泛了解职业岗位情况以避免误入歧途或选错行当，帮助其充分了解就业形势并制定可持续性的职业发展规划，防止其因一厢情愿、固守一步到位的就业决策而遭受挫折等。

需要指出的是，在一级预防过程中更主张责任分担，即更多问题力图通过服务对象的自助来解决，职业指导人员在该阶段的工作有许多内容旨在帮助服务对象唤起自助的意识。

2. 二级预防，可称为问题前期预防。其目的是在实现就业的前期做好“早发现问题”“早确定问题”“早解决问题”的“三早”预防措施，以防止问题恶化。二级预防讲的就是“三早”，许多问题的解决只要提早着手就能够收到很好效果。例如，因地区产业结构调整而下岗的职工再安置、失地农民安置问题等，都是敏感的问题，但许多地区提前着手，结合每一位服务对象的实际情况深入开展指导，结果使下岗职工和失地农民平稳实现了职业生涯的转折。相反，如果不去重视问题前期预防，所带来的自然是难于避免的不良结果。例如，一些女性高校学生在选择专业的时候缺乏指导，没有很好论证专业的选择和日后就业的关系，结果导致毕业找不到工作。像这样的问题，如果在她们一入校时起就着手进行解决，自然要比等到毕业时再处理来得容易多了。

3. 三级预防，可称为问题预防。其主要是对特殊问题群体实施的包括职业指导在内的系统干预。任何就业群体总会存在一些具有特殊问题的人员，例如下岗失业人员中的“4050”人员，面对这样的就业人员，仅仅开展一般性的帮助指导已经不足以解决其问题，这就需要开展“问题预防”。问题预防讲的是特事特办，要针对特殊的问题制定特殊的方案，实施特殊的措施，采取全方位、综合性的解决方案，即不仅要开展职业指导，同时还要提供政策等方面的支持和帮助。

从“三级预防”的架构可以看出：首先，帮助指导的活动展开是分级进行的，这样就可以满足不同问题人群的需要；其次，帮助指导活动可以指向不同类型群体，如果按照下岗失业人员、新成长劳动力、农村富余劳动力、在职人员这四大类就业群体进行考虑，每一类就业群体都应设有三级预防，这样就可以建立起一个较完善的帮助指导的预防系统。

预防性帮助指导的提出具有战略意义，有利于变被动为主动，与当前就业服务工作密切结合，还有利于完善职业指导工作体系。北京、上海等地开展的跟踪指导服务，对下岗失业人员开展的社区就业准备训练，对中小企业人员开展的教育和培训，对家政服务人员开展的上岗前训练等都体现了这种思想。

四、帮助指导的基本流程和内容

阐述帮助指导的基本流程和内容，最主要的目的就是要规范帮助指导的行为。不同服务对象和目标任务的操作流程和工作内容常常会有所不同。为了能够更好地反映帮助指导要真正能够起到的“帮助”思想，且能够做到在实践中更加便于掌握其基本要领，这里将各种不同情况归纳为两种主要形态：对个体实施帮助指导和对用人单位实施帮助指导。前者的目标是为了帮助人们实现就业、就业稳定，促进职业发展；后者的目标则是为了帮助用人单位实现更加合理的招用人。

（一）个体帮助指导的基本流程和内容

1. 对个人所占有的资源进行评估。这是实施帮助指导的首要环节，实施这个环节的目的就是要对帮助指导的前提进行本质上的分析和评估。在这个环节中，需要重点了解服务对象三个方面的信息。一是个人的自然信息，如姓名、年龄、性别、学历、个人成分、婚姻状况、家庭状况、家庭住址、户籍所在地，甚至包括身高、体重、相貌等信息。这些信息是实施帮助指导的背景信息，对制定帮助指导的决策和方案具有重要意义。二是个人的求助诉求。如个人希望找一份工作，那么就需要详细了解其对工作岗位、工作时间、工作环境、薪酬待遇、培训学习等的要求。这方面的信息决定着帮助指导的目标制定。三是了解个人的职业局限性、职业优势和特点。这方面的信息直接影响帮助指导决策制定。对个人所占有的资源进行分析和评估严格来讲是职业诊断的内容，更加具体的做法可参见《职业指导核心技能训练手册（诊断篇）》一书。在学习研讨过程中将其与帮助指导分别阐述，但在实践中，则应当将其视为帮助指导的一个不可缺少的环节。

小贴士：

北京市公共就业服务职业指导八项基本服务内容[①]

1. 人力资源和社会保障法律、法规、就业优惠政策指导
2. 标准化职业测评服务
3. 生涯出路指导
4. 职业信息获取指导
5. 应聘指导
6. 就业心理调适
7. 职业培训指导
8. 创业项目推介

2. 提出帮助指导思路。上一个工作环节固然对帮助指导具有重要意义，但是真正影响帮助指导取得成功的关键，则在于帮助指导思路的提出。在这个环节中，职业指导人员要综合个人所面临的情况，重点回答三个问题。一是问题解决的“方向”是什么？例如：是采用常规做法，还是非常规做法；是保守处置，还是主动出击；等等。“方向”具有全局性，寻求的是问题解决的基本定位与如何从本质上解决问题等，这些都直接决定着目标最终是否能够实现。二是问题解决的“基本策略”是什么？是扬长避短，还是将变劣势为优势；是维持现状，还是持续渐进实现改变。策略是行动的途径，寻求的是行动的准则和方法以及干预的可能性等，这又决定着帮助指导行动是否可以一步步走向成功。三是解决问题的“突破口”在哪里？突破口是突破困难的最薄弱处，

① 《北京市公共职业指导服务规范》（2014 年），北京市质量监督局颁布。

是在操作层面上实现帮助指导的关键和前提。“方向”是战略，“策略”是战术，“突破口”是实施操作的前提，这三个问题的解答是帮助指导的核心技术问题，是帮助指导工作能否得以取得成效的关键。这三个问题的思考和归纳是一个非常复杂的思辨和论证过程，反映了职业指导人员的智慧、经验和技术水准，需要其长时间的工作积累、刻苦学习和实际训练才能顺利完成，是职业指导人员实施帮助指导的技术难点。

3. 提供具体的帮助措施。仅仅是了解服务对象的情况并形成帮助思路还不能使其摆脱困境，最关键的是提供解决问题的具体措施。具体措施不是思路，不是建议，更不是虚无缥缈的空话，而是解决问题的具体办法，是打开锁头的“钥匙”，是攻克难关的“招数”。有了措施，问题才会得到解决，疑难才能得到克服，否则充其量只能算是纸上谈兵。例如，指导人们寻找工作，不能只是告诉人们“上网”“找中介”。讲“上网”要讲清楚上哪一家网站，上了网又怎样才能找到有用的信息，找到了信息又如何有效地筛选和甄别，获取了信息又如何与用人单位进行联系和沟通等。又如，找中介，要讲清楚找哪一家中介，怎样才能找到，找到后应当怎样与人沟通，又要如何识别和预防黑中介等。提供帮助措施这个环节，真正体现了就业服务工作的服务功能作用，是真正体现“始于您的需要，终于您的满意”理念的最有说服力的行动。为此，提供帮助措施时应做到三点：一是措施办法要看得见、摸得着、可操作、可借鉴；二是应紧密结合个人实际，具有针对性、可行性、有效性，确实做到有的放矢，“药”到“病”除；三是应体现综合治理的思想，从不同方面提供帮助措施，确保问题可以得到解决。

总之，对个体的帮助指导应当实现五点基本内容：一是给予受助者情感支持，体现出热忱、友谊、理解、接纳和共情，联合他/她共同努力克服困难；二是提供一个保护性的环境氛围，使受助者的情绪可以得到宣泄和释放，解决内心冲突，而不用担心遭到拒绝或泄露隐私；三是唤起受助者内部动力，使其从一个全新的角度看待自己和面临的情景；

四是帮助受助者分析问题原因，提出摆脱困境的指导建议；五是为其职业发展实践提供可实现的机会。

（二）用人单位帮助指导的基本流程和内容

1. 了解用人单位招用工需求。在这个环节主要涉及四个方面的内容。一是了解用人单位的用人需求，听取用人单位对招用人员的计划安排及用人条件和标准，了解用人单位人力资源分布及其特点，尤其是急需职业岗位的人力资源需求状况。二是向用人单位介绍人力资源市场供求状况，尤其要结合用人单位招用人的职业岗位供求情况，重点分析研判当前企业的用工情况，企业招用工中的问题、难点以及产生的原因。三是有针对性地宣传积极的就业政策法规及公共就业服务相关功能，帮助用人单位了解国家、地方就业形势和就业政策的发展变化，放眼长远，遵循市场规律，牢固树立人力资源为第一资源的理念，促进其完善内部管理制度，提高管理水平，建立规范用工制度。四是了解用人单位中长期发展趋势和未来人力资源需求的合理性、可能性，为其提供相关典型做法和经验。

2. 提出招聘和用人调整的思路建议。这个环节的重点就是为用人单位缓解招用工难的问题提供思路和建议，主要涉及三个方面工作：一是向用人单位提供缓解招用工难的建议，介绍解决招用工难问题的主要做法，帮助指导用人单位制定相关决策；二是对暂不能通过职业介绍服务及时填补的岗位空缺，与用人单位协商，提出调整工作要求、调整用人用工条件等方面的建议；三是根据用人单位招用人的需求，针对用人单位在人事管理等方面的问题，提出更加积极的用人对策和管理建议。

3. 提供具体的帮助指导服务。实施这个环节主要涉及六项服务。一是人力资源状况咨询服务。即针对新注册的，或者面临招聘困难，人员缺口较大，需要调整人员招聘方案的用人单位，为其提供当地人力资源总体状况、同行业岗位薪酬标准、绩效考核体系、福利制度以及具有地域特色的招聘模式等方面的咨询指导，以帮助用人单位了解人力资源整体情况，有针对性地制订符合当地特点的招聘计划，提高招工效率。二是薪酬福利规划咨询服务。即针对因薪酬结构简单、薪酬偏低、福利保障水平较低而招人困难的用人单位，为其提供当地最低工资标准、企业普遍薪酬体系、不同行业同岗位薪酬标准、同行业同岗位薪酬标准、企业保险福利体系等方面的咨询指导，以帮助用人单位结合自身实际情况，建立科学、合理、有吸引力的薪酬福利体系。三是人员招聘计划指导服务。针对有用人需求且存在一定招工困难的用人单位，为其提供有关备选人群的人员供给状况、薪酬条件以及目前当地人力资源市场的招聘计划等方面的咨询指导，并在就业服务部门的指导下，认真分析招聘岗位的特点和目标人群，结合人力资源市场环境，制定招聘方案，以提高用人单位招聘计划的科学性、合理性，提高招聘效率。四是应聘人员就业指导服务。即在用人单位组织面试前针对备选人员进行就业指导服务。结合企业背景、发展方向、岗位特点、薪酬特点等具体情况，对备选人员进行详细的就业指导，详细了解备选人员的就业愿望，帮助其了解用人单位详细情况，转变就业观念，实现双方自由选择，提高面试成功率，减少在面试时重复回答常规性问题的情况，使面试更有针对性，提高效率。五是劳动政策宣讲培训服务。即用人单位在日常人力资源管理过程中，遇到人力资源相关问题（例如劳动纠纷、保险缴纳、加班工资支付标准等）时，为其提供合理化建议，同时根据用人单位普遍反映的问题适时组织各类政策培训、宣讲会，帮助其解答难题，提高人力资源管理的合法性、合理性，减少劳动纠纷的出现。六是企业交流沟通平台服务。即组织用人单位参加所在地区公共就业服务部门组织的各类企业交流、沟通活动。根据区域内用人单位特点、行业类型以及单位的普遍需求，适时组织各类研讨会、培训会、人力资源经理沙龙、疑难问题讨论会等活动，帮助企业及时了解区域整体状况，增加交流沟通的机会，增强区域内横向联系，提升企业管理水平，促进地区人力资源市场的良性发展。

五、帮助指导的基本类型

（一）一般性指导

一般性指导以前台一般指导、自助指导和网上（远程）指导为主要形式，多提供简短职业咨询和指导服务。

1. 前台一般指导。这是指对已办理求职登记的人员或已办理招聘登记的单位提供的简短就业指导。这种指导可帮助求职者及时了解并解决求职过程中遇到的一般性问题，也可帮助招聘单位了解并解决招聘过程中所遇到的一般性问题。指导内容一般包括向服务对象说明就业服务项目，介绍就业政策和本地区就业状况，进行岗位描述等。前台一般指导服务窗口的具体服务要求如下。

（1）做好接待准备工作。应设置等待区；应对服务窗口设置、主要服务内容和流程进行重点标识；应准备好相关资料，保证计算机系统能正常操作，保持工作环境整洁；应主动、热情地接待服务对象。

（2）对服务对象填写的信息进行核准，并对填写的内容进行针对性的指导，使所填写的内容切合实际并符合规定要求。

（3）积极关注、耐心倾听服务对象的陈述，准确把握服务对象的问题，细致解答并提出合理建议，并为有进一步指导需求的服务对象提供职业指导。

（4）将服务对象相关信息准确录入系统。

2. 自助指导。这是指以专门提供职业指导普及资料、信息和工具为主要形式提供的职业咨询和指导服务。其主要有以下两种实施途径。

（1）通过“职业指导角”开展自助指导。一般是指从服务对象需求出发，在服务场所内，规划设置相对独立的自助职业指导区域，借助图文资料、多媒体或网络等设施，为服务对象获取政策法规、岗位信息、创业项目、求职技巧等方面信息的自助式服务。如在公共就业服务场所内设置资料架、宣传栏、多媒体播放器或自助上网设备，配备自助职业指导资料、专用参考资料、工具性资料等，设置“职业展示角”“职场持续教育与培训角”等，使服务对象通过自助方式，增长职业见识、获取职业信息、理解职业生涯道理、学习就业政策、认识企业文化等。

（2）通过设置在互联网上的专用平台开展自助指导。直接针对服务对象的各类指导需求，利用互联网的优势，通过提供“工种介绍”“职业测评”“职场顾问”“视频指导”等自助指导内容，帮助人们更加便捷快速地获取职业岗位特点解析、职业素质测评、求职解惑等各项服务。

自助指导是帮助指导的重要方式，对促进帮助指导均等化，提高其效率和效果具有极为重要的作用和意义。开展自助指导应保障四个方面的基础性工作：一是应制定具体的工作实施方案，并在实践中不断完善；二是不断搜集积累各种媒介的相关资料及展示物；三是配有专门的、具有实践经验、专业资格的人员进行管理和维护，创造性地开展工作；四是要不断建立完善展示、参阅制度，保障这项工作持续有效开展。

3. 网上（远程）指导。以互联网、电话、移动通信为主要手段提供职业咨询和指导服务。随着技术手段日益进步，网上指导服务得以广泛开展，其涉及前台一般指导、自助指导等多方面内容。

（二）个体专门指导

个体专门指导是以“一对一”的形式提供的、具有针对性的职业咨询和指导服务，其主要是围绕服务对象进行“一对一”深入咨询和指导。其指导内容的范围一般包括：求职者的职业选择、岗前准备、岗位适应和职业发展等方面，以及用人单位的用人指导、政策法规指导、在职员工指导、人力资源管理服务等方面。相比一般性指导，个体专门指导更加强调要事先做好接待准备工作，积极关注、耐心倾听服务对象的陈述，准确把握服务对象的问题并帮助服务对象澄清问题，对问题进行细致解答并提出符合咨询指导规范的专业化建议。

（三）团体指导

团体指导是在团体情境下所提供的职业咨询和指导服务。由职业指导人员根据求助者遇到的共性问题或困扰将一定数量的求助者组成团体，以团体成员的相互作用为问题解决提供动力，通过共同讨论、学习与训练，使求助者在团体交流互动中观察体验，学习新的观念，尝试新的行为，获得认识自我、改善自我的能力。团体指导通常由一位至两位职业指导人员作为团体指导者进行主持，参与的求助者称为团体成员。考虑到帮助指导的效果和效率，团体成员一般为 10~20 人。通过多次活动，成员讨论共同关心的问题并互相支持，加深对自己和他人的了解，从而可达到改善人际关系、提高社会适应性、促进人格成长的目的。

（四）跟踪指导

跟踪指导是为帮助就业困难人员顺利实现就业、稳定就业，在其接受帮助指导并上岗后继续提供的支持性帮助指导服务。这类指导一般是针对那些有特殊困难的就业群体开展的，其最本质的目的是希望在这些人就业脚跟还没有站稳的情况下，为其提供更加精细、精准的指导，提供更多的就业支撑点，以确保其实现稳定就业并得到基本生活保障。

六、职业指导人员的道德和行为要求

（一）以人民为中心，尊重服务对象

以人民为中心是对职业指导人员素质的核心要求，是其职业道德的本质。

以人民为中心就是以服务对象为核心，把服务对象的呼声和要求、把满足劳动者和用人单位的需要作为第一信号，以解决他们的现实问题为根本，以实现服务对象的满意为宗旨；以人民为中心就是要尊重服务

对象，即尊重其人格、尊重其情绪体验、尊重其选择，帮助指导本质上是对服务对象进行帮助的过程，职业指导人员只有以完全平等尊重的态度对待服务对象，帮助指导才能正常进行，才能使对方接受帮助指导并取得服务成效；以人民为中心就是要千方百计，尽最大的努力帮助服务对象实现职业生涯的发展，促进人力资源合理匹配，而不是仅仅做表面文章。

（二）尊重差异，不歧视服务对象

职业指导人员要尊重差异，不得因为服务对象的性别、年龄、职业、民族、国籍、宗教信仰、价值观等任何方面的因素而歧视服务对象。要积极理解、接纳服务对象所处社会环境、文化背景的多样性。例如，了解求职者的文化、宗教、种族认同，在指导过程中明确这些因素对其观念和信仰的影响，同时予以积极的尊重，紧密结合服务对象的社会文化背景开展帮助指导；又如，对大学生的就业观念可以从长远发展的角度积极促进其改变，但对那些刚刚从农村进城的打工者而言，最现实的是先帮助他们站住脚。以上就是尊重差异，以人民为中心的具体做法和表现。从实际操作层面上来讲，脱离服务对象的个别差异、忽视服务对象的需要、不去从服务对象的特点或实际出发、忽视对人权的尊重、采用唯我的标准对待服务对象等做法，都违背了这条原则，属于歧视行为。

（三）主动解释，责任分担

职业指导人员应主动向服务对象解释帮助指导的性质、特点、程序、局限性及服务对象自身的权利和义务。主动解释，责任分担主要可理解为两点：一是知情权。即告知服务对象其目前的真实状况，帮助指导的局限甚至是可能会导致的不良后果。这是对服务对象的尊重，也是负责任的表现，同时可以为职业指导人员初步了解服务对象，满足其需求提供帮助，更重要的是为服务对象提供了阐述自己意愿的机会。这种做法对服务对象而言将会带来良好的心理感受，有利于责任分担，有利于指导进程顺利进行。二是责任分担的必要性。帮助指导的目标需要共同完成，效果取决于指导和被指导双方的配合和默契，这就需要双方进行责任分担。事实上，职业指导人员把帮助指导服务的原则、性质、内容等表述得越清楚，服务对象则会越加配合、越加理解，就越加有助于取得职业指导的效果。

（四）事先与服务对象讨论工作重点，达成一致意见

职业指导人员对服务对象进行指导前，应与服务对象就工作的重点进行讨论，并达成一致意见。除此之外，应当事先澄清职业指导人员和服务对象的关系，处在这种关系之中，特别是在服务质量无法评定的情况下，允许服务对象自由选择指导人员是十分必要和明智的。帮助指导工作是一项专业服务工作，服务对象对职业指导人员的信赖是至关重要的，这不仅决定着指导进程能否顺利进行，同时决定着在可能出现的指导过程进展不顺利的情况下，服务对象是否能够接受现实，是否能够正确面对挫折。除了上述原因之外，提倡允许服务对象自己决定是否进入帮助指导关系，自由选择职业指导人员还具有尊重服务对象人权、警示服务对象要对自己的选择负责等意义。

（五）避免使服务对象产生依赖性

职业指导人员要尽量避免使服务对象产生依赖性，应避免和服务对象发生双重关系，更不得利用服务对象对指导人员的信任牟取私利。

职业指导人员与服务对象关系的根本性质是帮助指导关系，这种特殊关系一旦掺杂其他内容，就会影响帮助指导效果，甚至构成对服务对象的伤害。但尽量避免使服务对象产生依赖性是职业指导人员容易疏忽的问题。一些人认为服务对象对职业指导人员的依赖性可以帮助产生更好的指导效果，这种理解带有片面性，尤其是违背了“以人为本”的基本理念。事实上，职业指导人员工作的一个基本宗旨就是促进服务对象自我调整、自我成长、自我实现，不论对谁而言，都应享有这种权利，享有这种人性化的服务。倘若职业指导人员导致服务对象过分依

赖，那就意味着剥夺了对方独立自主的权利。服务对象需要帮助，需要关怀，但这不代表离开职业指导人员的帮助和关怀，他就永远寸步难行，更何况，没有一个职业指导人员能够做到永久支持。许多案例表明，一旦服务对象深陷依赖之中，他的问题不仅不能得到很好解决，当这种依赖消失时，他的心理感受反而更加糟糕。

与服务对象发生诸如领导、同事甚至利用、移情等双重关系，都会直接影响帮助指导效果。咨询或指导应当是一种单纯的帮助和被帮助的关系，一旦这种单纯的关系变为双重关系，那就意味着咨询和指导的帮助过程结束了。无疑，这无助于服务对象问题的解决，甚至造成伤害。职业指导人员应严守这一道德规范，这不仅体现了职业指导人员的基本道德水准，同时也充分反映出其对以人为本的服务理念的理解程度。

（六）为服务对象介绍合适的职业指导人员

当职业指导人员认为自己不适合对某个服务对象进行指导时，应向服务对象做出明确的说明，并且应本着对服务对象负责的态度将其介绍给合适的职业指导人员。

当服务对象需要帮助但职业指导人员认为自己不适合对其进行指导的时候，职业指导人员仅仅表示无能为力或者直接拒绝都是不道德的，这是由于在服务对象还没有寻求帮助之时，职业指导人员作为帮助者的角色定位就已经形成。因此，当服务对象求助而职业指导人员却表示不能提供帮助时，会对其造成心理上的伤害。从更广泛的意义上来讲，这对职业指导人员的公众形象、对实施帮助指导的部门的形象也都是一种损害。因此，职业指导人员在工作中遇到认为自己不适合对某个服务对象进行指导的情况时，应主动向服务对象做出明确的说明，同时要本着对服务对象负责的态度，将其介绍给合适的职业指导人员。对服务对象实施直接的帮助是帮助，通过介绍和引领实施间接帮助也是帮助。这是一种道德文明，也是帮助指导“以人为本”精神的具体体现。

（七）尊重个人隐私，严格遵守保密原则

职业指导人员应尊重个人隐私，始终严格遵守保密原则。所谓隐私是指人们不愿公之于众的，只希望局限于自己或少数人知道的私人秘密。隐私权是公民基本人身权利的重要组成部分，尊重人的隐私源于对人本身的尊重，也是现代文明人的基本素养。职业指导人员在与服务对象密切交谈中必然涉及其个人资料，而个人资料就是属于个人隐私的一部分，是受法律保护的，未经当事人的允许或因涉及当事人生命安全、其患有可能危及他人的传染病及司法机关要求等保密例外原则，不得以任何借口泄露当事人的个人机密，并应对其个人隐私提供保护措施。无视个人隐私甚至利用个人隐私牟取私利的做法，不仅要受到道德上的谴责，还会受到法律的制裁。职业指导人员在工作中除了尊重和理解服务对象，还要对其个人隐私进行保护，这也是贯彻“以人为本”精神的体现。

（八）不断提高自己的业务素质

职业指导人员的工作表现受其能力的限制，因此必须具备完整的专业知识、清晰的自我意识、较强的职业敏感性以及与不同服务对象打交道的能力和技能，并获得职业资格认定。在实际工作中，职业指导人员有必要接受继续培训和教育，不断提高自己的业务素质和职业技能，以免因自己的过失对服务对象造成损害。

脱离职业指导岗位来谈职业能力问题时还不能断言其和职业道德有什么关系，但是一旦联系职业指导岗位来谈职业指导人员的职业能力，就很难只就其能力谈能力，而避而不谈职业道德了。也就是说，职业指导人员是否胜任其本职工作不仅是职业能力具备不具备的问题，若不能为服务对象提供帮助，不仅会耽误其眼下寻找工作，还可能会对其职业生涯发展带来误导，甚至造成心理创伤，由此可见，职业指导人员不胜任帮助指导岗位，不仅是能力问题，还是道德问题。因此，职业指导人

员应当不断学习，不断充电，使自己的知识结构不断更新，努力提高自身技能与素质，保持清晰的自我意识和较强的职业敏感性，将所学的知识应用于实践、应用于服务，力争为广大服务对象提供最优质的服务。

（九）对服务对象和所在机构负责

职业指导人员应对服务对象和所在机构负责，要积极促使组织政策朝向有益于服务对象成长发展的方向改进，促使其职业行为向高标准发展。职业指导人员对服务对象和所在机构负责的具体体现主要包括三点。一是努力贯彻为服务对象提供帮助的基本精神，要有良好的道德约束和责任心，以维护所在组织机构为劳动者提供良好服务的公众形象。二是积极向所在机构提供建设性的建议，促进服务质量的提高，促进组织发展，以使组织更好实现为劳动者提供良好服务的宗旨。三是积极探索，积极实践，改进自身工作，追求更高服务水准，关心服务对象的意见和要求，倾听他们的呼声，以追求服务对象的最大满意度为宗旨，实现与组织共同发展。职业指导人员这一道德水准，体现了良好的职业品德修养，体现了对职业指导事业的追求，体现了对服务对象的责任感。更重要的是，职业指导人员只有将个人的道德理念融入组织行为之中，才能发挥更大的作用。

第二节　帮助指导的主要技术

结合帮助指导的工作实践，本节专门归纳了六项主要技术。之所以专列这六项技术，主要有三点考虑。一是这些技术是基础。职业指导人员若不能很好掌握这些技术，帮助指导的效果就会大打折扣，甚至会成为一句空话。二是这些技术最有用。对帮助指导而言，这六项技术不是全部，但它是最常用到、最有用的技术，学会灵活运用这些技术，帮助指导的效果就会得到改善，成功率就会提高。三是这些技术更容易普及。帮助指导要实现全员化，就需要理念和技术的传播，这些技术可以满足广泛传播的需要。作为职业指导人员应当将学习这六项技术作为专业能力提升的必备内容之一。

尽管如此，这里还要强调三点。一是在帮助指导的过程中，应当尽量地结合服务对象的具体情况，综合运用各种技术技巧，哪一招能够解决问题，就采用哪一招。二是要格外注意到每一种技术的功能特点和局限性，这是学习掌握以至于日后灵活运用这些技术的一个关键。三是这些技术技巧只是工作基础和手段，在具体的工作实践中，还需要在此基础上以问题解决为导向，创造性地开展工作。

一、信息采集的技术

（一）掌握各类信息源的情报价值

1. 利用常规信息源采集职业信息。常规信息源主要是指那些来源广泛、公开发行、流通渠道多样、比较容易获得的信息资源，包括图书、期刊、报纸等。这些信息源是职业指导人员采集职业信息的主要途径。

（1）图书。图书的情报价值在于提供较为成熟、系统、完整的学科基础知识，能帮助人们比较全面系统地了解某一特定学科领域的历史、现状及发展全貌，常常作为学习、教育的工具，也可以作为一种常备的信息检索工具。善于利用图书的情报功能，精准快速地查阅图书，是职业指导人员的一项基础技能。

（2）期刊、报纸。期刊是传递专业学术研究成果和动态发展消息最基本、最主要的渠道。期刊所提供的信息内容比较专业、可靠、详尽，能够及时反映有关领域的最新动态和发展变化等信息，具有较高情报价值，是获取专业信息的重要信息源。目前，通过互联网可以查阅许多电子期刊。报纸具有内容新、涉及面广、读者众多等特点，其情报价值主要源于其内容的及时性，正在发生的国内外政治、经济、社会新闻事件都能在当天或次日的报纸上看到。报纸的内容包罗万象，能及时捕捉社会活动的瞬息万变，是经济发展和社会生活的“晴雨表”。职业指导人员应当将阅读期刊、报纸作为日常必不可少的工作之一。

2. 利用特种信息源采集职业信息。特种信息源主要包括政府信息、专利文献、标准文献、会议文献等，一般都具有很高的情报价值。

（1）政府信息。政府信息可通过政府网站和官方出版物等方式获取。政府信息中常常包含大量的原始资料或数据，是了解国家和地区方针政策、国民经济和产业行业变化的权威、可靠的信息源，具有极高利用价值。

（2）专利文献。专利文献包括发明说明书、专利说明书、专利局公报、专利文摘、专利检索工具书、与专利有关的法律文件和诉讼资料等，其情报价值是：内容具体、可靠、详尽，具有新颖性、创造性和实用性，能够反映科学技术发展的最新成果。

（3）标准文献。标准文献包括标准、规范、技术要求和标准书刊、标准目录等。其情报价值在于：适用范围非常明确专一，技术上具有较充分的可靠性和现实性，对研发技术、开拓市场、改进产品、完善管理等都具有重要的指导作用。目前，我国在人力资源和公共就业服务方面已基本形成服务的标准规范体系。

（4）会议文献。会议文献是指在各种会议上交流的论文、报告、演讲、成果展示等形式的文件，其主要特点是专业性强、信息质量高且形式较为新颖。各专业领域的最新研究或实践成果往往会在重要的专业会议上公布，所以，利用会议文献可获得学科领域、行业范围内的最新学术研究及产品开发成果信息，了解新政策、新发展、新动态等信息，掌握该专业领域当前的学术水平、动态和发展趋势等。较常见的会议文献类型有会议论文集、会议记录等。

除此之外，诸如研究报告、学位论文，甚至是产品资料及广告等都可以作为特殊的职业情报来源，职业指导人员应当掌握特殊信息源的功能特点和情报价值，利用工作中的各种机会和可能性，眼观六路、耳听八方，以为服务对象提供及时有效的信息服务。

3. 利用统计数据检索采集职业信息。利用统计资料、年鉴等获取有价值的职业信息，是职业指导人员最主要的信息采集途径，应当作为日常重要训练课程之一。

（1）统计资料。统计资料是最基本的经济和管理信息源。它可以提供反映各方面情况的统计数据，方便人们对统计数据的查找、收集、整理、分析和对比，从而了解客观事物和社会现象的特征和规律，预测其发展趋势。统计资料的主要形式有统计月报、统计年鉴、统计索引、统计摘要等。

（2）年鉴。年鉴是按年度连续出版的工具书，它系统汇集了一年内政治、经济、文化、教育等各个方面发展变化的资料，提供事实证据和统计数据，反映各领域的发展动向。年鉴具有内容广泛、资料密集、条目简明和使用便捷的特点，可分为综合性年鉴、专业性年鉴和地区性年鉴。职业指导人员应当熟悉各类年鉴的特点和内容架构，做到一旦有信息需要，准确定位，信手拈来。

（二）掌握互联网信息采集的技巧

要想获得较全面的信息采集效果，必须尽可能多地运用各类搜索引擎。对于互联网信息搜索来说，不存在完善的搜索策略。某些可能在使用某种搜索引擎时更有效、更精确的搜索措施，应用于另一种搜索引擎时可能完全不奏效。学习搜索技巧可以有效减少搜索过程中的无效操作，增加获取到有用资源的可能性，有效地提高搜索效率。职业指导人员应在日常工作中不断地搜集、采纳、运用这些技巧，并将其视为提高搜索技能的一个重要方面。

1. 利用不同的查询策略采集信息。采集不同目标的信息应使用不同的查询策略，不同的查询策略会产生不同的搜索结果。例如：要搜索刚发生的新闻事件，可以使用通用搜索引擎的新闻分类搜索；要搜索科普类文献，则可以使用通用搜索引擎的网页搜索；要搜索科技类文献，则应该到专门的文献搜索引擎去搜索；要搜索产品信息则可以直奔该产品生产厂家的网站去搜索。显然，只有对互联网资源有良好把握，充分了解到互联网有哪些资源、如何分类、分布在哪里、如何获取这些资源等，才能灵活根据搜索目标确定所需要的信息类型、查询方式、查询范围、查询时间及采用何种限制条件，从而更好地理解查询结果，并准确地捕捉到它。

2. 利用网页搜索引擎采集信息。网页搜索引擎的特点是范围广，速度快，信息搜全率高，职业指导人员需要重点掌握百度、中搜 IG、360 搜索这三个相对常用搜索引擎的使用方式，理解其性能特点以及从中获取信息的要领。

（1）百度。百度是全球最大的中文搜索引擎，是人们日常工作和生活中最常用的搜索引擎，属于主题索引式搜索引擎。百度适于获取较为具体、特定的信息，其特点是搜全率比较高，但有时搜索结果过于泛泛，信息散落，情报价值不高，主要用于信息的初步线索采集。在搜索时，一般可利用关键词等进行大范围快速搜索，方便、快捷地查询到针对性较强的搜索结果，包括一些比较冷僻的站点。百度通常是根据网页中关键词的匹配程度、出现的位置、频次、链接质量计算出各网页的相关度及排名等级，然后根据相关度高低，按顺序将这些网页链接推送给用户。例如，查找一份关于机器人方面的报告，输入“机器人”和“报告”两个关键词，点击“文库”，就可以获得许多信息，如图 1-1 所示。

（2）中搜 IG（Internet Gateway）是第三代搜索引擎，属于门户型搜索引擎。其以个人用户为中心，实现了互联网信息的及时获取和主动呈现，融合了资讯订阅、浏览器、即时通信技术和个人门户的新一代信息获取工具的功能，适于实体查询，即较为强调获取一个实体对象，如具体的名人、产品、机构等相对比较完整的信息。例如，查找关于贝聿

图 1-1　利用百度搜索引擎采集信息的示例

铭的相关资料，输入关键词“贝聿铭”，便可以获得有关贝聿铭的资料，如图 1-2 所示。如果将中搜 IG 与百度等搜索引擎结合，则可以获取更多更全面的信息细节。

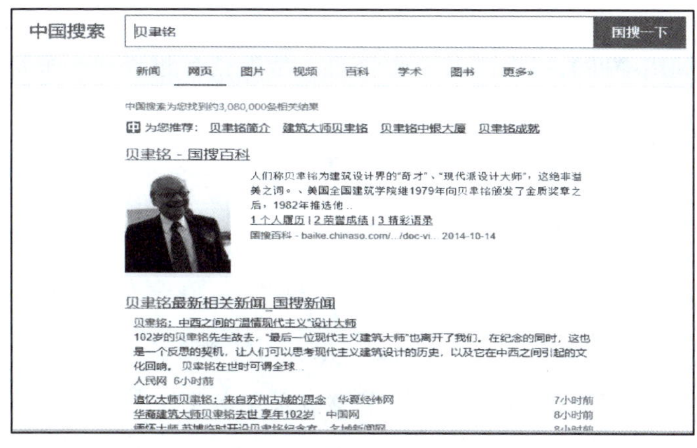

图 1-2　利用中搜 IG 搜索引擎采集信息的示例

（3）360 搜索。360 搜索引擎是奇虎 360 公司开发的众多产品之一，属于全文搜索引擎，可以通过一个统一的用户界面帮助用户在多个搜索引擎中选择并利用合适的（甚至是同时利用若干个）搜索引擎来实现检索操作，拥有对分布于网络的多种检索工具的全局控制机制。其具备“自学习、自进化”能力，可发现用户最需要的搜索结果，兼有百度和中搜的特点。例如，查找关于农民工方面的调查报告，输入“农民工调查报告”，即可获取相关信息，如图 1–3 所示。

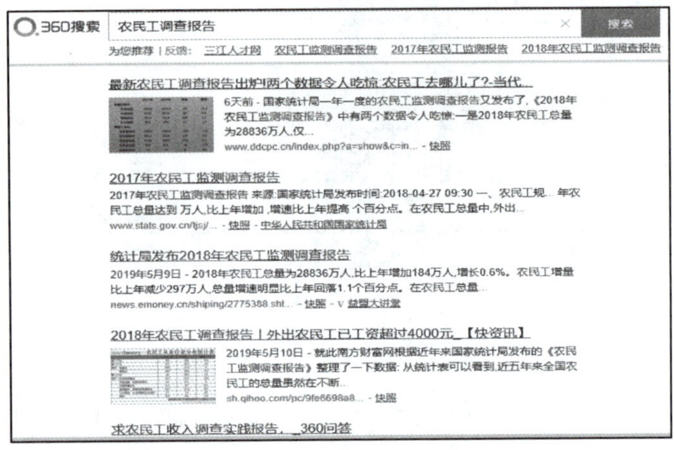

图 1–3　利用 360 搜索引擎采集信息的示例

3. 利用不同的招聘网站采集信息。帮助指导过程中，最重要的一项工作就是为服务对象提供有针对性的招聘信息。熟练掌握各大招聘网站的特点、功能及局限性等对实现这一目标具有重要的实际意义，职业指导人员应将此作为必须掌握的基础技能之一。

（1）智联招聘。智联招聘提供“一站式”专业人力资源服务，包括网络招聘、校园招聘、猎头服务、报纸招聘服务、企业培训以及人才测评等。其主要特点有：①企业用户包含众多跨国公司和中国本土企业，适合那些希望到大型公司和快速发展的中小企业就业的求职者寻找工作；②有专门的校园招聘页面，并提供实习岗位招聘；③设有为“海归”提供的“海外专区”招聘页面；④网站定期发布权威数据报告，可作为进一步指导的参考；⑤有专业的简历模板提供下载，帮助求职者设计简历。

（2）前程无忧。前程无忧是国内第一个集多种媒介资源优势为一体的专业人力资源服务机构。其主要特点有：①与其合作的主流大型公司很多，适合白领阶层和一些中高层管理者寻找工作；②有订阅招聘信息功能，求职者可以订阅定向招聘信息，然后通过电子邮件第一时间接收；③有知名企业专栏，专门提供知名企业的招聘咨询；④网站定期发布权威数据报告，可以作为帮助指导的参考。

（3）猎聘网。猎聘网专门致力于为职场精英和猎头、企业之间搭建信息桥梁，偏向以北京、上海地区为主的地产建筑业及 IT 行业，适于以北京、上海地区为主，人才素质较高的经营管理类、销售类、技术类的中高层管理以及精英技术人群寻找就业机会。其主要特点有：①现有 2 万名专业猎头顾问为企业搜寻匹配的职位候选人，还有 100 余万活跃的精英会员，可以满足每天新发布的上千高端职位需求；②配套移动端 App，登录查询了解信息方便快捷；③提供职场人的社交平台，注册人员可以在平台上实现人际拓展，结识业界精英，了解企业动态；④设有社区问答栏目，可以在网络社区中对职场问题进行交流；⑤网站布局简洁干净，操作方便，没有过多的商业广告。

（4）中华英才网。中华英才网属于国内领先的招聘网站，招聘企业以民营企业、私营企业居多，应聘人员以北京地区的人才为主，人才素质比较高，主要涉及管理类、财务类、IT 类的人才招聘。其主要特点有：①在北京的知名度比较高，无论是招聘或是求职的成功率都很高；②定期举行“校园招聘”活动，参与企业大多是知名外企和大型的民营企业，适合北京地区想在外企、大型民营企业就业的大学应届毕业生；③有专门的校园招聘页面，并提供实习岗位招聘；④内设“中华英才研究院”，实时更新人力、行业、职场等方面的知识技巧和调查报告等消息。

（5）赶集网。赶集网属于专业的分类信息网，不同于智联招聘等传统招聘网站，其综合性很强，信息量极大，适于想在本地找工作的低学历蓝领人群、经营销售类行业及服务行业求职人员。其主要特点有：①用户流量非常大，对本地化信息了解也最透彻、准确；②与其合作的企业以面向本地劳动力招聘的民营、私营等中小型企业居多；③专设残疾人招聘平台。

（6）拉勾网。拉勾网是近年来较流行的手机 App 招聘网站，专注垂直招聘，用户群定位明确，主要开展互联网行业的招聘服务。其区别于前程无忧、智联招等网站，主要服务于求职者而不是企业，主要针对人群为拥有 3～10 年工作经验的资深互联网从业者。其主要特点有：①信息分类更加垂直，更加便于人职对接；②企业招聘条件明确，注明薪酬待遇、公司创始人、公司地址（地图）、公司网站等信息；③有简历投递的详细反馈，投递出去的简历会在第一时间得到企业明确回复，不会石沉大海；④求职者与企业的人力资源部门直接对接联系，方便快捷，避免第三者经手，有效保护求职者隐私；⑤有订阅招聘信息功能，求职者可以订阅定向招聘信息，然后通过邮件第一时间接收；⑥网站布局更贴合年轻求职者喜好。

还有一些招聘网站也可以为信息采集提供参考，如大街网、应届毕业生网、中国外语人才网、中国招聘网等，职业指导人员可经常关注，将对各大招聘网站的了解和运用作为工作习惯，随时了解这些网站的变化，掌握其内在的规律，充分利用这些网站信息，第一时间去获取，第一时间审定，第一时间传递给服务对象，真正做到：他山之石，为我所用。

二、咨询指导的技术

咨询指导的技术不是一般意义上的谈谈话、开开会，它有着非常明确的目的和意图，帮助来访者调整情绪、消除焦虑、改变观念和行为等都要通过这种技术来完成。这就需要在实施咨询指导的过程中，把握其中的规律，熟练掌握相关技巧，方能收到最佳效果。咨询指导具有普遍性，一般而言，在任何场合都可以进行，是帮助指导最基础、最常用的技术，职业指导人员应当将其作为基本功常抓不懈，努力将其练成看家本领，做到驾轻就熟，应用自如。

（一）个体咨询的技术方法

1. 端正三种态度。以来访者为中心的咨询学派代表人物卡尔·罗杰斯（Carl Ransom Rogers）认为，若要使咨询效果更加有效，最有用的方法是创造一个使来访者感到安全、自由的关系，而做到这一点，咨询人员（即职业指导活动中的职业指导人员）就要端正三种态度。

（1）真诚。真诚是指咨询人员要表里如一，不隐瞒自己的情感和态度，不矫揉造作，使来访者觉得咨询人员是诚恳而有人情味的。这是消除咨询关系的障碍，促使来访者放下疑虑情绪的最基本的条件。咨询人员要真正做到真诚，应注意五点。①超脱角色。超脱角色是指咨询人员不必局限于自己的专业角色，无论是在生活中还是在咨询关系中都应当保持真诚的态度。②自由交流。咨询人员与来访者的言语交流与行为应是自然而然的，不应受某些规则或技术的限制。③非防御的态度。咨询人员要努力理解来访者的消极体验，帮助他们从纵深方向对自我进行探索，而不是只顾抵御消极的体验对自己的影响。④一致性。一致性是指咨询人员应言行一致，表里如一。⑤自我暴露。自我暴露是指咨询人员应通过言语与非言语行为表达自己的情感和态度，并和来访者进行公开讨论。

（2）无条件的积极关注。无条件的积极关注是指咨询人员对来访者的关注态度应是没有任何条件的。无论来访者讲的是对还是错，表现的是积极的情感还是消极的情感，咨询人员均要表示出对来访者的接纳，尊重他的自身价值并不擅加评价。它包含两个重要因素。一是承认来访者是有自身价值的人，在咨询过程中，不断给予关怀与照顾。二是上述行为应是无条件的，否则就容易导致咨询人员对来访者产生不满甚至否定的情绪，从而使心理咨询过程受阻，严重的甚至会中断咨询。

以来访者为中心的咨询专家认为，咨询人员应当尊重来访者表达任何意见与情绪的权利，要帮助来访者就必须尊重来访者个人，相信来访者具有成长的潜力，相信他们具有自我指导的能力，支持他们去发展自己的潜力，支持他们发展其独特的自我。

（3）共情。共情是指咨询人员设身处地地去体会来访者的内心世界。就像罗杰斯讲的那样：体会来访者的内心世界，如同自己的内心世界一样。咨询人员对来访者的共情表现在两个方面。一是咨询人员的非言语行为，即咨询人员通过姿势、表情、语气、语调、与来访者的目光接触等，反映出对来访者的理解。因此，咨询人员应当善于运用自己的身体语言以表达出对来访者的关注与共情。二是咨询人员与来访者的言语交流，即深入理解来访者言谈话语所反映的情感和思想，并传达给对方，以影响对方并得到反馈。

2. 掌握六项技巧。在个体咨询中存在三个典型的阶段。首先是咨询关系建立的阶段。这个阶段的任务是创建一个宽松的沟通交流氛围，让来访者获得安全感，消除防御、抗拒心理，使其能够与咨询人员一起讨论所关注的话题。其次是与来访者深入开展交流的阶段。这个阶段重要的任务是唤起来访者自我认知、自我调整的能力，令其能够重新审视自我、审视自己原有的认识。再一个阶段是帮助来访者建立新的认识的阶段。这个阶段在程序上意味着咨询已进入到收获阶段，这时咨询人员的任务是进一步帮助来访者建立新的认知，勇敢地探索新的生活。由此可见，随着咨询的深入，其目标任务也随之改变，这就需要咨询人员学习掌握个体咨询的六项关键技巧，做到恰如其分的“反应”，循序渐进的“促进”，精准无误的“指导”，有效控制咨询过程，顺利实现每个阶段的目标。

（1）倾听。倾听是指咨询人员要用心去听，设身处地地去感受。倾听是最基本的反应技术，不仅要听懂对方通过语言表达出来的内容，还要“听”出对方的言外之意，即通过非言语行为表达出来的东西。

倾听不仅能掌握来访者的情况，也非常有助于建立良好的咨询关系。

（2）沉默。在咨询过程中，来访者在开始面对自己的心理困扰时，往往会表现出一定程度的抗拒，变得不愿意坦率地表达，或吞吞吐吐，或顾左右而言他，处于“欲言又止”的状态。这时咨询人员有必要保持“沉默”，静静地等待，不去打扰，不做进一步的追问，给对方提供思考和对内心世界进行梳理的时间，以促进来访者排除顾虑，增强信心，直面问题。当来访者在咨询初始阶段对咨询人员感到陌生，甚至存在阻抗的时候，咨询人员的沉默还可以起到减轻来访者心理压力、提供安全感的效果。例如：

来访者：我半年没有找到工作了，我甚至不想活了……（眼睛凝视着窗外）

咨询人员：你是不是感到很沮丧？

来访者：（眼里噙着泪水）我……我……（沉默约40秒钟）

咨询人员：（注视着来访者，等待着，没有立即追问，并为他的杯子倒了点水）（沉默技术）

（3）复述。复述是指咨询人员用自己的话，简单扼要地将来访者所表达的内容反馈给来访者。复述不是简单地重复对方所说过的话，而是在专注地倾听对方的谈话后，以更明确、更恰当的方式重新描述对方传递的信息，在描述时要把信息简化、突出重点并力求准确。复述体现了咨询人员的理解、分析、判断和概括能力，有助于使来访者更清楚地了解自己的感受。复述也是一种反应技术，它可以帮助来访者更好地了解自己，使其有机会再次剖析自己的困扰，重新组合零散的事件和关系，深化会谈的内容。例如：

来访者：我从来不喜欢跟别人斤斤计较，结果，往往吃亏的人是自己。而且，时间一长，别人都认为我不会反抗，不把我放在眼里，对我指手画脚。

咨询人员：因为你不喜欢跟别人计较，所以别人便不在乎你、占你便宜。（简述语意）

复述时注意三点：一是复述技术要求咨询人员尽量不要重复来访者的话，而要用自己的语言；二是咨询人员所反映的内容要避免加入个人主观看法，即不得超越来访者叙述的内涵，但也不得遗漏来访者的重要想法与感觉；三是复述要避免多次反复使用，否则会引起来访者的不信任，甚至是反感。

（4）澄清。在许多情况下，来访者叙述问题时常常含糊不清，过分概括化，影响对问题做出深入探讨。此时咨询人员有必要协助来访者清楚、准确地表述出自己的观点，明确所经历事情的具体细节，澄清所体验到的情感等。澄清问题，能促使来访者将所经历的经验具体化，可以促进咨询人员对来访者有更准确的了解，同时帮助来访者更清楚地了解自己的问题、困扰和感受。要求来访者进行具体化时，咨询人员必须事先专心倾听来访者的叙述，明确问题指向，选择关键性内容，才能让来访者进行具体描述。例如：

来访者：我面试了三份工作，但都没有成功，太晦气了！

咨询人员：你能不能详细地说一下面试的情况？（澄清技术）

（5）询问。询问是指咨询人员为了鼓励来访者做更多的表达，在必要情况下，配合来访者的问题与咨询目标，提出相关问题询问来访者。这些问题一般分为开放性问题与封闭性问题。开放性问题没有固定答案，允许来访者自由地表达，因此来访者可能提供较多的信息。开放性问题常常运用包括“什么、怎么、为什么、能不能、愿不愿意”等词在内的语句发问，让来访者对有关的问题、事件给予较为详细的回答，而不是仅以“是”或“不是”等几个简单的词来回答。而封闭性问题有明确、固定的答案，来访者只能就事实状况加以回答。例如：“你结婚了吗？”“你有几个孩子？”封闭性问题具有收集信息资料并加以条理化、澄清事实、缩小讨论范围、获取重点等作用。注意：过多使用封闭性问题会使来访者陷入被动之中，压抑来访者自我表达的愿望和积极性，从而导致其沉默，甚至会令其产生被审问的感觉。

（6）解释。解释是指由咨询人员根据对来访者问题的了解，做出各种可能的分析与说明，以增加来访者对自己言行的自我觉察与领悟。在帮扶指导中，解释技巧常常用在个人职业诊断、就业政策以及职业环境介绍的过程中。咨询人员可通过解释对来访者施加影响，使用该技巧，对来访者重新认识事物、做出新的抉择甚至改变行为，都会起到重要作用。使用解释技巧需要咨询人员具备严谨的专业化素质，并应注意三点：一是解释内容要有信息量，且简明扼要，精准而没有异议；二是解释要中肯适度，不可偏颇；三是要紧密结合来访者所遇到的问题，避免空谈不联系实际。

（二）团体咨询的技术方法

上文所讲述的个体咨询技术并不只在个体咨询环境下才能运用，事实上，这些技术技巧在团体咨询过程中也非常奏效。但是，与个体咨询不同的是，团体咨询促进成员改变观念、得到新的体验、实现指导帮助的效果并不单纯地依靠这些技术技巧，而更多的是依靠团体成员间的互动。从这个意义上来讲，唤起团体成员之间的积极互动则成为团体咨询的一个关键性的技术问题。换言之，如果成员之间能够相互信任、相互交流、相互协作、相互帮助，就意味着团体咨询起到了良好的作用。为此，咨询人员还需要重点学习两个方面：一是熟悉团体咨询的过程和任务，二是掌握团体咨询的过程技术。

1. 熟悉团体咨询的过程和任务。团体咨询的过程大体上要经过四个阶段，即起始阶段、过渡阶段、成熟阶段和结束阶段。

（1）起始阶段。在此阶段团体的主要任务是成员间互相交往，尽快熟悉，建立信任感，逐步形成团体凝聚力。在这一阶段应制定团体活动规范，签订契约，规定团体的纪律，如不得无故迟到、早退、缺席，不得在团体外随便谈论成员的秘密等。

起初，因为参加团体咨询，陌生的团体成员聚集在一起，每个人既想了解别人，又想了解指导者怎样指导团体以及其对每个成员的态度。通过一些言语与非言语的交流，成员开始交往，但这种交往是谨慎的、试探性的，轻易不会暴露自己，而是尽量寻找和别人相似之处，寻找共同语言。随着活动的进行，成员之间的关系开始深入，成员变得愿意表达自己的情感，对团体的目标表示认同，团体的凝聚力和信任感慢慢形成。

在这一阶段，有的成员会担心自己的言行不被他人接受而显得小心谨慎；有的成员会故意表现出令人不快的言行，想试探团体是否接受他的行为、情绪以及团体是否安全；有的成员为了避免冷场而滔滔不绝地说话，占用了大部分时间。有时候，团体还可能会陷入沉默，或出现令人尴尬的气氛。有一部分成员甚至会对团体中的个人产生否定的情绪，诸如对指导者的言行感到不满，对指手画脚或一言不发的人感到厌烦。

（2）过渡阶段。在这一阶段，团体的主要任务是处理成员的焦虑与期待，澄清团体的负面情绪和冲突，了解并指出引发成员冲突的真实因素，使成员能有效地解决其消极情绪。

在过渡阶段，团体中会出现各种各样的抗拒行为，成员的焦虑程度和自我防御倾向都很强。这时候的成员普遍有矛盾心理，一方面担心自己遭到别人的拒绝，为了追求安全而把自己伪装起来，另一方面又特别想冒险说出自己心中的话。因此，成员往往显得小心谨慎，不敢贸然投入团体的活动。对于团体指导者，成员也会仔细审视其是否值得信赖，甚至对其进行公开挑战，以试探指导者能否适当处理问题。

这时的团体指导者必须冷静沉着地面对，主动而真诚地关心每一个成员，协助他们了解自我防御的行为方式及处理冲突的方法，鼓励成员谈论与此时此地有关的事情，协助他们成为独立自主、有责任感的团体一员。

（3）成熟阶段。这一阶段团体的主要任务是在充满信任、理解、真诚的团体气氛下鼓励成员探索个人的价值观与行为，深化对自我的认识，解决问题，尝试新的行为。

在这个阶段，团体的凝聚力已达到很高的程度。成员充满了安全感、归属感，互相支持，真诚地关心他人。成员从自我探索与他人的反馈中尝试改变自己，并得到其他成员的支持与鼓励。此时，团体指导者也必须开放自我，共同分享感受，并使成员在团体咨询过程中集中注意力，朝向团体目标和个人目标做出有益的改变。

（4）结束阶段。这一阶段团体的主要任务是使成员能够面对即将分离的事实，并协助成员整理、归纳在团体中的所学，使之应用于日常生活，引导成员继续成长。

在结束阶段，由于即将分离，一些成员心中充满离愁别绪。团体指导者要趁此机会引导成员讨论对分别的感受，让成员认识到分别是不可避免的，帮助他们为正式的离别做好准备。同时，指导者应认真总结整个团体咨询过程，协助成员做出个人评估，鼓励成员充满信心地去面对生活，也可以听听成员对团体咨询的意见、感受，以便总结经验。

2. 掌握团体咨询的过程技术。要想精准而熟练地把握团体咨询的每个阶段并始终有效地控制咨询局面，需要掌握团体咨询的过程技术。其主要由五个方面组成，即组成技术、起始技术、过程技术、结束技术和追踪技术。

（1）组成技术。组成技术包括建立目标的技术和成员构成的技术。①建立目标的技术所建立的目标应该是具体可行、切合实际、可评估的。目标建立后，应该让团体成员充分了解、准确把握，使团体咨询沿着一个共同的方向发展。②成员构成的技术是指如何选定恰当的人数，如何确定团体的性质（如同质还是异质，开放还是封闭，志愿还是非志愿）等问题。成员组成不同，导致的结果也不同。其中成员的筛选是关键的一环，选择成员时，最好的方法是以面谈的方式进行双向沟通，交换意见并决定去留。建议用询问的方式，了解他们参与团体的理由、对生活的看法、对团体及指导者的期望、对团体性质及目标的认知及个人希望探讨的问题等。这样的个别面谈非常重要，不仅可建立初步的信任，也可帮助排除害怕的情绪，为团体咨询顺利进行奠定基础。

（2）起始技术。起始技术是指尽快地、有效地使团体成员互相认识，初步形成团体凝聚力的技术。例如，以微笑握手、自我介绍、名字串联等活动方式，使成员互相了解，减轻焦虑和不安。起始技术有言语的形式和非言语的形式，活动方式多种多样。每个团体在选取起始技术时，要根据团体的性质及成员的特征而确定采取何种活动。

（3）过程技术。过程技术是指维持和发展团体，并有效地促进成员改变的技术的总称。如果仅从过程的发展来看，可以分为引导参与的技术和解决问题的技术。①引导参与的技术是指团体指导者能够根据成员的个人需要进行指导，能够提供足够的资料，激发成员深入思考，促进相互间的沟通，以选定最佳的解决问题的方法。因此，团体指导者要协助成员讨论并决定团体的事务，向每一个成员提供参与的机会，不使过于活跃的人抢占团体活动的所有时间，也不使拘谨的人作壁上观。②解决问题的技术是指指导者能够通过一系列措施使团体成员正确评估自己的能力，积极地做出符合正确价值观的决定，减轻心理压力，更好地适应社会生活。在团体咨询中，团体指导者若提供给成员比较合理的解决问题的方法，将有助于成员处理生活问题。这些方法包括：如何正确观察所遇到的问题，如何以分析与综合的方法解释观察的结果，如何证明结论的正确性。团体指导者应帮助团体成员在团体中运用这些方法，不断学习与改进解决问题的技术，使其在未来生活中受益。

（4）结束技术。团体咨询的结束是自然而然的，当团体预定的目标达到时，结束的时候也到来了。一般来说，团体咨询可以按下列步骤结束：①团体指导者作一简要的回顾与总结；②成员反思自己在团体中扮演的角色，自己的切身感受以及期望是否达到等；③成员明确今后该如何行动，即如何在生活中巩固团体咨询的效果。

（5）追踪技术。追踪技术是指在团体结束以后相当长的一段时间内，追踪团体成员，检查咨询效果所采用的技术。一般的追踪技术有：①结束时，分发一定数量的备忘录，成员在家定期填写，按时寄回；②团体指导者定期登门拜访，了解情况；③团体成员定期聚会，交流经验。

三、行为改变的技术

可以说，咨询指导的全过程就是在想方设法地改变人们的观念和行为。对行为改变的技术进行介绍有两个目的：一是突出“行为改变”这个话题，因为这个问题在咨询指导中常常较为棘手；二是行为改变的技术可借鉴行为科学的一些做法，使效果更加突出。

（一）掌握促进行为改变的六个技巧

1. 给予指导和建议。促进人们改变行为的最普通做法是提供指导和建议。其具有简单直接、目的明确等优点，但如果处理不当也会引起来访者的反感，正所谓“话不投机半句多”。因此，使用时应当特别注意遵循以下四条原则。

（1）在来访者没有阻抗等消极反应，有愿望接受指导和建议时方能进行。

（2）交流时用语应当简单清晰、通俗易懂，与来访者的文化水平相适宜。

（3）尽量不要在咨询初期使用，最佳使用时期是在咨询后期，即来访者心结已解开，进入训练和学习阶段后。

（4）咨询人员提供指导建议时，应态度温和、语气坚定、耐心有加，且允许来访者充分表达内心体验，切不可有耍权威、居高临下、语气傲慢等不当行为，否则将导致指导建议被拒绝，甚至使咨询指导活动失败。

2. 采用暗示、说服和劝告。咨询中为避免因来访者心理不稳定而导致咨询受阻，咨询人员常采用暗示、说服及劝告技术，促使其采取更新的、更适当的行为。使用这项技术应当注意两点。

（1）严格遵循有效利用暗示、说服和劝告的原则。①应最低限度地应用。应用这项技术只限于来访者存在问题的情况，如果毫无选择地使用这些技术则不见得有效。②使用不能操之过急。除了紧急情形之外，只有等到问题明确，咨询关系稳定并获取信赖后，才能利用这些技术。③使用不应过于频繁。这些技术必须保留到处理重要问题时才实施，如果连处理不重要的问题时也使用，其价值将大大降低。④避免掺杂情感因素。譬如批评的、评价的态度均须避免。对来访者的问题应该把握其基本点，避免情感因素掺杂在内。⑤要使来访者分担责任。使用上述技术的目的，旨在使来访者面对从前所未曾注意到的新的、不同以往的解决办法，扩大来访者的视野。

（2）正确把握暗示、说服和劝告的表达方式。暗示、说服和劝告应以平和、间接的表达方式进行，避免居高临下、主观臆断，避免采用命令的口吻，否则会导致咨询人员与来访者之间的关系恶化。表 1–1 列举的是在进行暗示、说服和劝告时适当的表达方式与不适当的表达方式。

3. 赋予责任。如果来访者能够产生改变自己行为的动机，那么这就意味着咨询指导离成功不远了。帮助来访者树立一个可行的目标，鼓励其负起应有的责任，实际面对自己的问题，并愿意花上一些时间努

表 1-1 暗示、说服和劝告的表达方式示例

适当的表达方式	不适当的表达方式
我想这个问题的不同看法是……	我认为你应该……
让我们想一想这是不是唯一的解决办法	让我告诉你应该怎么做
你认为这是唯一的解决办法吗？	如果我是你，我就会……
这是不是最好的办法，值得怀疑	这是最好的方法
你认为要……就应该怎样呢？	我希望你能够做……
我想还是存在多种选择吧……	你应该如此如此

力去完成这个目标，这就是所谓赋予责任的过程。这个过程可以大大地唤起来访者的内部动机，促进其重塑自我。使用这个技术应注意以下两点。

（1）应与上面所介绍的个体咨询的技术方法配合使用，要适时介入、商量着来，不可操之过急。

（2）给来访者设立目标、赋予责任常会引起其不安的心理状态，是否可以消除这些不良因素，取决于咨询人员是否与其建立了开放和真诚的关系。

4. 使用激励。一种行为如果能够得到不断的激励，那么这种行为就会得到巩固，相反如果一种行为总是不能得到激励，那么这种行为就会消退。显然，通过激励促进人们的行为改变是一种有效的强化技术。激励技术使用的强化物可分为两类，即物质方面和精神方面，专业上将前者称为一级强化物，后者称为二级强化物。使用激励促进行为改变应当注意以下四点。

（1）在所期待行为出现后，才能予以激励强化，否则激励将失去强化的作用。

（2）所期待行为出现后，最好予以即时强化，这样可以更快形成联结，促进行为改变。

（3）使用激励时应将两种强化物结合使用，并应更多地使用二级

强化物。

（4）如果不期待的行为出现，则必须消除激励，有时还要予以适度的惩罚，即负强化。

5. 使用示范。示范可以为来访者直接提供一个看得见摸得着的行为范例，这项技术在学习训练中被广泛使用。要使得示范效果达到理想的状态，应当注意以下四点。

（1）示范可以是正确行为的示范，也可以是错误行为的示范，关键是要让来访者能够区别两者的不同。有时示范和模仿两者交替，可以帮助来访者快速建立期待行为。

（2）对复杂行为系统可以将其分解为若干小的动作，采取分步实施的做法促进行为形成和改变。

（3）示范与激励等技术结合使用效果更佳。

（4）示范也可以采用照片、视频等间接的方式进行，以使示范在更大的范围、更多的情况下进行。

6. 角色扮演。角色扮演即让来访者进入特定情境，扮演规定角色，以得到一种类似于真实生活经历的深度体验，以促进行为改变。使用角色扮演技术应注意以下三点。

（1）要事先向来访者说明特定情境和相关要求，以保证其在最大程度上进入角色。

（2）角色扮演的时间不宜过长，抓住扮演角色主要行为和情景，时长5~10分钟即可，例如，许多大学生在面试时过分紧张，就可以结合面试考官常见问题进行角色扮演，通过角色互换的方式，让大学生体会到面试考官的心境状态，从而实现“脱敏”。

（3）在角色扮演过程中，应结合来访者的主要问题，进入对方的角色，抓住对方的感觉、姿态、语气，特别是所思所想，进行更为真实的扮演，使其获得更为真实的体验，以在最大限度上促进来访者的行为改变。

（二）实施综合性直接指导咨询

这一技术的理论基础包含三个重要观点。一是认为新的适应行为的学习有赖于认知因素的最大限度利用，这说明了行为改变的外部条件。二是认为行为改变要通过学习或再学习解决问题的训练才可以获得，这进一步提出促进行为改变的手段。三是认为把握咨询过程非常重要，咨询过程应分为若干阶段，每一个阶段必须解决这个阶段应当解决的问题，超越这个阶段或不遵循这个规律都会影响咨询效果。特别要注意的是，促进行为改变还应当去集合各种有意义的技术和经验，将其统合为一个实践体系。这些观点可以在综合性直接指导咨询的六个阶段中得到具体体现。

1. 建立友好关系。虽然是指导式咨询，但咨询人员与来访者之间仍需要建立友好关系。也正因为是指导式咨询，更需要先建立良好的、相互信任的人际关系，使双方能够融洽地会谈，也使来访者能够接纳咨询人员的说明、解释、劝告和指导。因此，友好关系是促进学习新行为的基础。

2. 接纳与松弛。来访者所表现的情感中，凡是适度的、切合实际的都应被接纳。这一点就像友好关系一样，不仅构成容易学习的条件，并且给来访者提供凭自己的能力就可以解决问题的机会。

3. 对来访者的错误观念进行客观讨论。在充满友好和关爱的气氛中，对来访者不切实际的情感、想法或有偏差的态度及认知方法进行积极而客观的讨论，所有讨论都需要从实际出发，必须避免主观的、批判性的讨论，使来访者能够凭自己的力量改正错误或矛盾的观点。

4. 提供新的态度或解决方法。首先让来访者提出对于问题的解决方法，然后向其提供新的态度、思考方式或解决问题的方法，由此可以拓展来访者的视野，让来访者学会从多个角度看问题。

5. 制定活动主题。制定来访者每周应实施的活动主题，其内容必须非常明确、具体，根据该主题再拟定活动的行为目标。

6. 树立新人生观。综合性直接指导咨询的最终目的，在于改变来访者的人生观。换言之，使来访者树立新的、正确的人生观。在这最后阶段，咨询人员应着重协助来访者树立新的人生观，方法是根据来访者的人格特征，利用所有的资料，以最现实的方法加以讨论。

综上所述，综合性直接指导咨询要求咨询人员具有卓越的洞察力、专业知识与技术，有时候甚至需要发挥创造力。一言以蔽之，就是要把向来所研究、所提倡的一切可以信赖的理论与技术，都应用在解决来访者的问题上。

四、认知调整的技术

帮助指导过程中，来访者的问题普遍来自消极的职业意识所造成的影响和困扰，认知调整技术正是解决这些观念认识方面问题的一个较为有效的手段。这项技术强调的是通过改变人们的认知过程和在这个过程中产生的观念，以纠正其不良认识或情绪。需要指出的是，提出这项技术并不等于前文所述的技术技巧失去了作用，事实上，无论哪一项技术对认知的改变都有作用，综合运用各种技术才是最佳的选择。实际工作中，咨询人员一方面采用行为改变技术，另一方面又高度重视认知调整所取得的效果，就是很好的例证。

（一）掌握四条认知调整实施原则

1. 主要针对认知过程和观念开展工作。让来访者重新看到自己的认知过程，会有助于其产生新的体验。例如，下岗失业人员自卑的心态，是来自于“将自己的能力与那些不可能实现的职业岗位要求进行对比”的认知过程，让他们重新审视这个过程就会发现其中的问题是因为自己对职业岗位认识存在局限性，所以不可能会得出全面的结论。而通过对认知过程的重新审视，他们会发现还有“一扇窗”正在为自己打开。从这里也可以看到，行为改变技术更加强调的是“学习”，而认知调整技术更加重视的是“体验”。

2. 专攻主要错误观念。人们在认知出现问题时，总是伴随着一系列的“观念群”，这些观念有主有次，有深层次的，也有表面的。这条原则主张先不去探究观念为何而来，而是直奔主题，抓主要矛盾。集中针对错误观念，尤其是针对起决定作用的、深层次的错误观念进行矫正会更加有效果。例如，失地农民常伴有一组观念群。

（1）我是失地农民，我是倒霉的，这是国家给我造成的，我要享受国家救助。

（2）我一辈子是农民，我现在什么也做不了。

（3）我前半辈子就没受罪，现在我也不能受罪。

（4）他们都比我得到更多补偿。

显然，有了这些想法，这个人就很难心平气和听从组织安排了。在这种情况下，职业指导人员应当将“我是倒霉的”，作为最本质的、深层次的观念，首先进行矫正。

3. 重新知觉。来访者的知觉体验是认知产生的根本途径，促进知觉的改变，创建新的体验，开展新的活动，会导致情绪、动机甚至是行为的改变。这里可以继续以失地农民的情况为例：针对一些失地农民的“活思想”，职业指导人员采用宣传政策、说明政策所带来的机遇、介绍不同出路前景和介绍其他模范典型等做法，给予当事人一系列新的知觉体验，大大促进当事人知觉的改变和新认知的产生，从而调整其自身的行为。

4. 更加强调通过来访者自身的潜能来解决问题。职业指导人员所要做的工作就是帮助来访者运用其自身潜在的能力，消除现有的认知障碍，所以整个调整的过程都应当是启发性的、探讨性的职业指导人员保持客观的、与来访者密切合作的状态。一般情况下，职业指导人员与来访者一起针对其典型职业特征、职业前景进行分析的过程，可以认为是较典型的帮助指导过程。

（二）掌握三种认知调整技术

1. 客观化的引导。在认知调整中，最关键的是能够使来访者对自己和外部世界采取一种较为客观的态度。客观化的引导技术就是围绕这个目标提出的，主要从以下两个方面入手。

一是让来访者认知到“自己是错误的”，即知觉到的世界并非现实本身，在对感觉输入进行解释时，所依赖的认知逻辑是存在错误的。

二是要设法使来访者学会客观地看问题，为达到这个目标一般采取以下两种做法。

（1）关注认知过程。即令来访者从对事物的直接判断中摆脱出来，而去关注这一判断赖以产生的思维过程。例如，求职者面试失败后，认为自己特别没有用，产生再也找不到工作的想法，陷于高度焦虑之中。这时职业指导人员应当引导求职者先不用考虑自己的结论，而转向“为什么觉得自己特别没有用”，与来访者探讨这个思维过程，找到不合理成分，这样错误的结论自然也就站不住脚了。

（2）去中心化。以自我为中心是产生不适应行为的重要原因，这是因为来访者对于任何事情的解释都是以自我为中心来进行的，把任何事物都与自身的利益联系起来，从而不能做出客观判断，导致认知的直接歪曲。去中心化就是使来访者从自我中心状态中解脱出来，不再以自我为中心看待外在世界，调换视角、重整逻辑、感受新的体验，促使认知改变。

2. 自我指导训练。阿伦·特姆金·贝克（Aaron Temkin Beck）创造了一种认知与行为结合的认知调整方法，用于对抗不良认知。不良认知常引起情绪障碍，如焦虑等，此时可有意识地采用另一种思想去对抗不良的思想。例如，求职者在求职失败时会产生“没有人愿意要我”的想法，此时可训练当事人重复如下想法，即“人家不要我是因为自己的情况不适合人家的要求”“事实上一定会有许多单位愿意录用我”

“我的求职失败只是一个非常正常的状态”。一般情况下，自我指导训练可分三个阶段：第一阶段，帮助来访者弄清问题，告诉他其中想法起了重要的作用，但这些想法并不正确；第二阶段，鼓励来访者考虑他的想法如何干扰了他应对困难的能力；第三阶段，帮助来访者找到对问题更适当的解释和说明。

3. 识别认知偏见。职业指导人员事先给出典型的认知偏见，请来访者去辨认识别，同时将自己的认知偏见与之“对号入座”。在这个辨认识别的过程中，来访者会更容易发现更加积极的可能性。表 1–2 为认知偏见对照表，表中列举了最典型的四类认知偏见，职业指导人员可据此结合不同的就业群体职业意识问题，制定更加具有针对性的认知偏见对照表。

表 1–2 认知偏见对照表

类型	主要特征	释义举例	结合特征对照个人情况（是画“√”）
第 1 类 极端化的思维	二分思维逻辑	释义：以“全或无”的思维看待事物，只看两个极端，要么好要么坏，要么成功要么失败，并通常只看到消极的一面 例 1：我从来都是倒霉的 例 2：我就是一个彻底的失败者	
	标准过高，不切实际的期望	释义：对自己或他人/外界，总是标准过高，言过其实，常用“应该”“应当”“必须”之类的词表达自己的期待 例 1：我应该面试成功 例 2：我应当获得最好的帮助	
	灾难性的结论	释义：即便存在好的征兆，也总是进行最糟糕的预期 例 1：今天求职的失误，意味着我失去了工作，失去家庭 例 2：土地没有了，我将连饭都吃不上	

续表

类型	主要特征	释义举例	结合特征对照个人情况（是画“√”）
第2类缺乏辩证的思想	过度的概括	释义：总是看到个别负面事件，不能辩证地看到事物积极的另一面，认为每件事情都是消极的 例1：我失业了——没有人再愿意雇用我 例2：我和领导争执起来——我在这个单位没法再待下去了	
	否定值得肯定的积极事件	释义：拒绝、贬低、不考虑一些积极的事件，认为那些不重要 例1：这个岗位对我来说仅仅是钱多一点 例2：我的那个同事没什么值得我学习的	
	放大负面，缩小正面	释义：夸大事件的负面性质，同时低估事件正面的性质 例1：我把这么好的一份工作给丢了，我简直把事情搞得一团糟 例2：这个国企的工作环境太坏了，我个人的发展看来是无望了	
第3类主观臆断	妄下结论	释义：在缺少证据的情况下做出结论 例1：我就知道他们都不愿意接近我 例2：这项工作一听名字就知道自己干不好	
	情绪化的推理	释义：把情绪化的推理当成事实的依据 例1：我感觉面试肯定成功不了 例2：我已经能够感觉到，领导一点都不喜欢我	
第4类自我寻烦恼	独揽责任	释义：一有坏的事情出现，就认为是自己的责任 例1：领导交办的事情没做好，都是我的错 例2：几个企业都没有招用我，一定是我再差劲不过了	
	自责	释义：将自己看作是坏事情的起因，无缘无故地批评自己 例1：今天的路演不成功，一定是我准备工作不充分造成的 例2：指导老师给了我这么多信息，我还是没能找到工作，一定是我太笨了	

五、跟踪指导的技术

之所以开展跟踪指导，最根本的原因就是被跟踪的对象一般都是重点帮扶的对象，这些人员就业资源匮乏、适应环境能力差，缺乏应对挫折的心理承受能力，虽然对他们进行了帮助，但其常常仍处于非常不稳定的状态，前功尽弃、功亏一篑的现象时有发生。为保障帮助指导最终能够真正取得成效，避免“返困”，职业指导人员不仅要为这些人员“搭座桥、修条路”，还必须要将他们再“扶上马，送一程”，直到他们真正实现稳定就业为止。其具体的做法如下。

（一）掌握三点跟踪指导原则

1. 围绕关键环节和问题节点开展跟踪。实践表明，人们在就业过程中普遍存在一些规律性的问题，例如，农村转移人员在萌动外出想法的阶段，总是伴随着就业观念、转移方向、政策了解、信息获取等方面的问题。而在出门阶段又会面临人生地不熟、准备不足等问题。进入到进城阶段（输入地）所遇到的又是对求职招聘、信息服务、培训服务等方面完全陌生的问题。这些情况反映了就业人员在不同的阶段将会遇到不同的问题，跟踪指导就是要据此及时提供支持性的帮助指导，以保障人们顺利克服困难。需要强调的是，这种支持性帮助的效果依赖于两个方面。一是要事先对就业群体遇到的困难和问题进行梳理；二是要针对每个问题和节点事先提出解决方案。表 1-3 显示了农村进城务工人员在上岗阶段应当予以跟踪指导的支持点和内容。①

2. 围绕服务对象的需求开展跟踪。要做到跟踪指导有成效，就要根据就业服务对象的需求开展跟踪指导。具体要求主要体现在以下三个方面。一是既要保障跟踪指导的针对性，还要保障时效性。没有了针对性，就失去指导的前提，但仅有针对性而失去时效性，仍然会使指导失

① 节选自《农村进城务工人员就业服务国际合作项目报告书》，亚洲开发银行、人力资源和社会保障部项目课题组，2009 年。

表 1-3　农村进城务工人员在上岗阶段应当予以跟踪指导的支持点和内容

	关键环节		支持性节点和内容
上岗阶段	务工指导	1. 职业适应指导	（1）提供心理辅导，保持思想稳定
			（2）提供企业文化指导，帮助职业角色转换
			（3）提供职业生活指导，帮助实现稳定就业
		2. 职业发展指导	（4）引导注意经验的积累和技能的提升
			（5）提供职业发展指导，帮助规划出职业发展路线
			（6）提供职业发展的途径和方法
	跟踪服务	3. 创业指导	（7）帮助学习创业有关知识
			（8）帮助了解如何选择创业项目
			（9）帮助制订创业计划
			（10）帮助规避创业风险等
			（11）指导开业，帮助鼓励迈出创业第一步
		4. 协调劳动关系	（12）及时接受权益的诉求
			（13）及时协调和沟通，帮助落实相关权益
		5. 协助权益保护	（14）提供工资支付、劳动合同签订和履行、劳动权益维护、社会保险交纳等方面的指导
			（15）在农民工权益被侵害时及时提供帮助
			（16）通过加强劳动保障监察执法，依法严厉查处侵犯农民工权益的犯罪行为等
		6. 回访服务	（17）及时了解务工人员工作、生活、学习的情况，掌握情况，提供关怀
			（18）及时帮助稳定情绪，解决疑难问题，保持就业稳定
		7. 春运服务	（19）配合企业做好春运期间农民工返乡工作
			（20）配合企业做好春节后回城的工作
		8. 协助处理突发性事件	（21）在出现上访、罢工、事故、伤亡等突发事件时，及时进行协调处理
			（22）充分保障农民工的利益，防止恶性事件的发生
	女性专项服务	9. 女职工权益维护	（23）督促企业严格执行国家规定的对妇女的保护政策，落实对“三期”期间妇女的劳动保护
			（24）在女性受到侵害时，能够及时获得维护自己权益的途径和方法
			（25）在女性受到侵害时，能够及时获得援助等

去意义。二是既要保障跟踪指导支持的力度和强度，还要保障过程的延续性。支持的力度和强度强调了问题解决的基本标准，而过程的延续性才是跟踪指导促进问题解决的根本逻辑。三是既要保障跟踪指导的全过程，还要保障支持服务内容的多元化。这一条深刻反映了人们面临困难和问题的实际状况，也进一步强调了解决问题的综合性原则。

3. 围绕指导流程和规范开展跟踪。要制定不同就业群体指导流程和规范，要了解帮助指导对象个人的基本情况、就业意愿和服务需求等情况，帮助分析就业困难原因，给出个人诊断评估，进行分类，实施开展“一对一”帮助指导服务。其一般主要涉及四个步骤。第一步，对重点帮扶人员实行实名制管理，做到精细化服务，全过程留痕，实施“一人一策”的跟踪服务，重点帮扶。第二步，定期组织摸底调查，及时掌握底数，及时跟进帮助指导情况，听取帮助指导对象的反馈意见。第三步，跟踪帮助指导对象就业后所遇到的签订合同、缴纳社保、适应岗位、工资收入、享受政策等问题。第四步，全面记录帮助指导对象的基本情况、服务需求等个人信息，全过程记载服务内容、政策享受等帮扶情况，为每个帮助指导对象建立档案，并实现对数据信息的动态维护和实时更新。

（二）掌握三项跟踪指导操作技巧

跟踪指导多采取电话或上门指导这两种形式进行，这里分别介绍三项操作技巧。

1. 跟踪指导实施方案的设计，主要涉及五个方面内容。

（1）确定目标。说明通过跟踪指导最终要达到什么目的。

（2）梳理支持点。针对跟踪服务对象的基本特点、遇到的问题等方面，科学梳理跟踪指导的支持点，然后固定下来，按照规范性运作的方式严格执行。例如，对新就业的困难人员要进行“三回访”，即要回访本人、回访家庭、回访单位，但回访如何进行，回访时间、内容甚至是应当问什么、做什么都应当有预案，力图规范运作。跟踪指导操作表样式具体见表 1-4。

（3）个性化支持。应在规范运作的前提下，尽可能地结合服务对象的情况开展更具个性化的指导、支持和帮助。例如，针对那些重点帮扶的人员应当结合给予企业社保补贴鼓励用人单位吸纳就业、给予社保补贴鼓励服务对象灵活就业或自主创业、实施公益性岗位托底安置等方面的情况进行重点跟踪；针对那些需要一般性帮助的人员，应当结合就业创业政策咨询、职业介绍、职业指导、职业培训等方面的情况进行跟踪。

（4）跟踪指导前的预防性准备。这部分内容是为了跟踪指导的目标能更顺利实现，必须事先要说清楚的。例如，要提供就业环境的支持则应当在家庭、单位等多方面提前介入，确保就业稳定；又如，职业环境的适应性辅导也要有预防性的支持，不能等到出现问题时再考虑职业环境是否适应的问题。

（5）对既定帮助指导目标的效果评估。说明跟踪指导的效果和评估办法，提供最终结果报告和反馈。

2. 跟踪指导操作表技术。针对个人状况，制定完善的跟踪指导实施方案是开展跟踪指导工作的必要前提，而其中关键的内容是设计制作跟踪指导操作表。这张表既反映了跟踪指导的流程和内容，也提供了每一个支持性节点的时效要求，同时为那些初入此道的非专业人员提供了规范操作的蓝本。跟踪指导操作表内容涉及三个维度：节点、时间、操作。表 1-4 给出了对一位就业困难人员上岗 40 天的跟踪指导操作表的样式。在这张表中，对容易出现问题的上岗第一周进行了密切跟踪，防止其重新下岗；对常出现意料之外问题的第 8～10 天进行了布控；对相对长期的第 30 天、40 天也做了跟踪处理，显示了跟踪指导服务的基本精神。职业指导人员可以据此举一反三，根据不同群体的实际情况自行灵活编制更具有针对性的操作表，促进服务对象就业稳定和职业发展。

表 1-4　　跟踪指导操作表样式

节点 \ 操作 \ 时间		上岗第 1 天	上岗第 3 天	上岗第 7 天	上岗第 8~10 天	上岗第 30 天	上岗第 40 天
提供关怀和问候 核实岗位安置情况	上午						
	下午	1. 询问出勤情况 2. 询问岗位安置情况 3. 询问人员、工作环境适应情况					
提供关怀和问候 提供劳动权益维护 了解岗位适应情况	上午						
	下午		1. 电话询问三天来的体会 2. 询问劳动合同签署情况 3. 询问岗位适应性问题				
全面了解上岗后的情况，及时解决影响稳定的问题	上午			走访企业，了解： 1. 出勤情况 2. 岗位适应情况 3. 人际关系 4. 安置所带来的问题等			
	下午			走访家庭，了解： 1. 上岗后的心态 2. 家庭困难和阻力 3. 个人需求和愿望			

续表

节点＼操作＼时间		上岗第 1 天	上岗第 3 天	上岗第 7 天	上岗第 8~10 天	上岗第 30 天	上岗第 40 天
协调企业和个人面临的问题	上午				1. 电话询问个人 2. 电话询问企业		
	下午						
了解工作环境适应情况 工资发放情况	上午						
	下午					1. 电话了解情绪和心情 2. 了解工资发放情况 3. 询问遇到了什么困难	
了解来自于企业、家庭等方面的突发情况 进一步的需求和愿望	上午						1. 电话询问有什么困难 2. 询问遇到了什么阻力
	下午						

3. 入户跟踪指导技术。职业指导人员实施家庭入户指导时，应掌握仪表、举止、态度、联络、关系建立、处理不配合受助者等多方面技巧，这些技巧既可反映入户指导的专业化程度，也充分反映出对职业指导人员的职业素质要求。入户跟踪指导的主要要求和技巧见表 1–5。

表 1–5　　入户跟踪指导的主要要求和技巧

实施阶段	序号	具体操作
入户准备	1	应当保持诚恳、认真、守时、友善、富有同情心的态度
	2	应当乐于并善于与入户家庭的成员进行交往、交流。善于在最短的时间里，判断出让受助者感到舒服的态度和喜欢的谈话方式
	3	应当在仪表上干净整洁、不刻意打扮，尽量穿工作服
	4	入户前应当尽最大可能了解并熟悉入户家庭背景情况、受助者的主要诉求和问题
	5	与同事反复研讨入户方案，并做好预案
联系受助者	6	事先和居（村）委会取得联系，说明入户目的，请求予以配合和支持
	7	选择拜访时间（一般选择晚上）
	8	打电话通知受助者，说明入户人员身份、目的等事项，在受助者同意的情况下，再约定拜访时间
	9	事先应处理影响准时入户的问题，如封闭小区、门禁等问题，保障准时入户。入户时间应控制在提前 5 分钟为佳
第一次接触	10	自我介绍：说明身份、来意；语速不宜过快，声音清晰，音量适中；面带微笑，温和客气，有礼貌；寻找合适位置入座，一般坐在受访者左侧，两人夹角成 30 度为好
	11	保持令人愉快的友好态度，通过寒暄、接纳、倾听、重复、澄清等方法，努力与受助者建立融洽的交流沟通氛围，直到确认受助者愿意深化话题后，再切入敏感话题。注意：积极地倾听受助者的问题和意愿是建立友好帮扶关系的关键
消除顾虑	12	应掌握三条原则：一是自始至终表达诚恳相助的态度；二是换位思考，从受助者境遇角度思考，提出解决方案；三是积极听取受助者及其家人意见

续表

实施阶段	序号	具体操作
消除质疑	13	应掌握三条原则：一是表达清楚、简练、有逻辑；二是耐心、礼貌，容得倾诉；三是总是保持积极的期待，帮助受助者克服自卑，建立自信
澄清当前问题	14	围绕一句话就可以了：是什么困难和问题影响了受助者的就业稳定和发展
提供解决方案	15	提供的解决方案应有多种，允许受助者根据个人意愿做选择
	16	提供的选择方案应与受助者进一步地细化和讨论，尤其要说明其利弊
	17	要将受助者推翻所选择的方案看作进一步完善解决方案的源泉和动力，越是经过推翻、否定、反复论证的方案可行性越强，成功率也越高
	18	永远要向受助者说明：这个方案先试一下，如果有不妥可再行调整
进一步的约定	19	主要约定四点：一是联系方式；二是告诉受助者会积极地对其进行关注；三是如果遇到困难，可以保持随时交流沟通，彼此一起克服；四是下次见面的时间
	20	对受助者提出要求和家庭作业不要超过三条

表 1–5 反映出在入户跟踪指导过程中，作为职业指导人员应当遵循的工作要求和原则，但这些内容也仅仅是反映了做好这项工作的基本精神。在实践中，还需要进一步以问题解决为导向，灵活运用，积极探索，结合每位受助者的实际情况，创造性地开展工作，使跟踪有目标，实施有章法，目标可实现，成果有实效。

六、自助指导的技术

通过自助行动实现就业、实现就业稳定是对自助指导最简单的解释。在公共就业服务场所中最常见的就是利用信息栏、宣传页来帮助求职人员寻找工作的做法。其目的是通过“自助”解决问题，实现“自助者自强”。自助指导在人口众多的我国具有极为重要的实际意义，在公共就业服务资源有限的情况下，要使更多人实现就业、走上更加美好的职业发展之路，自助指导是一种重要的手段。学习自助指导重点要掌握三点：掌握开展自助指导的原则，熟练应用自助指导的主要形式，掌握自助指导的主要内容。

（一）掌握开展自助指导的三条原则

1. 要使自助成为主要服务方式。要发挥自助指导的功能，应首先将自助指导的服务面铺开，即形成“势”。普及面要有广度，指导功能要有深度，力争其成为主要服务方式。目前自助指导还仅是扮演“配角”。例如，在服务场所中，立几个信息栏，印一点宣传页，建一个自助指导角等，总体呈现蜻蜓点水、零星布阵的态势，没有形成“面”，更谈不上形成“势”，仅仅停留在求职招聘、提供职业培训信息等简单操作上，远未发挥自助指导的功能效果。因此，要铺开自助指导的服务面应做到三点：一是充分扩大自助指导覆盖面积；二是充分扩充自助指导服务内容；三是充分利用各种媒介形式，形成自助指导立体综合态势。

2. 要使自助与“他助”有机结合。唤起自助、实施自助并不等于放手不管，任受助者自然发展，而职业指导人员就没事情可干了。要使自助指导功能得到很好发挥，还应使其与“他助”紧密结合，这主要体现在三点上。一是在实施自助之前，应对可能出现的问题提前实施干预，以使自助过程顺利进行。二是在自助的前提下，实施更具有支持性的帮助，以弥补自助指导的功能局限。三是针对综合性的问题，实施自助和他助兼有的帮助指导计划，以实现重点问题重点关注、重点解决的帮助指导策略。

3. 要使自助利于受助者自助。什么问题可通过自助解决？什么内容可通过自助掌握？什么形式更容易让受助者理解、掌握？这些都是开展自助指导必须要解决的问题。开展自助指导不是简单地印一本农民工进城务工手册，不是草草地将国家政策汇编成册，不是盲目地张贴口号、海报，而是要研究怎样使这些内容通过自助更加容易地让人们了解并掌握。实施自助不是复制、汇编或摆花架子，它的目的仍然是解决问题。掌握以下三点可以有利于更好理解这个准则：一是形式要有利于自读、自习、自学；二是内容要重点突出，层次分明，便于诵读，便于记忆；三是要与受助者的文化背景、生活习惯、职业素养等方面高度吻合，更加通俗来说便是体量小、内容精、灵活多样、喜闻乐见、便捷自如。

（二）熟悉自助指导的三项技术

1. 自助形式与内容的搭配。自助指导的内容是决定指导目标实现的基本前提，采用的形式是影响目标实现的重要参量，而两者的适当结合则是决定目标实现的保障。表 1–6 描述了两者之间的搭配关系，在实践中可以据此做参考。

表 1–6　自助指导形式和内容的搭配关系

主要内容 主要形式	就业创业政策与形势类	职业体验类	职业诊断类	职业观念类	求职招聘类	职场适应类	职业发展类	案例示范类
利用信息栏、宣传栏（牌）、标语	适合	不适合	不适合	适合	适合	较适合	不适合	不适合
利用宣传页、书刊等媒介	较适合	较适合	不适合	适合	适合	适合	较适合	较适合
利用自助指导区（角）	较适合	较适合	较适合	较适合	较适合	较适合	较适合	较适合
利用网络、自媒体、视频	适合	适合	适合	适合	适合	适合	适合	适合

自助形式与内容的搭配需要解释以下两个方面。

一方面关于适合、较适合和不适合的含义，主要根据三点进行划分，同时这三点也是选择自助形式的普遍标准。

（1）表达内容的适宜性。例如，就业创业的口号就适合采用宣传栏和标语表达，而职业诊断内容就非常不适合采用这种方式实施。

（2）受众的范围。这是指能够让更多人得到指导的可能。例如，利用自助指导区进行职业体验类指导就会受到空间的限制，此类指导若在线上开展才能够使更多人同时接受指导。

（3）内容的更新速度。显然开展线上自助指导在这方面最具优势。

另一方面要灵活掌握最终选择何种自助形式。可以看出表 1-6 中，网络、自媒体等线上的自助指导形式对各类指导内容都具有广泛的适宜性，那为什么还要开展其他形式的自助指导呢？最主要原因是不论哪一种自助形式都有自身的特点，而这些特点是其他形式代替不了的。例如，来自农村的进城务工人员普遍喜欢在专门的服务场所中接受帮助，就业困难群体更适合在职业指导角实施自助指导等。所以，选择自助形式和具体内容的搭配还要根据实际情况灵活掌握。

2. 科学使用信息栏和宣传牌。信息栏、宣传牌便于阅读、具有亲和力，适于在服务场所内外悬挂竖立，即便在网络如此发达的今天，这种方式在自助指导活动中仍然具有不可替代的作用。为了更加充分发挥该方式的功能作用，应当注意掌握以下五点要领。

（1）建立“角落”传媒的意识。不是所有的场所都有大面积的空间供竖立或悬挂大型信息栏、宣传牌，所以应当善于利用角落，巧妙利用零碎空间，精心合理布局以更大程度地利用空间。例如，可以考虑在走道、楼梯台阶、服务柜台、洗手间等区域内“插空”布展，这样仍然可以起到很好的宣传作用。

（2）字体的大、中、小规则。一幅宣传牌上的文字要由大字体、中字体、小字体组成。大字体一般用作大标题，应当保证在 10 米以外都能看清楚。中字体多用作段落标题，应保证在 2～3 米处看得清楚。小字体主要用于内文，应保证在 1 米内看得清楚。一幅宣传牌如果连字都看不清楚，那指导的功能就无从谈起了。总之，宣传文字要少，内容要精，流程要简，要充分考虑观看阅读的效果。

（3）高度简化概括的规则。字体的大、中、小规则，在理论上基本解决了宣传文字可读性的问题，但是这毕竟还无法做到将过多文字搬到宣传牌上，这就需要对要表达的内容进行高度简化概括，做精细处理，既不能失去内容精神要领，同时要以相对少的文字来表达。若将长篇大论搬到宣传牌上显然是非常不适宜的，文字虽然都上了“牌”，但自助的功能却因此而丧失殆尽。

（4）要有足够数量和面积的宣传板块。没有足够数量、足够宣传面积的宣传板块，就不可能进行较为系统的自助指导。这主要基于三点考虑。一是宣传板块数量过少和面积过小，会使宣传指导的内容和形式设计都受到局限，大大降低自助指导功能。二是宣传面积过小就很难形成视觉冲击，无法形成鲜明的突出感，而这又是其作为自助指导的一种方式必须要努力做到的。三是在未来的服务场所中，自助指导应作为一个主要功能区，而数量和面积不达标自然不符合功能区建设要求。

（5）与其他媒介形式结合。不论空间的局限存在与否，采用信息栏、宣传牌都要争取与其他媒介形式结合进行，这样既可以解决空间不足问题，还可以以更多形式服务于自助功能需要。更重要的是对受助者而言，采取这样的综合性宣传指导方式，会使不同类型的受助群体都能得到很好的自助体验。常用的其他媒介形式有电视、投影、幻灯、电影，甚至是虚拟现实技术。

3. 实施简单的自助体验。人们开展自助指导多是通过自行阅读的方式，在阅读中汲取知识、理解道理，形成新的认知，从而达到自助的效果。而这里要介绍的是通过自行体验，在体验中获得收获，以产生新的认知形成自助。这就好像是有一条路，前者的方式是直接告诉行人最终的目标是什么，不告诉他通向目标的路是什么；而后者则是不告诉行人目标是什么，而是给他一条路，让他沿着路行进，走到路的尽头，目标就出现了，看到目标的人便会情不自禁地产生信服感。例如，希望受助者能够通过自助体验，最终对自己希望做的工作有一个正确的认识，这个体验过程就可以分成四个步骤，见表 1–7。

表 1-7　　　　看一看你究竟最希望做什么工作？

步骤一：从以下十个方面，描述你想要从事的工作

考虑因素	举例说明	按举例写下你现在的想法
1. 工作性质	自己喜欢的工作，可以完全沉浸在工作活动中	
2. 教育/培训	希望能够达到高级职业资格	
3. 技能/能力	能够用上自己现在掌握的技能	
4. 报酬/福利	起薪至少是行业内平均水平	
5. 工作条件	室内办公环境、白班、不加班、周六日休息	
6. 地点	离家较近，路程不超过 40 分钟	
7. 对同事的要求	性格相近	
8. 期望值	能够体现自己的价值	
9. 工作的利与弊	只要能够发挥个人的特长，少挣点也可以	
10. 职业发展前景	5 年后能够成为中层主管人员	

步骤二：在招聘网上找出你似乎喜欢的工作，不要考虑用人单位是否雇用你，不低于 20 个

举例说明：1. 人力资源管理师　2. 心理咨询师　3. 机械工程师　4. 工业设计　5. 建筑设计师　6. 教师　7. 企业培训师　8. 装配技术人员　9. 汽车修理工　10. 计算机设备操作员　11. 电气和电子工程师……

步骤三：将自己收集到的职业或岗位根据自己的特长和可能性重新进行排序，将自己最可能从事、最接近自己专业特长的职业或岗位排在第一位，以此类推

举例说明：1. 装配技术人员　2. 汽车修理工　3. 计算机设备操作员　4. 机械工程师　5. 工业设计　6. 电气和电子工程师　7. 人力资源管理师　8. 社会工作者　9. 建筑设计师　10. 教师　11. 企业培训师……

步骤四：仅仅针对前三位的职业或岗位，按照步骤一的 10 项考虑因素分别进行对照，会得出三个答案，这时候就一定会知道自己最希望做的工作是什么了

简单的自助体验有四个优势。一是从性质上大大改变了以“宣传”为主要特征的自助指导普遍做法，使自助指导有了更强的自助功能。二

是过去许多必须要进行面对面指导的内容，都可通过这种方法自行解决，这对降低指导成本、广大服务范围、创新指导方式和手段等方面都具有很现实的意义。三是这种简单体验可以使自助者在操作中很自然地产生新的认知，在潜移默化中变得更加理性，而这正是帮助指导行动的目的之一。四是操作起来简便易行，许多非专业人员都可以通过短时间的实践学会这种方法。

运用好这种方法还需要注意以下四点。

（1）选择“目标”要精准。以目标为导向仍然是自助指导的重要法则。设计的自助目标应当精准、明晰、简单，不要期望一次指导把所有的问题都解决；要找到主要矛盾，进行细分，目标越小自助效果越可能实现。

（2）把握“要素”要规范。可以根据指导目标自行灵活设计是该方法的优势，但是要想保证自助效果，还要重点把握好“起点”“终点”“路径”三个要素，规范了三个要素，就可以保证自助指导的功能存在。

（3）细分体验“环节”要适度。“路径”既不要过于烦琐，也不可过于粗糙，一般不超过 3~5 个步骤为适宜，要力争通过每一个体验环节，使自助者轻松地得到新的体验。

（4）平时要经常积累。现今，书刊、网络等媒介中存在大量非标准化的自助量表，这些量表都可以作为自助体验的素材，相关资料可作为职业指导人员日常重点搜集的内容。不过，这些资料也只是开展简单自助体验的一个基本工作基础，在工作实践中必须要结合服务对象的主要问题进行精准的设计。

阅读与思考

2012年，中国就业促进会组织召开了全国高级职业指导师首届年会，中国就业促进会张小建会长参会，并做题为《中国职业指导发展方向和道路》的主旨报告，其中对创建一流的中国职业指导提出了具体设想和要求，以下是内容节选。请结合报告要求和本章内容，针对本地工作实际，研讨下一步帮助指导工作的具体开展。

创建一流的职业指导，为中国就业加油添力①

一、指导思想

以提高人力资源开发利用水平为主要出发点，以实现人职岗位最优配置为落脚点，建设一支高水平专业化职业指导队伍，配套制度建设，能力建设和先进的技术方法，充分发挥职业指导功能作用，为解决就业难、招工难，应对结构调整，提高就业质量和水平，促进新时期实现充分就业做出贡献。

二、任务目标

“十二五”期间，紧密配合公共就业服务体系建设和发展，推进职业指导制度建设，促进中国职业指导健康发展；推进职业指导不同层面的队伍建设，树立行业榜样，打造一

① 全国高级职业指导师首届年会主旨报告，《中国职业指导发展方向和道路》，张小建，2012年。

流职业指导团队；推广先进技术方法，提升职业指导水平和效果，向国际水准迈进；以公共就业服务为主干，形成服务网络，将职业指导推向学校，推向农村，推向企业，为广大公众开展指导和宣传，普及职业知识，宣传就业观念，开展就业咨询，积极服务社会，创建一流服务水平。

三、重点措施

（一）加强制度建设，促进职业指导服务规范化

要明确职业指导服务目标，确定职业指导服务对象范围，紧密结合当前就业工作新特点，突出发挥职业指导促进就业的功能作用；要针对不同服务群体，规定服务内容，明确服务方法和手段，制定服务流程，保障取得更好的指导效果。尤其要专门研究高校毕业生和就业困难群体的指导服务，使服务更具针对性，更具可操作性；要注重职业指导服务场地与设施的建设，规范建设标准，规范服务区域和服务功能，保障实现基本的职业指导服务需求。要在有条件的地区，打造职业指导国家级的示范性服务场所，建设具有国际一流水平的职业指导研究基地，为推动全国职业指导场所建设引好路、带好头，为创造一流的职业指导服务提供良好环境基础；要实行职业指导服务监督与评价，不断受到服务对象的监督，受到社会的监督，改进服务环节，提升职业指导

服务质量。职业指导服务制度化建设，要注意深入实际，实事求是，符合地区发展需要，符合服务对象需要。目前，人力资源社会保障部正在抓紧制定职业指导服务国家技术标准，北京市正在制定职业指导服务地方标准，这些工作一定会对推动我国职业指导服务走向规范化产生重要的作用。

（二）加强队伍建设，促进职业指导队伍专业化

要加大力度培养职业指导人员，坚持推行职业指导人员职业资格准入制度。要在公共就业服务、学校、残联等各系统更大范围内，普及职业指导知识，鼓励人们学习职业指导方法，掌握一技之长；要从年轻人中，选拔那些热爱职业指导工作，有专业知识和特长，有较高职业修养的同志，重点培养，重点使用，充分发挥年轻人勇于开拓，勇于实践的作用；要推行首席专家制，在各部门、各单位推选出优秀的职业指导带头人，要为他们创造更好的工作环境，创造更大的成长和发展空间，发挥其专业特长，科研能力，带动部门的职业指导工作全面开展；要坚持继续教育和培养，对广大已获取职业资格的在岗人员，各地应坚持实施不断充电，不断提升的继续培训制度，更多掌握职业指导专业知识和技能，强化基本功训练，掌握新技术、新方法。同时，针对带头人要开展高端人才研修培训，专门打造问题解决专家，专门培

养职业指导领域中，既具有理论水平、实践能力，又具有带动职业指导工作开展的地区性的首席专家，打造国家级职业指导大师级的人才。从整体上提升职业指导人员素质水平，从局部上，做到与国际接轨，彻底改变我们过去“只会讲，不会干”“只有热情，没有能力”“只会做，没有理论提升”等等说教式、低水平、低层次的职业指导状况。

（三）推广先进理念和方法，提升职业指导效果和效率

古人讲：形而上者谓意，形而下者谓器。“意”就是理念、思想，“器”就是技术、方法。古人的意思是说，做一件事情，上要研究理念、思想，下要研究技术、方法，这样就不会形而上学，就会使得工作得到有力推动。做好职业指导工作当然也要如此。这里我讲两点：一是职业指导要坚持精细化服务的思想，这是职业指导区别于职业介绍服务的本质特征。精细化的出发点就是要以人为本，具体手段就是实施标准化、专业化、细节处理。精细化最终要达到的目标，就是要满足个性化需求。看病要一个一个地看，才能有效，一拨一拨地看，谁能指望它能有什么好的效果呢。只有满足个性化需求，职业指导才有生命力，才能得到服务对象认可，才能真正发展起来。二是职业指导要坚持全员参与的思想。职业指导不是阳春白雪，只有几位专家才能理解，职业

指导不是奢侈品，只为少数人服务。若要使得职业指导得到普及和发展，让更多人受益，就要发动群众，打一场人民战争。搞好学校职业指导，教师要参与、学生要参与、家长要参与、社会要参与；搞好困难人员的指导，指导人员要参与、当事人要参与、企业要参与、家庭要参与、政府要参与。只有人人讲就业，人人讲职业指导，职业指导才能取得最佳效果。

理念思想对了头，可以争取战略上的主动，技术方法对了头，可以获得战术上的成功。在技术方法上，要尊重前人的有益经验和成果。要对职业指导经典技术和方法，进行梳理和研究，紧密结合服务对象问题，加以分类、细化、汇总，形成工具包，普及推广，广泛应用；要积极总结新经验、新规律，探索更加符合国情，具有实效的方式和方法，挖掘理论价值，提升技术含量，不断革新，不断追求前沿；要坚持开展案例研究。采集经典案例，分析本质特征，总结对策和解决方法，深入研究其规律，形成案例解决技术，加强职业指导针对性，提升职业指导效果，带动全员素质提升；要大力推广信息化技术，利用网络发布信息，提供指导，开展测评，开展咨询，开展互动。开发职业指导专门的工具和平台，推进职业指导信息化管理。力争在短时间内，将职业指导信息化建设提升到一个新的水准。这次在同志们的优秀成果中，已有这方面的探索和实践，初见端倪，很受鼓舞。

（四）扩大服务群体范围，提供“多元化”的职业指导服务

职业指导要广泛向社会延伸。职业指导人员要走出职业指导室，进入街道，进入社区，进入学校，进入企业，开展巡回指导。要宣传就业政策，发布职业信息，处理疑难问题，总结典型经验。要贴近劳动者，方便用人单位，直接解决问题。围绕高校毕业生要开展生涯出路指导，要帮助毕业生树立积极的就业观念，正确选择就业、创业、升学、留学等发展方向，提供政策和信息咨询指导，提供实施对策和方法，开展风险评估，开展学习与训练，帮助他们选择更加适于自己发展的生涯出路；要开展职业适应性指导，积极宣传现代企业文化，帮助树立责任意识、服务意识、规范意识、沟通意识、团队意识以及创造意识，促进毕业生职业稳定和职业发展，促进人职匹配。围绕下岗失业人员，职业指导要以社区岗位开发为重点，结合社区经济发展，分析社区岗位特征，搜集社区就业岗位信息，提供引导，及时反馈，推荐实现社区就业。围绕困难群体要开展全程指导，开展调查摸

底，分析其自身特点和可利用的就业资源，帮助树立积极的就业意识和生活信念，用爱心和诚心实施职业指导的即时服务、全程指导；要将困难群体的职业指导做深做细，做到共性问题共同解决，个性问题个别指导，特殊问题特别对待。围绕用人单位要以“招工难”“用工难”为主要突破口，搭建就业服务平台，开展同业交流，帮助企业分析问题成因，认识误区，转变观念，树立人力资源为第一资源的理念，提供招用工方法，提高工资待遇和福利、保障员工权益、改善生产条件、提供技能培训机会、提供晋升发展空间、建立好的企业文化等，促进用人单位适应新形势，适应未来经济和社会发展需要。

02 章 帮助指导的内容

从普遍意义上来讲，影响人们就业的主要问题涉及五个方面：一是对就业环境和政策缺乏足够的了解和认识；二是职业意识与就业环境要求相去甚远，阻碍个人顺利实现就业和未来发展；三是缺乏对未来职业生涯发展方向和目标的准确判断、抉择的能力；四是在就业求职方面缺乏积极的策略和相关的技术技巧；五是几乎是对个人未来的职业发展面临的问题一无所知。正是这些问题在不同程度上影响着劳动者就业、就业稳定和职业发展。在这五个方面为劳动者提供职业指导，帮助他们消除疑惑、破解疑难、顺利实现个人就业愿望，正是职业指导人员的职责所在。

本章将围绕这五个方面的问题，在帮助指导的内容架构层面上提供解决方案。

第一节，帮助认知就业环境与政策。本节主要从劳动就业环境与政策指导、职业培训环境与政策指导、劳动权益环境与政策指导以及自主创业环境与政策指导四个方面进行说明。本节重点为职业指导人员开展就业环境和政策指导，提供相对规范的内容指导框架。

第二节，帮助建立积极的职业意识。本节主要从树立积极的职业价值观、科学说明职业的利与弊、坚持“干一行，爱一行”的工作理念、积极倡导工作献身精神、保持良好的职业道德和规范与建立积极的职业发展观六个方面加以梳理。这一节不仅明确了积极职业意识的内涵，还对如何建立这些意识提出具体建议，力图实现指导的具象化、可操作化。

第三节，指导做出明智的职业定位。本节主要从指导职业定位、指导了解工作世界、指导职业决策和规划三个方面进行介绍。

第四节，实施求职指导和强化训练。本节重点介绍提供有效的求职策略（如扬长避短、变劣势为优势、韬光养晦等）和开展求职实用技巧训练两个方面的内容。

第五节，职业发展指导主要内容。本节主要针对适应新工作、应对压力和危机、继续学习和进步、家庭和社会关系的维护、职业发展的策略这些最影响职业发展的问题进行阐述。

学习这些内容对职业指导人员在实施帮助指导的过程中，把握帮助内容要点、有针对性地实施指导、规范帮助指导行为、提升实际指导能力等都具有重要的指导作用。

第一节　帮助认知就业环境与政策

一、劳动就业环境与政策指导

每个人的就业问题和每个用人单位的招用人问题，实质上无不受宏观就业环境和政策的影响。引导服务对象正确审视所处的就业环境、认清就业形势、掌握就业扶持政策，对他们增加就业自信心、把握就业发展方向、珍惜就业创业机会、增强就业适应能力，最终能够更加理性地做出抉择具有重要的作用和意义。

（一）就业环境指导的主要内容

1. 从宏观角度了解就业形势，重点从以下三个方面开展指导。

（1）帮助认识就业供给方面的新变化。一是介绍全国及本地城镇失业人员、高校毕业生、农村富余劳动力等就业群体的数量和结构；二是分析劳动力将从无限供给向有限供给转变，即劳动年龄人口的数量下降，大龄劳动者数量和占比逐步上升、青年劳动力逐渐减少所导致劳动力成本逐步上升给用人单位造成的不利影响。帮助服务对象理解劳动力总量矛盾以及人口红利的逐渐消失等对就业产生的压力和影响。

（2）帮助认识就业需求方面的新变化。一是分析国内外经济发展的不稳定、不确定因素将给就业带来新挑战；二是了解国内经济发展态势，如长期向好的基本面与经济下行压力共存的局面等；三是了解国家和地区的产业结构调整带来的影响，如受需求不足、产能过剩双向挤压，用人单位用工需求的不确定性增加，部分行业企业稳岗压力加大等。帮助服务对象看到这些因素对就业的直接影响。

（3）帮助认识就业矛盾的新变化。重点了解三个方面：一是就业矛盾从以总量矛盾为主向总量和结构性矛盾并存转变；二是结构性矛盾正逐步上升为第一位的矛盾；三是就业重点群体从过去的下岗失业人员、就业困难人员和农村富余劳动力转化为现在的青年群体。十多年来，高校毕业生规模持续扩大，2018 年达到 820 万人，今后几年将保持在年均 700 万人以上的庞大规模。每年新进入市场的劳动力中，高校毕业生超过一半，农民工群体中“80 后”“90 后”新生代占比已超过 60%。使服务对象进一步理解就业供求矛盾对就业产生的压力和影响。

开展宏观就业形势指导重点要做到：第一点，对用人单位进行指导时要强调形势的有利因素，分析不利因素，帮助其调整人力资源管理策略，争取享受优惠政策；第二点，对劳动者进行指导时要重点帮助其认清就业形势，增强就业信心，发挥优势和特长，选好就业方向。

2. 从微观角度把握就业形势，重点介绍两个方面的情况。

（1）介绍就业难与招工难并存现象。一是从大中专毕生、农村转移劳动力、就业困难人员等不同就业群体角度介绍就业难现象和问题。二是从用人单位一线普工和技术工人双短缺、从阶段性缺工到常年缺工等角度说明招工难现象。帮助服务对象认识到造成就业难和招工难的原因除了市场供求因素外还有自身的因素，在寻求就业时应当予以调整。

（2）提供就业区域性特征的分析。一是介绍当地产业结构的新变化、新特点。通过支柱产业和主导产业的发展变化、传统产业和新兴产业的发展变化，以及电子商务、文化创意、全域旅游、养老健康服务等现代服务业的发展变化说明就业市场的特征。二是介绍就业新业态，如物流、电商、网约车等新就业形态的情况，引导支持劳动者通过新兴业态实现多元化就业。三是介绍紧缺职业岗位，引导求职者就业，指导用人单位用人。四是介绍常见职业岗位工资水平，采用横向薪酬比较对照方法，向求职者和用人单位提供参考建议。五是介绍本地重点项目和企业，帮助求职者了解招商引资项目和进度、分析就业需求，引导他们到发展前景好的重点项目中就业；帮助了解重点企业就业容量、主要岗位、用人标准和用人计划等，推荐求职者就业。

（二）就业政策指导的主要内容

1. 帮助了解重要的宏观政策。可结合不同就业群体的需求和特点，重点从以下七个方面进行引导。

（1）介绍有利于促进就业的产业政策。重点介绍本地（县级以上人民政府）统筹协调的产业政策与就业政策，如鼓励发展劳动密集型产业、服务业，扶持中小企业，鼓励、支持、引导非公有制经济发展等产业政策；又如发展国内外贸易和积极参与国际经济合作，发挥投资和重大建设项目的政策；再如协调经济发展和促进就业政策等。帮助服务对象明白自己在产业政策中所处的位置，看清产业政策给自身就业带来的机遇，理解自身就业的优劣势。

（2）介绍有利于促进就业的财政政策。重点介绍本地（县级以上人民政府）根据就业状况和就业工作目标，在财政预算中安排的就业专项资金和项目，如用于职业介绍、职业培训、公益性岗位、职业技能鉴定、特定就业政策和社会保险等方面的补贴，小额贷款担保基金和微利项目的小额担保贷款贴息，以及扶持公共就业服务等方面的就业专项资金。帮助中小企业、服务业用人单位和创业人员了解财政政策并寻求财政政策的支持。

（3）介绍有利于促进就业的税收政策。重点介绍国家鼓励企业增加就业岗位、扶持失业人员和残疾人就业，对吸纳符合国家规定条件的失业人员并达到规定要求的企业、失业人员创办的中小企业、安置残疾人达到规定比例或者集中使用残疾人的企业以及从事个体经营的符合国家规定条件的失业人员，由国务院规定给予的税收优惠政策，并介绍从事个体经营的失业人员和残疾人可以免除的行政事业性收费。帮助用人单位用足用好税收政策，降低负担、增加效益、吸纳就业；帮助劳动者尤其是失业人员和残疾人员掌握税收优惠政策、利用政策资源，实现创业和就业。

（4）介绍有利于促进就业的金融政策。重点介绍增加的中小企业的融资渠道，并介绍金融机构改进的金融服务对中小企业的信贷支持和对自主创业人员在一定期限内给予的小额信贷等扶持政策。帮助劳动密集型小企业、中小企业等用人单位了解相关金融政策，争取政策支持，增加就业岗位，帮助自主创业劳动者掌握小额担保政策，享受扶持政策，以创业带动就业。

（5）介绍城乡统筹的就业政策。重点介绍国家实行的城乡统筹的就业政策，建立健全城乡劳动者平等就业的制度，帮助引导农村富余劳动力有序转移就业、就地就近转移就业。帮助用人单位了解城乡统筹的就业政策，增加劳动力的供给数量；帮助农村富余劳动力掌握各项具体政策，实现平等就业和稳定就业。

（6）介绍区域统筹的就业政策。重点介绍国家支持区域经济发展，鼓励区域协作，统筹协调不同地区就业均衡增长的政策。介绍支持民族地区发展经济、扩大就业等方面的政策，并介绍国家坚持实施推进西部大开发，振兴东北地区等老工业基地，促进中部地区崛起，鼓励东部地区率先发展的区域发展战略。帮助用人单位了解本单位在区域发展战略中所处的地理位置，了解各地区就业总量变化可能对本单位造成的影响。帮助农村富余劳动力、高校毕业生等流动性较大的劳动者，了解各地区就业总量变化趋势，了解各地区重要就业扶持政策，引导劳动者合理流动，有序就业。

（7）介绍群体统筹的就业政策。重点介绍本地统筹做好城镇新增劳动力、农村富余劳动力转移就业和失业人员就业工作部署和重要成果。帮助指导用人单位理解究竟招用哪些劳动力更符合单位的利益；帮助劳动者了解有关优惠政策，合理享受政策。

2. 帮助了解针对各类群体就业的扶持政策，主要涉及五个方面的内容。

（1）针对高校毕业生的扶持政策。例如：实施高校毕业生就业创业促进计划，促进供需对接和精准帮扶；实施高校毕业生基层成长计划，引导鼓励高校毕业生到城乡基层、中小微企业就业；鼓励高校毕业生到社会组织就业、鼓励科研项目单位吸纳高校毕业生参与研究、鼓励大学生应征入伍；加大就业见习力度，实施三年百万青年见习计划，加大对困难高校毕业生的帮扶力度等。

（2）针对下岗失业人员的扶持政策。例如：实行失业登记常住地服务，失业人员可在常住地公共就业服务机构办理失业登记，申请享受当地就业创业服务、就业扶持政策、重点群体创业就业税收优惠政策，落实失业保险待遇；对符合条件的失业人员，从失业保险基金中发放失业保险金，其个人应缴纳的基本医疗保险费从失业保险基金中列支，保障困难群众基本生活；对符合条件的生活困难下岗失业人员，给予临时生活补助，将符合最低生活保障条件的家庭，及时纳入最低生活保障范围，对符合临时救助条件的给予临时救助。

（3）针对农村劳动力的扶持政策。例如：建立健全城乡劳动者平等就业制度，清理针对农民工就业的歧视性规定；完善职业培训、就业服务、劳动维权“三位一体”的工作机制；加强农民工输出输入地劳务对接，针对劳动力资源较为丰富的老少边穷地区，积极开展有组织的劳务输出，加强跟踪服务，有针对性地帮助农村转移人员解决实际困难等。

（4）针对退役军人的扶持政策。例如，大力扶持自主择业军队转业干部就业创业，积极开展就业服务、职业培训、创业孵化等服务活动。对符合政府安排工作条件的，采取刚性措施，确保岗位落实、妥善安置等。

（5）针对就业困难群体的就业援助政策。例如，采取税费减免、贷款贴息、社会保险补贴、岗位补贴等办法，通过公益性岗位安置等途径，对就业困难人员实行优先扶持和重点帮助的相关政策等。重点帮助就业困难人员了解扶持政策内容和享受政策的条件，落实扶持政策，拓宽就业渠道。

这方面的政策往往非常具体，无不涉及劳动者切身利益，更是决定着他们的就业顺利与否。职业指导人员应当认真梳理、熟记心中、耐心解释，切实做到有针对性地帮助各类劳动者了解到、享受到政策，帮助他们消除疑虑和困惑，树立就业自信心。

3. 帮助企业了解用人优惠政策。例如，对企业稳岗支持性政策，即凡不裁员或少裁员的参保企业，可返还其部分上年度实际缴纳失业保险费；对小微企业吸纳就业的鼓励政策，即通过各地政府融资担保基金，优先为符合条件的小微企业提供低费率的担保支持，提高小微企业贷款可获得性等一系列扶持政策和清理规范涉企收费的有关政策等。帮助用人单位特别是中小企业，精准、全面把握优惠政策，及时享受到政策，切实引导其合理招用人。

二、职业培训环境与政策指导

职业培训是提升劳动者职业素质、技能水平和就业创业能力的根本途径，是解决现阶段结构性失业，扩大稳定就业面，促进和谐社会建设的最重要、最有效的手段，是实施就业优先战略、解决就业供给总量矛盾和结构性矛盾的重要措施，对促进和稳定就业形势发挥着极其重要的支撑保障作用。要实现这个战略措施，开展职业培训环境与政策指导，应当重点落实三个方面的要求：一是尽可能地说服服务对象积极投入到国家的战略措施中；二是紧密结合市场需要，坚持以就业为导向，突出强化职业岗位技能和素质训练，开展精准的培训指导，保障培训实际效果；三是为有意愿参加培训的每一位劳动者出谋划策，使他们能够坚持培训并从中受益。

（一）职业培训环境指导主要内容

1. 说明国家对职业培训的高度重视，介绍国家促进职业培训的主要精神。

（1）说明职业教育与普通教育具有同等重要地位。①

（2）说明国家法律规定，劳动者享有平等就业和接受职业技能培训的权利，并通过各种途径，采取各种措施，发展职业培训事业，开发劳动者的职业技能，提高劳动者素质，增强劳动者的就业能力和工

① 《国务院关于印发国家职业教育改革实施方案的通知》（国发〔2019〕4 号）。

作能力。[1]

（3）介绍《国务院关于推行终身职业技能培训制度的意见》（国发〔2018〕11 号）和《国务院办公厅关于印发职业技能提升行动方案（2019—2021 年）的通知》（国办发〔2019〕24 号）重要精神，说明职业技能培训工作迎来前所未有的时代机遇和对个人的极大利好。

这方面的介绍主要是使劳动者看到国家对职业培训的重视和投入，看到自身参加职业培训带来的利好，唤起其参加培训的内在动力。

2. 说明产业发展环境的变化，主要从两个方面开展指导。

（1）说明产业环境正在发生巨大变化。例如，由于新旧动能转换和传统产业的改造升级而不断壮大的新型优势产业等变化。

（2）对人力资源提出更高要求。例如，“互联网+”、人工智能等新产业的不断涌现，对新职业、新技能的培训有了更新更高的要求。国家新认定公示的“人工智能工程技术人员”“物联网工程技术人员”等 15 个新职业工种，充分说明了社会需求、岗位实际要求的新变化。这方面的介绍主要是帮助劳动者认识到提升自身素质的迫切性和必要性，从长远考虑个人职业发展。

3. 说明人力资源市场环境的变化，重点介绍两个方面。一是用人单位对新职业、新技能人员的岗位需求有着巨幅的增长，甚至于是供不应求。二是拥有新技能或多项职业技能的复合型求职者以及从事新职业的求职者最受企业欢迎。帮助劳动者认识到，多一项技能就会多一条就业之路，参加培训是增强自己就业竞争力的必由之路。

（二）职业培训政策指导主要内容

1. 说明国家层面职业培训政策要点，重点介绍六个方面的情况。

（1）介绍职业技能提升行动政策。重点说明六个方面：一是提升行动的目标任务。国务院决定，2019 年到 2021 年年底，共开展各类补

[1] 《中华人民共和国劳动法（2018 修正）》。

贴性职业技能培训 5 000 万人次以上。二是培训主体。除职业院校和社会培训机构外，特别支持企业兴办职业技能培训。三是培训对象。包括企业职工、就业重点群体、建档立卡贫困劳动力等城乡各类劳动者。四是培训内容。重点包括企业职工技能提升和转岗转业培训、就业重点群体职业技能提升培训和创业培训、贫困劳动力和贫困家庭子女技能扶贫培训。五是培训补贴。对贫困家庭子女、贫困劳动力、“两后生”、农村转移就业劳动者、下岗失业人员和转岗职工、退役军人、残疾人开展免费职业技能培训行动。对高校毕业生和企业职工按规定给予职业培训补贴，补贴享受打破了户籍限制。六是提供生活费补贴。对贫困劳动力、就业困难人员、零就业家庭成员、“两后生”中的农村学员和城市低保家庭学员，在培训期间按规定通过就业补助资金给予生活费补贴。

（2）介绍各类特色的职业培训。例如，企业的徒弟拜师、应届毕业大学生的岗位见习、在校大学生的职业能力和就业能力培训、复转退军人的职业技能培训、残疾人的职业技能培训、即将刑满释放人员的就业指导培训等，结合个人实际情况，有选择地说明国家相关优惠政策。

（3）介绍农村劳动力转移就业前培训政策。重点说明对参加培训的农村进城务工人员给予职业培训费补贴，并建立了由政府、用人单位和个人共同负担的进城务工者职业培训投入机制。

（4）介绍岗位技能提升培训政策。重点说明三个精神。一是企业是落实职工岗位培训的主体和责任方。二是培训实行日常考核、业务培训与个人待遇相结合，鼓励员工参与岗位培训。三是企业将形成职工培训制度，开展形式多样的岗位技术大赛、“大练兵”等技能竞赛活动，用多种方式提升在岗职工技能水平。

（5）介绍再就业培训政策，重点介绍两个方面。一是参加培训的人员可以享受减免职业培训费和优先就业的优惠政策。二是主要政策措施包括：开发就业岗位、进行针对性技能实训、对参加培训的下岗失业人员和承担培训任务的机构给予培训补贴。

（6）介绍创业培训政策，重点说明四个方面。一是创业培训对象。即针对有创业要求和培训愿望并且具备一定创业条件的城乡劳动者以及初期创业者。二是创业培训内容。例如，进行对开办小企业、做网商或自谋职业必备知识和能力的培训。三是创业培训模式。例如，网络创业培训、《创办和改善你的企业》培训（SIYB）、“三段式”培训（即理论学习、咨询辅导和后续扶持三个阶段）等。四是国家重点扶持方面。例如，为创业人员提供能力支持，即通过培训使其获得创业知识与技能、拥有创办和改善企业的基本能力，采取小额贷款的方式为创业者提供资金支持，帮助创业者开展创业活动等。

2. 说明地方层面职业培训政策要点，主要介绍两个方面。

（1）介绍按照国家终身职业培训相关政策要求，本省、市结合地区实际情况推出的相应职业培训政策整体情况。

（2）介绍本地区职业培训政策特色。

三、劳动权益环境与政策指导

帮助劳动者合理维护自身劳动权益是帮助指导的重要内容之一，指导内容主要包括劳动者平等就业、取得劳动报酬、休息休假、获得劳动安全卫生保护、接受职业技能培训、享受社会保险和福利、提请劳动争议处理等方面的权益维护。开展劳动权益环境与政策指导应当帮助服务对象把握三点：一是建立维权意识、防范意识，签订劳动合同；二是了解典型事例，吸取经验、规避风险；三是掌握问题危机处理程序，依法办事。具体指导内容主要涉及三个方面。

（一）帮助了解签订劳动合同及其主要内容

1. 介绍劳动合同的基本概念。

（1）劳动合同的概念和类型。劳动合同是劳动者与用工单位之间确立劳动关系，明确双方权利和义务的协议。按照劳动合同期限长短，劳动合同分为固定期限劳动合同、无固定期限劳动合同及以完成一定工作任务为期限的劳动合同。

（2）劳动合同的适用范围与作用。劳动合同适用于用人单位与劳动者建立劳动关系，订立、履行、变更、解除或者终止劳动合同。所谓用人单位包括以下 4 种类型：中国境内的企业，个体经济组织，民办非企业单位，与劳动者建立劳动关系的国家机关、事业单位、社会团体。劳动合同的主要作用：劳动合同是劳动者实现劳动权的重要保障，是用人单位合理使用劳动力、巩固劳动纪律、提高劳动生产率的重要手段，是减少和防止发生劳动争议的重要措施。

（3）签订劳动合同需要了解的重点事宜。例如，要了解劳动合同的适用范围及作用、熟悉劳动合同的类型、确认劳动合同内容，注意试用期、违约金的约定，合法合理保障个人的权益等方面的问题。

2. 介绍签订劳动合同需要了解的重点事宜。

（1）介绍内容条款。例如，劳动合同期限、工作内容和工作地点、工作时间和休息休假、劳动报酬、社会保险、劳动保护、劳动条件和职业危害防护，以及法律、法规规定应当纳入劳动合同的其他事项。

（2）介绍协议条款。例如，用人单位与劳动者可以约定试用期、培训、保守秘密、补充保险和福利待遇等事项。劳动合同试用期的相关规定应做重点解释。

（3）介绍劳动者怎样才能合理与用人单位解除劳动合同。例如，在劳动者与用人单位协商一致，劳动者提前 30 日以书面形式通知用人单位或在试用期内提前 3 日通知用人单位等情况下，方可解除劳动合同。

（4）介绍用人单位怎样才能与劳动者解除劳动合同。例如，用人单位与劳动者协商一致，劳动者在试用期间被证明不符合录用条件的，劳动者严重违反用人单位的规章制度的，劳动者严重失职、营私舞弊，给用人单位造成重大损害等情况的，方可解除劳动合同。

小贴士：

三种类型劳动合同

一、固定期限劳动合同。固定期限劳动合同是指用人单位与劳动者约定合同终止时间的劳动合同。其具体是指劳动合同双方当事人在劳动合同中明确规定了合同效力的起始和终止的时间。这种合同在工程建设方面比较多，工程结束合同也就结束了。

二、无固定期限劳动合同。无固定期限劳动合同是指用人单位与劳动者约定无确定终止时间的劳动合同。这里需要说明，“无固定期限劳动合同”并不是“铁饭碗”“终身制”。有些用人单位不愿意签无固定期限劳动合同，认为一旦签了，就要对劳动者长期、终身负责，如果劳动者偷懒，用人单位毫无办法；有的劳动者也认为无固定期限劳动合同就意味着自己终身捆绑在企业中，丧失了选择的机会，实际上这都是误解。只要出现《劳动合同法》规定的情形，不论用人单位还是劳动者，都有权依法解除劳动合同。订立无固定期限劳动合同，可以更有利于促进劳动关系的稳定。

三、以完成一定工作任务为期限的劳动合同。一般在以下几种情况下，用人单位与劳动者可以签订以完成一定工作任务为期限的劳动合同，如以完成单项工作任务为期限的劳动合同，以项目承包方式完成承包任务的劳动合同，因季节原因用工的劳动合同和其他双方约定的以完成一定工作任务为期限的劳动合同。

（5）介绍劳动合同生效的条件，主要是三条。一是劳动合同的双方当事人必须具备主体资格。作为用人单位一方必须是企业、个体经济组织、民办非企业单位、国家机关、事业单位或者社会团体等组织；作为劳动者一方，根据《劳动法》的规定，必须是年满 16 周岁、具有劳动能力的公民。二是劳动合同的内容和形式必须合法。例如，根据《劳动法》第 64 条，年满 16 周岁未满 18 周岁的未成年人不得从事矿山井下、有毒有害、国家规定的第四级体力劳动强度的劳动和其他禁忌从事的劳动。如果用人单位与未成年人订立劳动合同的内容是从事上述工作，则劳动合同无效。三是劳动合同必须由用人单位与劳动者协商一致订立。订立劳动合同的双方必须意思表示真实，任何一方采用欺诈、胁迫等手段与另一方签订的劳动合同是无效的。

3. 签订劳动合同的注意事项。

（1）书面劳动合同是劳动合同的唯一合法形式，不承认口头劳动合同，若仅达成口头劳动合同的，视为尚未订立劳动合同。注意，例外的是非全日制用工双方当事人可以订立口头协议。

（2）已建立劳动关系、未同时订立书面劳动合同的，应当自用工之日起 1 个月内订立书面劳动合同。

（3）《劳动合同法》第 10 条规定，用工单位从用工之日开始有 1 个月的宽限期，应当在这 1 个月里签订劳动合同；第 82 条规定，用人单位自用工之日起超过 1 个月不满 1 年未与劳动者订立书面劳动合同的，应向劳动者每月支付 2 倍的工资。

（4）用人单位不得扣押劳动者的证件和要求提供担保。这里讲的“证件”不仅包括居民身份证，还包括证明个人特定身份、资格或权利的个人证件，包括学历证、学位证、从业资格证、暂住证等证件。

（二）讲解侵犯劳动权益的典型事例

侵犯劳动权益的典型事例主要包括以下三个方面。

1. 讲解侵犯劳动权益的现象。如因确认劳动关系发生的劳资纠纷，因订立、履行、变更、解除和终止劳动合同发生的劳资纠纷，因除名、辞退和辞职、离职发生的劳资纠纷，因工作时间、休息休假、社会保险、福利、培训以及劳动保护发生的劳资纠纷等。

2. 讲解用人单位侵权的主要特点。如侵权现象呈复合型趋势，即用人单位往往同时侵犯到劳动者的几项权益，例如工资报酬、社会保险、福利等待遇不能同时落实，辞退过程中又引发工资报酬、社会保险、工伤等方面的争议等。

3. 讲解典型案例。例如，用人单位不签劳动合同、签订无效劳动合同、试用期内不签劳动合同、加班不付加班费、不遵守工时制度、不按规定缴纳社会保险等方面的典型案例。帮助劳动者避免上当受骗，防止造成不必要的损失。

（三）帮助了解维护劳动权益的渠道和主要形式

1. 说明劳动关系三方机制。其主要目的是帮助服务对象缓解劳资矛盾，稳定劳动关系，维护企业和职工的合法权益，主要包括三个方面。

（1）说明这种机制的性质是一种平等对话机制。

（2）说明三方的组成，即由劳动行政部门、工会和企业方面代表组成，劳动行政部门代表政府，工会代表职工，企业代表代表用人单位。

（3）说明这种机制的作用，即当遇到劳动关系方面的重大问题，如劳动就业、劳动报酬、社会保险、职业培训、劳动争议、劳动纠纷时，可利用这种机制解决问题。

2. 说明劳动争议调解和仲裁的相关规定，主要包括五个方面。

（1）说明解决争议的主要流程。其要突出三点：一是一旦发生劳动争议，当事人不愿协商、协商不成，或者达成和解协议后不履行的，可以向调解组织申请调解；二是不愿调解、调解不成或者达成调解协议后不履行的，可以向劳动争议仲裁委员会申请仲裁；三是对仲裁裁决不服的，可以向人民法院提起诉讼。

小贴士：

劳动争议处理程序

发生劳动争议后，一般要涉及四个程序。

一、劳动争议的协商。劳动争议发生后，当事人就争议事项进行商量，使双方消除矛盾，找出解决争议的方法。不愿协商或者协商不成的，当事人有权申请调解或仲裁。

二、劳动争议的调解。劳动争议调解由本企业内的劳动争议调解委员会来进行，通过查明事实，依据有关法律法规，公正调解。如果合同双方当事人有一方拒绝调解的，当事人有权申请仲裁。

三、劳动争议的仲裁。劳动争议一般由所在行政区域内的劳动争议仲裁委员会受理，当发生争议的单位与职工不在同一劳动争议仲裁委员会管辖地区时，由职工当事人工资关系所在地的劳动争议仲裁委员会处理。劳动争议发生后，申请仲裁的一方应当自劳动争议发生之日起 60 日内，向劳动争议仲裁委员会提出书面申请。超过这一申诉时效的，劳动仲裁委员会可不予受理。

四、向法院申请诉讼。如果当事人任何一方对劳动仲裁裁决不服，则应在收到裁决书 15 日内向当地人民法院起诉。期满不起诉的，裁决书即发生法律效力。当事人对发生法律效力的调解书和裁决书应当依照规定的期限履行。

（2）说明劳动保障监察的范围。例如，用人单位与劳动者订立劳动合同的情况、用人单位遵守禁止使用童工规定的情况、用人单位遵守女职工和未成年工特殊劳动保护规定的情况、用人单位支付劳动者工资和执行最低工资标准的情况等。

（3）说明维护劳动权益的渠道。其重点介绍劳动保障监察部门的职能和作用。例如，可以依法对用人单位遵守劳动保障法律法规的情况进行监督检查，可以对违法行为依法进行行政处理或行政处罚的行政执法活动等。

（4）说明如何对待用人单位拖欠或者未足额支付劳动报酬、工伤医疗费、经济补偿或者赔偿金等行为。其重点指导劳动者：如果案件事实清楚且双方对案件的事实不存在争议，对于劳动者提出的用人单位存在拖欠劳动报酬等行为的事实，用人单位予以承认，但就是以各种理由拖着不支付的，劳动者不必再走调解、仲裁、诉讼的劳动争议处理程序，而是可以直接向劳动行政部门投诉，由劳动监察机构进行处理。这样可帮助劳动者能在一个相对短的时间内拿到被拖欠的劳动报酬、工伤医疗费、经济补偿或者赔偿金，从而解决其个人和家庭的生计等问题。

（5）说明支付令的作用。需要督促债务人履行债务的时候，劳动者可以向人民法院申请支付令，人民法院会依法发出支付令，根据债权人的申请，督促债务人履行债务。这样可帮助劳动者了解不一定需要事先达成调解协议，也可直接向当地人民法院申请支付令，使维权落到实处。

四、自主创业环境与政策指导

这里所强调的自主创业环境与政策指导，重点需要解决两个问题。一是作为一种普及性的引导宣传，如何力争使更多劳动者，特别是青年劳动者了解创业环境和政策，建立创业意识，唤起内部动力，积极投身到创业队伍中。二是对那些决定创业的人们，如何帮助他们了解创业背景、顺利开始创业、规避风险。

（一）自主创业环境指导内容

1. 介绍自主创业政策环境。主要介绍国家和地方在鼓励自主创业方面提出的法律法规、方针政策的主要精神及其所表明的支持力度。例如，党的十九大报告指出，激发和保护企业家精神，鼓励更多社会主体投身创新创业；又如，《中华人民共和国国民经济和社会发展第十三个五年规划纲要》提出，要深入推进大众创业、万众创新，“把大众创业、万众创新融入发展各领域各环节，鼓励各类主体开发新技术、新产品、新业态、新模式、打造发展新引擎”等精神。通过这方面的宣传引导，增强服务对象创业的信念和信心。

2. 介绍自主创业市场环境。主要介绍创业项目所在产业、行业的供应市场、消费市场、资本市场等方面情况。帮助创业人员认知和把握市场经济环境，增强取得成功的把握。例如，帮助创业者分析创业项目的消费市场，包括消费区域的人口规模、密度、地理位置、年龄、性别以及家庭结构、人口流动性等因素，找准创业方向，规避创业风险。

3. 介绍自主创业金融环境。主要介绍金融支持和配套措施对自主创业的主要支持和方式。例如，引导创业者在利用自有资金的前提下，利用创业资本融资、二版上市融资方式争取金融支持。

4. 介绍自主创业培训环境。重点说明本地区自主创业课程建设情况，说明高等院校与职业培训机构的合作项目，举办的各种专门创业培训班、创业技能培训等，为有意愿创业人员及时提供创业培训信息。

做好自主创业环境指导还应注意两点：一是要重视政府项目。政府项目不仅包括政府提供资金和政策支持的项目，还包括政府设立的为创业提供服务、支持和帮助的组织，引导创业者借势启航。二是要关注创业平台，引导创业者进驻政府投资的科技园区、创业园区、孵化器等平台，争取其获得更多的有形支持。

（二）自主创业政策指导内容

1. 介绍中小企业延伸政策。重点说明国家对现存中小企业的推广计划和服务。例如：在环境方面加大扶持力度，扩大政府采购对中小企业产品的需求；在金融方面加大信贷支持和信用担保，建立中小企业发展专项资金；在技术创新方面建立政府专项资金，鼓励创业投资对企业的支持；税收减免优惠等。

2. 介绍对弱势群体创业的“利基”政策。重点说明国家为帮助弱势群体克服创业过程中可能遇到的壁垒和障碍，针对不同类型群体提出的创业服务支持。例如，针对青年、大学生提供贷款、贴息、扶持金、免场地租金等金融支持，提供免收管理费、减免所得税等税费减免支持，提供创业培训等方面的服务支持；针对城镇失业人员帮助制订创业计划、表彰优秀创业人才、提供扶持金、担保贷款和贴息等方面的服务支持。

3. 介绍新企业创建政策。重点说明促进新企业成立，减少进入和退出障碍的支持性服务。例如，简化注册登记程序、降低注册资本限额、分期投资、提高技术投资所占比例、减免所得税等。

4. 介绍本地区自主创业政策要点。着重说明本地区地方政府对自主创业者推出的一系列优惠政策。例如，在财政投入、创业贷款、创业补贴、载体奖补、培训补贴、社保补贴等方面的政策措施。

要做好自主创业政策指导还应注意：一方面要积极宣传出台的各项优惠政策对创业者的利好；另一方面还要指导创业者端正创业动机，不以享受政策为创业目的，战胜诱惑。要帮助引导创业者，根据个人实际情况，结合市场需求，在充分分析产品定位、经营思路等方面的基础上实施创业。

第二节　帮助建立积极的职业意识

一、树立积极的职业价值观

从某种意义上来讲，重视职业价值观对劳动者的就业和职业发展的影响怎样强调都不为过、何时强调都不过时，而帮助指导人们树立积极的职业价值观更是具有重要的意义。积极的职业价值观不仅有助于人们处理好职业选择，顺利实现就业，还可以对个人未来职业发展产生深远影响。

在帮助树立职业价值观时，人们普遍采用的策略首先是在“认知”层面上，即努力增强受助者的辨识能力，让其看到虽然人们有着不同的价值取向，但是总是有一些价值取向可以让人进步更快、走得更远、发展更好，促使受助者意识到，这些积极的价值取向也可以用来指导自己前行；其次是在“行为”层面上，即采用一些简单方法帮助受助者在职业选择过程中初步树立起积极的职业价值观。尽管这种做法还不能彻底解决人一生中所遇到的全部职业发展问题，但是对大多数人而言，至少可以帮助他们在就业初始阶段寻找到正确的方向。帮助受助者发现、选择这些促人进步的职业价值取向，则成为实现树立积极职业价值观的重要途径。

（一）帮助认知积极职业价值观

1. 帮助认知积极职业价值观的内涵。所谓“积极的”职业价值观有三层含义：一是可以促进人们在职业活动中不断成长、进步；二是可以引导人们望得更高、看得更远，对自己职业发展和未来有更加远大的目标；三是可以促使人们面对职业生涯中的困难和挫折，做到无所畏惧，努力克服，继续前行。

2. 典型的积极职业价值观。结合积极职业价值观的内涵，下面介绍八种典型价值观，有助于职业指导人员帮助引导受助者。

（1）“成就自我。”即认为获得成就最为重要，一心通过决心、坚持和努力达到目的，获取成功，达到预定的目标。许多科学家、发明家所表现出的职业价值观就属于这一类。例如，攻克哥德巴赫猜想数学难题的数学家陈景润、创制新型抗疟药青蒿素并获诺贝尔医学奖的药学家屠呦呦等。

（2）“服务他人。”即愿意关心别人、为别人的利益献身，将让别人快乐和幸福作为职业追求。许多在服务战线上涌现出的优秀工作者，都可以在他们身上找到这种积极的价值取向，这些人温暖、仁慈、热情、献身、无私奉献、忠诚地接纳他人、谋求他人的益处。例如，中国肝胆外科之父吴孟超、全国模范法官周卫东等。

（3）“不断创造。”即将产生新思想及革命性的设计作为职业追求。许多发明家即具有这样的品质，他们善于思考，洞察能力强，能见人所未见，并能在此基础上开阔思路，力求创新。例如，发明汉字激光照排技术的发明家王选、素有杂交水稻之父之称的科学家袁隆平等。

（4）“施展技能。”即以有效地使用知识，施展个人完成工作的能力，将在工作中能够展现自己的能力和才华作为追求。拥有这种职业价值观的人在从事专业技术行业领域中常见，例如，荣获中华技能大奖的车工大王王英武、航空工业首席技能专家秦世俊、特等劳动模范起重大王王亮等。

（5）“发挥智慧。”即喜洞察、善判断，有智慧、具有洞察内在品质和关系的能力，愿意将发挥个人智慧作为职业追求。拥有这种职业价值观的人在计算机工程师、理财规划师、金融行业分析师、企业管理、心理咨询师、法律顾问，以至于围棋等职业中都可以发现。例如，围棋大师聂卫平、美国著名人本主义心理咨询专家罗杰斯、国际刑侦专家李昌钰等。

（6）“审美。”即以追求美、享受美作为职业追求。众所周知，拥有这种职业价值观的人在艺术行业领域中比比皆是。值得指出的是，在其他行业里，也不乏可以看到一些同样具有这样想法的人。例如，苹果手机的创始人乔布斯等。

（7）“秉承正义。”即以遵从真理，尊重现实和理性，无偏见、正直、公平地对待他人视为职业追求。最可以使人联想到的就是公检法战线上的优秀楷模。例如，全国法官的楷模宋鱼水、新时期青年法官楷模陈昶屹等。从他们的事迹中都可以清晰地看到这些人是在用生命守护“正义”这种职业情操。

（8）“忠诚。”其最鲜明的特征就是效忠于团队、组织、民族或国家，把忠诚视为生命。例如，我国原子弹之父邓稼先、航天事业的首位女宇航员刘洋、首位飞天航天员杨利伟等。

（二）帮助引导积极的职业价值观

为了较好实现这个目标，应当从两个方面入手。

1. 实施引导原则。

（1）要坚持正能量。不论人们存在什么样的想法，宣传正能量，树立积极的职业价值都是第一原则。例如，有些人的职业选择更多强调的是个人的价值，而积极的职业价值则倡导个人与组织的价值共同体现，既要从个人角度去考虑自己最看重什么，还要从组织角度去理解工作的价值与社会意义。这种价值认同在帮助指导过程中是不能丢弃的。

（2）要坚持引导。积极的职业价值观不是能够“贴”上去的，不能强求，更不能强制，而是要注重引导、宣传，耐心地解释和交流，这样才可以得到较好的帮助效果。在引导过程中要避免三种情况：一是不能脱离个人认知背景谈树立；二是不能脱离个人自身条件谈奋斗发展；三是不能脱离个人意愿谈改变。总之，积极尊重受助者的意愿是不可更改的基本原则。

（3）要坚持学习榜样。榜样的力量是巨大的，积极职业价值观的理性形成可以从“职业榜样”身上习得。例如，可以指导受助者利用采访、观察、追踪等感兴趣的方式寻找、理解职业榜样，深入了解榜样的工作经历及职业故事、价值追求，与榜样对照找差距，找到自己的努力方向。例如了解大国工匠、时代楷模、出色的社会工作者等。

2. 掌握引导方法。价值观的形成受文化、社会、心理等多种因素影响，让受助者摒弃消极的职业价值观念，树立积极的职业观，必须要先做到学习掌握引导人们改变认知的方法。这里提供五种常用方法。

（1）讲道理。反复地运用各种形式进行宣传和引导，滴水穿石、耳濡目染地实现逐步的认知改变。

（2）学榜样。学习榜样历来被认为是促进认知改变的好方法。所谓“榜样”有两层含义：一是指模范、楷模、英雄；二是指那些生活在身边的人。实践表明，相比学习英雄楷模，学习吸收身边人身上的正能量，往往对促进认知改变的帮助效果更加理想。

（3）析案例。通过学习分析生动鲜活的事迹事例，促使受助者在帮助与被帮助的互动过程中，说观点、讲体会、剖自我、重认知，最终收获新的认知体验。

（4）深度体验。提供真实的职业环境，使受助者在职业活动中去感知、去体会、去总结，以促进认知改变，逐步形成行为的重塑。

（5）综合运用各种方法。结合具体条件综合选用上述方法，开展综合性的帮助指导。

（三）帮助澄清积极的职业价值观

对许多人而言，往往在职业价值观方面并没有真正形成明确的认识，他们或懵懵懂懂，或踌躇不前，抑或干脆就说不出一个所以然。在这种情况下，帮助引导他们结合自己的条件，澄清自己的想法，朝着积极的方向建立起自己的职业价值取向则显得格外重要。拉斯等国外学者在建立工作价值观方面的实践探索，有助于我们实现这个目标。这项技术可以概括为两个阶段。

1. 选择职业价值观，这个阶段受助者要经历以下三个步骤。

（1）帮助者提供一份全面的价值观表格，这份表格列出了能涉及的所有价值观。

（2）受助者在表中自由挑选出属于自己的职业价值观。

（3）受助者结合自己的职业选择，在自己选出的职业价值观中，分别进行“二选一”的判定，即“支持”或“不支持”。

2. 澄清职业价值观，这个阶段受助者需要分为五步完成。

（1）受助者针对自己“支持”的职业价值观，扪心自问：我真的愿意为这个价值观采取行动吗？

（2）受助者进一步反思所选择的职业价值观：我是否对这一价值的实现感到骄傲？这是否带给我心安与喜悦？

（3）受助者确认自己愿意与他人分享这个价值取向，愿意公开维护自己的价值观。

（4）受助者确认要依据这个价值观行动。

（5）受助者确认自己要为此而坚持，即自己会依据这个价值观坚持到底、克服困难。

在初步澄清和确认职业价值观后，尚需进行平衡与修正。这主要是指要鼓励受助者去实际职业活动中进行实地检验，认真体验一下自己的职业价值观是否清晰，是否与自己选择的职业、职业环境等相匹配，看一看所经历的结果是否带来了自己所期待的价值等，经过这样的体验和重新审视，去寻找平衡并修正对职业价值的新认识。

二、科学说明职业的利与弊

几乎所有劳动者都需要这项帮助。开展这项帮助的策略是通过充分了解职业，帮助人们更加理智地做出职业选择。若不做任何指导，只进行说明解释，则更容易让人们接受，人们会认为这一切都是自己的选择。对职业新的认知和体验往往会导致人们对职业价值观念的修正和改变，而这一点在帮助建立职业意识的过程中是最重要的。科学说明职业的利弊应被看作帮助指导工作中一项最需要普及的技术。实践中，职业指导人员应着重做好以下三种做法。

（一）说明职业利弊的存在和转化

需要说明的内容包括以下三个方面。

1. 说明职业利弊与职业名称没有直接关系。这个环节如何处理，可以通过下面的事例加以说明。

某大学礼堂，田老师面对500多名即将毕业的大学生，向他们提出了一个问题：现在假设有两个职业可供你们选择，一个是外科医生，另一个是装配钳工，你们愿意选择做哪一个职业呢？田老师与其中在座的10个人进行了互动，他们男女生皆有，并来自不同专业，结果几乎是所有的人都选择做外科医生，只有一位男生选择了做装配钳工。接着田老师又对这10个人提出了第二个问题：大家对外科医生、装配钳工了解吗？结果是没有一个人能够说清这两个职业，包括那个选择做装配钳工的男生。接下来，田老师从职业类型、工具与设备、工作内容、职业环境等多个角度向同学们进行了说明，告诉大家这两个职业从职业类型上讲都属于霍兰德职业兴趣类型中的“现实型”，使用的工具非常相似，工作内容也非常相近等，同学们听入了神。这个案例可以反映出三个技术要点。

（1）虽然是说明，但并不是干巴巴地贴上一个概念了事。通过行为导向的方法进行说明更为有效。

（2）既然是说明就应当有科学依据，讲出来让听者心服口服。例如，钳工和外科医生实际上在职业人格类型、能力结构上是同一类，都要求胆大心细、心灵手巧等，这样的说明会让听者感到非常容易接受。

（3）说明中要纠正人们因职业认知的局限而造成的对某些职业片面的误解甚至是歧视，要展现职业的风采，展现工作在各个工作岗位上的优秀人物，通过客观地对工作内容、工作情境、优秀人物等方面进行对比分析，可以达到很好的引导效果。

2. 说明职业利弊的内涵。主要说明在讨论职业的利弊背后是人生观、价值观的具体体现。有两个因素决定着人们的看法。

（1）人们对职业利弊的认识与个人职业价值取向密切相关。例如，对于一个地质学家，他认为能够到各种环境下去探索（室外作业）是最大的利，而只是蹲在办公室苦思冥想是最大的弊。

（2）人们对职业利弊即便存在一致的认识，但往往在面对的态度上却存在迥异之差。例如，人们普遍认为宇航员是一个风险极高的职业，但对于那些献身航天事业的人而言，他们就不会把这种“弊”视为不可逾越的红线。

3. 说明职业利弊同时存在并会不断转化，主要说明两点。

（1）利弊要同时考虑。人们都能接受职业利弊的同时存在，即有利就有弊。但在实际的职业选择中，却总是伴有极端的做法：要么夸大职业的“利”，不去考虑“弊”；要么就是夸大职业的“弊”，不去讨论“利”。例如，一些年轻人在选择做公务员的时候，更多的是在想这个职业有面子、工作稳定，而没有想到这个职业实际上更需要付出辛苦，要在基层摸爬滚打等。又如，到西部就业，许多毕业生认为那里生活环境艰苦，而不能认识到去那些祖国更加需要的地方去工作实质上更加有利于个人的成长和职业发展。同时考虑职业的利与弊，可以帮助人们做出更加理性的抉择。

（2）利弊可以转化。随着时间和技术进步，职业的利弊可以得到转化。例如，许多人认为到西藏就业生活非常艰苦，但实际上随着人民生活水平的普遍提高，现在那里的生活已经有了翻天覆地的变化，在内地能够买到吃到的东西，在西藏都能买到。又如，人们认为炼钢工人工作非常艰苦，在转炉前操作属于特重体力劳动，其实那种情况早已成为过去，现在的炼钢工是在机房里，面对计算机实施自动化操作等。相反，一些年轻人都羡慕的演员、外科医生等看似光鲜的职业背后却有着作息不规律、受伤、被病人误解等苦衷。

（二）说明任何职业都会有所作为

通过典型职业人物案例，说明三百六十行，行行出状元；说明随着社会的发展、科学的进步，职业发展变化非常之快，这种变化更为工作在每一个岗位的职业人提供了灿烂的职业发展空间。不同的岗位只要认真去做，长久坚持，做到极致，都可以有不平凡成就。例如，让全国人民点赞的大国工匠、被许多家庭高薪聘请的金牌保姆等。

（三）说明职业适宜性

重点说明两个概念：一是每个人不是对所有工作都能胜任，要说明不同的职业对人的性格、能力等都提出了不同的要求；二是要说明对于个人而言，最佳的职业选择策略是结合个人特长和优势做出选择。

三、坚持“干一行，爱一行”的工作理念

说服引导人们“干一行，爱一行”是帮助建立积极职业意识的又一项重要任务。做好这方面的引导主要有三个策略：一是帮助引导人们做出更加明智的职业选择；二是促进稳定就业，以至于顺利实现良性的职业发展；三是引导人们从组织需要、社会需要、国家需要等更广阔的目标角度去考虑自身的发展。这方面的引导技术可以概括为以下三点。

（一）说明“干一行，爱一行”概念提出的道理

1. 说明社会需要这样做的人。例如，社会最需要两种人：一种是身怀绝技的人，一种是复合型人才。干一行，爱一行，一干就是十年、二十年，那就会成为一个身怀绝技的人；干一行爱一行，再干一行再爱一行，即便是转过多行，但是这样一路过来，就有可能成为复合型的人才。显然这个逻辑说明，“干一行，爱一行”这个策略，才是促成个人走向成功的最佳途径。通过这样的理性分析，引导受助者重新审视自我对这个概念的认识。

2. 说明个人发展需要这样去做。大多数人都是普通人，在职业人

格、职业能力等方面都不具有特别超群的竞争力。在这样的前提下，要想在高手如云的竞争中取得成功，要想一步步形成自己的优势，最好的竞争策略就是干一行，爱一行，脚踏实地，潜心探索，十年磨一剑，长此以往，就可以积少成多，以弱胜强，实现自己的理想的职业目标。从受助者自己的角度帮助其认识该策略更有助于其发展，可以更容易实现引导效果。

3. 说明只有“热爱”，才能“成就”的道理。“干好”的前提，首先要“热爱”。有效的职业成长路径是只有真感情的真投入，才能做到真付出的真收获。热爱工作、把职业看作一种骄傲和使命，把事业视为自己生命的组成，这些精神都是崇高的职业精神，是优秀职业人的必备品质。例如铁人王进喜那“石油工人一声吼，大地也要抖三抖”的豪迈气概，充分投射出他对油田事业的忠诚和热爱；又如中国太空第一人杨利伟，他爱钻研、肯奉献、敢于探索、不怕牺牲，无不反映了对于航天事业的热爱；还有大国工匠闫彩霞，凭着对工作的热爱，坚持 20 多年与煤水泥打交道，练就了无人替代的绝活——3 秒预测煤泥水的浓度。通过学习生活中优秀人物的事迹引导受助者认识到唯有热爱才能不断钻研进取，才能做的更具特色、更具专业水准。

（二）阐述“一辈子只干好一件事”职业发展策略

“干一行，爱一行”也是在主张“一辈子只干好一件事”，这是“坚持”的策略，是一个积极的职业发展策略。该策略有两大优点。一是适用性。即适于所有人，尤其更适合大多普通人，“只要坚持就能胜利”，这个道理虽简单，但放之四海而皆准。二是实用性。从小事做起，稳扎稳打，细水长流，逐个实现所做之事，坚持到底，永不放弃，这些话让人听得懂、看得见、摸得着，对于大多数普通劳动者来说，是非常具体实用的，只要这样照做，就会收到实效。例如，国宝级烹饪大师艾广富，1939 年生人，60 多年专注研究清真烤鸭，最终成为中国餐饮烹饪业终身成就奖获得者；又如，被人称为“华为之父”的任正非，他用九死一生的坚持、沉默、果决、不求闻达，将自己的职业价值体现在对企业经营的专注上，一生坚持到底，印证了厚积薄发的大智慧；再如，中医药专家张作舟，行医救人七十余载，毕生于学海中遨游，潜心医术、不断进取，即使面临困境、时代变迁，始终将行医救人作为人生使命，为解除患者病痛而奋斗等。职业指导人员若带领受助者一起去挖掘这些职业楷模，引导人们重新体验“干一行，爱一行”的哲理和智慧，会收到更好的帮助引导效果。

（三）说服人们做到“干一行，爱一行”

针对那些暂时没有实现自己职业意愿的人，有许多逻辑可以说服他们朝着这个方向去努力，这里提供两种逻辑供参考。

1. 既来之则安之。是“当一天和尚撞一天钟”消极混日子？还是干脆负起责任，做好本职工作？显然后者更为积极，更加有利于进步。通过积极地融入工作情境，还说不定会找到兴趣点。这样“首先处理好眼下”的帮助引导，或许在道理上还不能完全说服受助者，但对暂时缓解消极职业意识的影响还是非常重要的。

2. 唤起敬业精神。无论是谁都应对工作心存敬畏感，这就是敬业精神。敬业是对职业的理解与认同，这体现在寻找工作的意义、尊重工作的价值、找到自己的使命感方面。职业的价值和意义有赚钱、养家糊口、施展个人才华，以及更加重要的，如帮助他人、贡献社会、促进社会进步等。任何一份工作都有价值与意义，但首先具备的内涵应当是“敬业”。这种帮助思路，重要的不在于它在多大程度上可以解决“不安心”的问题，而是坚持正面的教育和引导的原则。只有始终如一地坚定贯彻这种原则，人们才有可能去调整自己不切实际的想法。职业指导人员若在指导中避免说教，灵活多样、寓指导于交流互动，采用在体验活动中寻求问题解决的教育方式，可以在很大程度上使这种正面教育收到较好的帮助效果。

四、积极倡导工作献身精神

倡导为工作而献身是一种正面的宣传教育，对广大劳动者，尤其是对初次就业的年轻人更是一堂不可缺少的职业发展指导课。这方面的帮助指导一般有两个方面的内容。

（一）说明工作献身精神的内涵

为工作献身至少存在三点含义。

1. 意味着具有对工作的责任和使命。可以看到许多做出成绩获得成功的人，并不是智商有多高、能力有多强；而是他们的责任感和使命感让他们在工作中兢兢业业、忘掉自我、敢于拼搏、最终脱颖而出。只有勇于承担责任的人才有可能被赋予更重要的使命，让工作更富有使命感，体现在他们对组织的忠诚、对职业的忠诚，还有对敬业精神的推崇落实。正是“忠诚”，会使这些人变得更加勇敢和坚强。

2. 意味着具有高尚的职业道德。具有为工作献身精神的人对工作有明确坚定的态度和立场，他们能够对工作中的一切表示出忠诚热爱，无条件地接受，绝不肯为自己的利益去损害组织的利益；他们能够“将心比心”，设身处地为工作着想，体贴组织和事业，面对困难和挑战又能够迎头而上，义无反顾地冲在最前面；他们“先天下之忧而忧，后天下之乐而乐”，在组织中，他们吃苦在前，享受在后，不同别人计较享受的优劣，在患难时却挺身而出。

3. 意味着具有不惧困难和挫折的勇敢。能为工作献身的人对工作有高度的关注，因为他们没有任何私心，所以他们无所畏惧。他们敢于向困难挑战，不怕失败、不怕挫折、不怕受到各种打击，为了事业努力实现自己的理想和信仰，甚至可以牺牲自己的生命。

（二）引导培养工作献身精神

培养献身精神主要从三个角度进行引导。

1. 理解工作的性质和重要性。越是能够深刻理解工作的性质，看到它的重要价值，越是可以激发人们对工作的敬畏之心，越是可以激发一个人对做好这项工作的使命感。有了这样的心态，人才可以在工作中付出努力，付出牺牲，做到忘我。例如，铁人王进喜正是理解到当时国家石油开采的落后和贫瘠，看到了国外势力对中国的乘势欺凌，才激发出要甩掉我国贫油帽子的雄心壮志，才有了他那不怕艰苦、不怕牺牲的英雄气概。

2. 培养对工作的热爱。要从不同的认知角度唤起受助者对工作的重新理解，例如主动发现工作的价值和意义、立足长远，把工作当作事业、视工作为一种荣耀，在工作中不断收获荣耀，尊重自己的选择（无论主动还是被动）等。要从不同的思想角度引导受助者，例如，指导其丢掉生活中的负面情绪，换一个角度就能得到快乐；要有一种认识挫折和烦恼的胸怀；要有一种通过持久的竞争去胜过竞争对手的学习能力；要树立自己的理想、投身事业、抑制私心、陶冶情操，同时积累经验、提高能力，争取获得周围人们的信任和尊敬等。职业指导人员要引导受助者放眼未来，例如，指导其只要有一个坚持不懈的恒心，一切艰难险阻都挡不住前进的脚步；对自己的工作越热爱，决心越大，工作效率就越高；对工作充满了热爱，就会从中获得巨大的快乐。

3. 内省自我对工作的态度。要指导受助者不断地向自己提出职业认同的问题，扪心自问、自我反省，找出不足，提升自己为工作献身的自觉意识。例如，“我的工作重要吗？”“我的工作价值在哪？”“我做不好工作会产生什么样的影响？”“我想成为什么样的人？”“我喜欢这项工作吗，为什么？”“我在工作中要实现的价值是什么？”等。明晰自我职业认同问题是岗位坚守、工作付出等精神面貌的源泉。职业指导人员可以指导受助者把这些问题的答案呈现出来，自我反省，这是个体不断进行职业价值观自我重塑与修正的有效方法。

五、保持良好的职业道德和规范

对劳动者开展职业道德、职业规范的教育和指导，历来就是帮助指导的“必修”内容。这方面一般以讲授与互动、现场报告会、典型案例分析等为主要形式进行，其帮助指导内容主要包括两个方面。

（一）说明职业道德和行为规范的重要性

重点阐述功能和意义。

1. 说明实施职业道德和行为规范的三个主要功能特征。

（1）标准性。社会和组织规定了在一定条件下，哪些行为是可取的、必不可少的和应予以鼓励的；哪些行为是不可取的、有害的和应予以禁止的，它为人们的职业行为提供了模式和标准。例如，团结、互助、爱岗、敬业、齐心协力为发展本行业、本职业做好服务等行为对所有职业人来说都是应当做到的标准。

（2）普适性。职业道德规范概括了可以使职业活动秩序保持相对稳定的职业行为的共同特征，因此它具有普适性。它的内容对所有的职业人而言不是偶然适用，而是在同样的条件下普遍适用。例如，仪容仪表、尊重领导和同事、遵守劳动时间等都具有普适性。

（3）强制性。职业道德和行为规范实施机制是社会和组织的压力机制，具有强迫人们遵守的约束力。在职业化的过程中，社会或组织会把既定职业规范传递给每一位组织成员，并且根据他们履行这些规范的表现实施奖励和制裁。阐述这些功能特征的目的是使受助者从本质上认识职业道德和行为规范的重要作用。

2. 阐述职业道德和行为规范的意义。

（1）从一般意义上，以个人、组织、社会三个角度进行讲解。例如，职业道德和规范对个人而言体现了职业化的水准，是成长进步的重要基础；职业道德和规范对组织而言体现了组织文化，是保障组织正常运转的前提；职业道德和规范对社会而言其本身就是社会规范的重要组成，它对社会形成良好风气、净化社会环境、调节社会人际关系等都具有重要作用。

（2）结合专业、职业阐述职业道德和规范的作用。带领受助者了解专业相关知识、专业特点、岗位特点、核心技能等，讲述职业道德和规范在从事这一职业活动中的正反面影响，使受助者身临其境，能够更加深刻地理解其意义。

（3）通过感受职业风采和情怀加深理解。针对受助者要从事的职业，通过对杰出人物职业生涯发展事迹和心路历程的介绍，尤其是结合讲述优秀人物的良好职业素养和道德品质，让受助者了解到优秀职业人才的风采，感受其高尚的职业情怀，激发受助者学习榜样的信心和决心，体会职业道德和行为规范的真正意义，学做一个有品质的人。

（二）帮助指导受助者保持良好职业道德和行为规范

1. 向优秀者看齐。带领受助者梳理并学习优秀职业人所具备的优秀品质，并对这些优秀品质进行总结排序，分析自己未来所从事的职业岗位对个人优秀职业品质的具体要求，并制定学习目标和计划，找准切入点，有意识地培养自我的职业修养。指导受助者向优秀者看齐主要分为以下三个步骤。

（1）讲授。重点展示典型人物的故事及优秀品质，帮助受助者理解什么是优秀的职业品质。例如，用一颗种子改变世界的袁隆平，平凡岗位、不凡人生的李素丽等。

（2）演示。通过视频、图片展播等形式，重点展示典型人物的成长历程，帮助受助者寻找自己学习的榜样。

（3）指导。指导受助者制订个人职业品质培养计划，引导他们回答目标、切入点、程序、措施等制订计划必须要涉及的问题，引起其对职业品质养成的高度重视，并贯穿于其个人职业活动之中。

2. 将职业道德和行为规范具体化。职业道德和行为规范往往不是那么具体，虽容易使人们理解其大意，但许多情况下却又令人无从着手。这就需要职业指导人员将职业道德和行为规范具体化、具象化，让人们在帮助指导过程中看得见、摸得着，便于学习、便于掌握、便于衡量。实现这一点，可以从以下三个方面着眼。

（1）将本质要求具体化。例如，不论哪一行业的职业人都应遵守爱岗敬业、诚实守信、办事公道、服务群众、奉献社会等职业道德和规范。这种表述可以帮助受助者理解职业道德和行为规范在本质上的要求。

（2）将基本要求具体化。例如，将职场上对文明礼貌的要求化为讲卫生、注重着装、尊重他人、讲礼貌、讲话亲切诚恳、多用敬语、大方实在、不失敬于人等要求；将对遵守工作纪律和制度的要求具体化为不迟到不早退、有事请假、上班不做与工作无关的事、不大声喧哗、节约与爱护公物等要求；将对工作态度的要求具体化为任劳任怨、积极主动、认真负责等要求。这些具体化的要求都反映了职业道德和行为规范的基本要求。

（3）将专业化要求具体化。例如，对职业指导人员提出的“以人民为中心，尊重服务对象”“主动解释，责任分担”“避免使服务对象产生依赖性”等要求，都属于这一类的梳理和归纳。总之，将职业道德和行为规范具体化，做好充分的梳理和归纳，是实施这方面帮助指导的必要前提。

3. 牢记培养规则意识的五个建议。帮助人们保持良好的职业道德和规范，核心问题是要先帮助人们建立规则意识，为此提出五个帮助指导建议。

（1）在日常生活中培养规则意识。引导受助者从小事做起，严格遵守行为规范；从自我做起，自觉养成良好习惯。

（2）在专业学习中训练按规则操作。引导受助者学习自己专业的职业规则，增强职业意识，遵守职业规范，养成良好的职业习惯。

（3）在职业活动中体验规则要求。引导受助者参加社会实践和职业活动，培养职业情感。这是培养规则意识的根本途径。

（4）在自我修养中提高规则修养。培养规则意识，根在实践、贵在自觉、重在坚持。应引导受助者严于剖析自我，敢于自我批评，积极学习榜样，在没有人监督的情况下自觉遵守行业规则。

（5）在完成任务中树立规则态度。引导受助者端正遵守规则的态度，不断在完成任务或工作的过程中树立规则信仰，培养遵守规则的习惯。

六、建立积极的职业发展观

发展的实质就是事物的前进、上升，是新事物代替旧事物。因此，必须坚持以发展的观点看问题，即发展观。所谓职业发展观是一个劳动者在职业发展的进程中，对发展及怎样发展的总体和系统的看法；所谓积极的职业发展观则是用联系的、全面的、发展的观点看待个人的职业前景和未来。例如，有些年轻人找工作就是为了多挣些钱，他们认为没有钱什么都不是。显然，这就不是积极的职业发展观，他们过分地夸大“钱”的作用，孤立地、片面地、静止地看待“钱”，把“钱”的作用绝对化，这种职业发展观必然会影响人的进步、上升。事实上，许多有才的人正是因为抱有消极的职业发展观从而导致职业发展长期停滞不前，甚至中途搁浅落马。确立积极的职业发展观是所有劳动者面临的共同课题，也是职业指导人员永远需要探索的话题。针对职业指导人员的服务对象所面临的具体问题，应当首先明确两点。第一点，什么是需要建立的积极职业发展观。理解这些内容应当能够帮助他们克服困难、走出低谷、追求进步、放眼未来。第二点，怎样帮助他们接受、建立这些积极的思想，最终使其成为自己前进的动力。职业指导人员要从以下两点进行引导。

（一）帮助受助者理解、建立职业生涯的变化发展观念

应帮助受助者理解一个人的职业生涯、职业发展是在运动、变化、

发展的，新的职业事件总是会代替旧的职业事件。例如，帮助高校毕业生理解自己的职业生涯刚刚开始，初次就业只是“万里长征”第一步，不应当过分地强调此时此刻的条件和环境；又如，帮助城镇失业人员理解下岗失业实际上就是职业生涯发展变化的过程，这是发展的实质，不应当认为从此好日子一去不复返，应当令其理解随着职业生涯的继续，一定会有新的机会和未来。显然，这些人对进步的连续性有不切实际的需求，静止、片面地看待自己职业变迁，从而导致迷惘、消沉和自卑的心态形成，影响着他们的职业选择和职业决策。为此，帮助指导人员要帮助引导人们建立职业生涯的变化发展观念，这个观念对许多劳动者而言非常重要。帮助指导人员要引导人们坚持发展的观念，把此时此刻的境遇看作一个变化发展的过程；要使人们明确职业生涯中的发展变化在自我发展过程中所处的阶段和地位；要使人们坚定信念，顺应形势，树立创新精神，重新进行职业定位，使思想符合职业生涯客观实际。

（二）帮助建立促进变化发展的规律性观念

要帮助人们认识到，个人职业生涯发展的运动变化有其无法违背的客观规律。这些规律是职业生涯发展运动过程中固有的本质和必然联系；这些规律可以被人们认识并利用，从而获得职业发展。这里可以从多个方面阐述其内容，为职业指导人员开展帮扶工作提供规范和参照。

1. 要确立职业目标和担当。人不能总是停留在原有的成绩上踏步不前，一个人要有明确的职业目标定位，要跟上时代、履行使命、勇于担当、身负崇高的使命感。这样的人就能善用自己的资源，集中精力，使职业生涯获得更加长足的发展。一个人如果有了理想和奋斗目标，那他的生命一定会绽放出夺目的光芒。这是职业发展的客观规律，也是职业生涯前进的关键一步。

2. 要做一个有一技之长的人。每个人都具有不同的特点，每个人都存在其可胜任的一些职业活动。若是找到了自己的胜任特征，并将其发挥到适宜的职业活动和环境中，就会促使职业生涯可持续发展。只有形成一技之长，才能产生职场竞争力；只有倾力打造过硬的专业能力，不断加强专业素质修养，加强学习能力、创新能力，才能朝着既定目标不断自我挑战、自我激励、自我完善，成为一名成功的专业人才。

3. 要用自己的努力抓住机遇。职业机遇是所有职业人渴望出现的，问题是人们在认识到其存在于每个人的职业活动中的同时，还要懂得要抓住机遇则需千百次的痛苦锤炼，需要数不清的艰辛和付出不知多少的努力。帮助指导人员要帮助受助者认识到两点：一是机会总是给有准备的人，只要坚持并不懈努力，命运就会得到改变；二是不论多么伟大的事业都是从平凡小事做起，只要这些小事与自己的最终目标保持一致，就会有利于成就大事。

4. 做事要顺应潮流，要有必胜的决心和信念。必胜的决心和信心是做成事情的先决条件，顺应潮流是做事的最高境界。一个人要想获得职业发展，那就必须让自己投入到组织和社会的发展之中，把握时代的脉搏，在大的社会发展潮流中迎风破浪，顺势前行；就必须要坚信，幸福都是奋斗出来的，奋斗本身就是一种幸福，只有奋斗的人生才称得上是幸福的人生；要懂得在前进的道路上，一定存在艰辛和苦难，要坚信量变到质变的辩证关系，敢于面对困难和人生挑战，敢于超越自我、勇攀高峰，争取最后的胜利。

5. 职业准备的成熟水平决定着职业征程的顺利与否。做好准备再出发，这是职业生涯发展各个特定阶段都需要遵守的行动规则。一个人能否成功处理好职业环境和个人需要的矛盾问题，取决于个体处理这些问题的职业准备程度，即职业成熟水平。职业成熟水平主要表现在个人的身体、心理和社会多方面特征的集合，例如身体的健康程度，个性心理特征即职业兴趣、职业能力、职业人格方面的成熟程度，个人职业活动体验的总结和探索以及自我概念的不断完善等，这些内容都直接影响个人职业生涯发展的进程。这方面的帮助指导要重点让受助者意识到两点：一是准备不足是职场大忌；二是发展和完善职业的自我概念，使之适应职场竞争环境需要是个人生涯发展的核心。

6. 保持积极的成长心态，融入新的时代。工作满意度和生活满意度取决于个体在多大程度上从职场上找到了实现自我的途径，而这一点又取决于个人积极的成长心态。这种心态的积极性主要体现在三个方面。一是要从自身寻找阻碍个人成长的原因。例如，有些人认为学不到东西、得不到培养、得不到提升，于是感到失望，抱怨组织、抱怨社会，而没有意识到坐等别人使自己成长，完全用“他人的责任”要求成长的思维模式却是真正的问题所在。二是要认识到竞争无处不在。新技术的应用、新业态、新发展提供了一个日新月异的职业生态环境，未来的职业竞争不只是组织内部、行业内部，跨组织、全球化、混龄化、人与智能机器人之间的竞争都在逐步显现。因此，开放的成长心态和积极融入新时代的态度是现代职场人必备的观念准备。三是做时代的弄潮儿。互联网时代正在深刻地改变着人类的命运，现在的年轻人越发不用靠“拼爹”、拼财力和拼人脉，而是凭借自身的实力和才华取得成功。所以保持开放的、终身学习的心态至关重要。对大多数人而言，更多机会的出现将使职业变化成为常态，“U 盘化生存”将是一种主流，每个人的专业性和不可替代性将成为价值点。

第三节　指导做出明智的职业定位

一、指导职业定位

（一）指导结合个人职业兴趣状况定位

1. 介绍职业兴趣对职业发展的重要性，重点说明两点。一是职业兴趣是个人职业成功的一个重要条件。当一个人从事的职业符合其个人职业兴趣时，工作就会具有更高的积极性，从而更加积极、愉快地从事该职业，增加职业满意度，带来职业成就感，提高职业稳定性。二是兴趣是多种多样的，能够与兴趣匹配的职业也是有所对应的，不同的职业兴趣类型会对应不同的职业，找到这些兴趣类型与职业对应的关系，就可以促进个人在职业上更好地成长和发展。

2. 介绍职业兴趣类型与职业对应的关系。通过介绍个人兴趣类型与职业的对应关系，可以帮助人们做好三点。一是直观地看到自己更加适合的职业方向，对自己的职业发展方向有一个基本的预判。二是可以促进人们更加理性地分析自我就业状况，消除一些不切实际的想法。三是给出职业兴趣与职业的对应关系，可以帮助人们探索发现自己的职业取向，尤其是在讨论个人能力、人格等个性特征时，职业兴趣取向可以作为非常重要的参照因素，帮助确定职业定位的可行性。表 2-1 可以作为参照，帮助人们认识和理解职业兴趣类型和职业之间存在的对应关系。

表 2-1　　职业兴趣类型与职业的对应关系

类型	类型特征	适应的职业
1	愿与事物打交道，喜欢接触工具、器具或数字，不喜欢与人打交道	制图员、修理工、裁缝、木匠、建筑工、建筑勘测人员、工程技术人员、机械制造人员等
2	愿与人打交道，喜欢与人交往，对销售、采访、传递信息一类的活动感兴趣	记者、推销员、营业员、服务员、教师、行政管理人员、外交联络人员等
3	愿与文字符号打交道，喜欢常规的、有规律的活动，习惯于在预先安排好的程序下工作，愿从事有规律的工作	邮件分类员、办公室职员、图书管理员、档案整理员、打字员、统计员、出纳员、记账员、会计等
4	愿与大自然打交道，喜欢地理、地质类的活动	地质勘探人员、钻井工、矿工等
5	愿从事农业、生物、化学类工作，喜欢种养、化工方面的实验性活动	农业技术员、饲养员、水文员、化验员、制药工、大棚种植人员等

续表

类型	类型特征	适应的职业
6	愿从事社会福利类的工作，喜欢帮助别人解决困难。这类人乐于助人，会试图改善他人的状况，帮助他人排忧解难，喜欢从事社会福利和助人工作	心理咨询人员、医生、科技推广人员、社区工作者、职业指导人员、护士等
7	愿做组织和管理工作，喜欢掌管一些事情，以发挥重要作用，希望受到众人尊敬并获得声望，愿做领导和组织工作	行政人员、企业管理人员、学校负责人、辅导员等
8	愿研究人的行为和心理，喜欢谈涉及人的主题，对人的行为举止和心理状态感兴趣	心理学家、政治家、人类学家、人事管理人员、思想政治教育工作者、社会科学工作者等
9	愿从事科学技术事业，喜欢逻辑推理、理论分析、独立思考，喜欢实验和解决问题、推理、测试的活动，善于理论分析，喜欢独立地解决问题，也喜欢通过实验得出新发现	生物学家、化学家、工程科技研发人员、物理学家、自然科学工作者、各类科学研究人员等
10	愿从事有想象力和创造力的工作，喜欢创造新的式样和概念，大都喜欢独立的工作，对自己的学识和才能颇为自信，乐于解决抽象问题，而且急于了解周围的世界	社会调查人员、经济分析师、新产品研发人员、演员、画家、工业设计人员等
11	愿做操作机器的技术工作，喜欢运用一定的技术从事职业活动，喜欢操作各种机械、制造新产品等，喜欢使用工具特别是大型的、马力强的先进机器，喜欢具体的东西，如设施设备	车工、钳工、无人机驾驶人员、飞行员、汽车驾驶员、机械操作工等

3. 需要重点解决的问题。在通过职业兴趣进行职业定位的过程中，有以下五个典型问题需要解决。

（1）帮助澄清个人职业兴趣取向。由于安逸生活和纷繁的诱惑，人们往往对个人职业兴趣关注很少，对自己在职业上的喜好和志趣模糊不清，这个问题具有普遍性，应当首先予以解决。

（2）帮助纠正职业兴趣偏离。受多元价值观和社会外部信息干扰等因素的影响，人们往往对某种职业取向偏离自己的本性初衷，表现出与本性不符甚至是对立，人们在职业定位过程中表现出的好大喜功、急功近利等现象都反映了这一问题的存在。这种情况在近期似乎看不出什么弊端，但从职业生涯长远角度而言则是极具危害的，应当予以调整和纠正。

（3）帮助克服职业兴趣沮丧。职业兴趣沮丧主要是指劳动者经常存在的对自己所学专业、所要从事的职业岗位感到不喜欢，造成内心长期沮丧的心理状态，职业倦怠就是这种情况的一个典型体现。职业指导人员应当通过合理制定发展目标、树立积极的发展思想、分析自我的职业价值等方法，帮助指导人们从职业兴趣沮丧中走出来，促进个人稳定就业和职业成长。

（4）帮助拓展职业兴趣局限。许多人会认为自己职业兴趣范围较窄，感兴趣的事物很少，内容也不够丰富，这会直接影响人们的职业自信，使人难以准确做出职业定位。职业指导人员一方面应当帮助人们了解自己的显性兴趣所在，另一方面还应帮助人们探索发现隐性兴趣，这样才能帮助拓展个人职业兴趣范围。实践表明，解放思想、加强实践等做法都可以帮助人们将隐性职业取向提升为显性职业取向。

（5）帮助提升职业兴趣发展水平。许多人对自己的职业兴趣对象了解不多，付出的心血就更少，他们在职业兴趣的深度、范围和稳定性上，往往存在有趣、乐趣、志趣三个水平。有趣是指职业兴趣最初级时的专一和集中的情绪趋向；乐趣是指这种专一的趋向已经变成对某一客体的特殊爱好；志趣是指这种由乐趣发展起来的情感体验已经具有很高的社会价值，人们往往将此与个人的远大理想和目标结合起来，这是职业兴趣发展的高级阶段。职业指导人员应当注意帮助提升个人的职业兴趣发展水平，以直接促进其职业兴趣的稳定。

4. 注意事项。

（1）在介绍职业的相关情况时，可以提供图片和视频帮助人们进一步了解相应职业。在介绍职业情况后，应倾听当事人的意愿并进一步引导说服，力求使其按照适合自己职业兴趣的思路进行职业发展，规避不切实际的想法。

（2）职业兴趣不能够作为决定个人职业发展的唯一变量。事实上，客观情况往往比人们想象的要复杂得多，在对职业定位进行指导的过程中，应考虑到客观的实际需要，考虑到人力资源市场的实际状况，全面分析论证各种因素的影响及其可行性，力求实现辩证和变通。这种意识应当贯穿于利用职业兴趣帮助职业定位的始终。

（3）一个人的职业成功不仅仅依赖于职业兴趣，还要考虑个人职业能力、职业人格等个性因素影响。在很多情况下，人们总是首先考虑兴趣，这有助于快速发现一个人的职业发展方向，对帮助职业定位具有重要的实用价值。但是，职业兴趣只是前提，而职业能力、职业人格等因素是条件。职业指导人员在充分考虑个人职业兴趣时，必须还要论证个人职业能力和职业人格等因素的情况，通过审慎权衡各要素，与当事人开展充分讨论，方可做出最终职业定位的判断。

（4）从个性发展需要和促进职业成功的角度进行介绍。职业指导人员应当努力帮助人们发现自己的职业兴趣取向，沿着这个方向实现自己的个性追求，但与此同时，还要注意帮助人们认识到两点。一是力求将自己的职业兴趣取向与时代发展努力结合起来，要让他们认识到只有将个人与国家、民族、组织等方面的利益结合在一起，才可能使自己得到更好的发展。二是当个人职业兴趣取向与时代发展不能同步或者相悖时，应当毅然放弃自我追求，从国家大局出发，将自己投入到时代发展的大潮中，在实践中逐步培养自己的情趣，用自己的职业使命感引导职业兴趣的发展。

（二）指导结合个人职业能力状况定位

1. 帮助认识职业能力对职业定位的重要性。重点向劳动者说明三点。一是职业能力是用人单位招聘人员和选拔人才最看重的胜任特征要素，也是劳动者能否找到自己适宜工作岗位的必要条件，不去考虑个人的职业能力结构和特征而一味地追求个人的求职需要，既不能得到用人单位的认可，也不能很好促进个人职业成长和发展。职业指导人员应当针对当事人具体情况，据此予以耐心细致的指导。二是职业能力分为一般能力和特殊能力两种。前者是指在不同种类的职业活动中表现出来的共同能力，比如观察能力、记忆能力、思维能力等，有时也将一般能力界定在智力这个范畴；后者是指在某些特殊专业活动中表现出来的能力，比如，驾驶飞行器的能力、精细操作能力等。职业指导人员通过介绍这些概念，指导人们更加直观地认识理解自身所具备的职业能力状况和特点，更进一步地了解自身在能力方面的胜任特征，以对自己的职业定位做出更加理性的分析和判断。三是职业能力倾向和发展水平可以视为个人未来发展和职业成功的“风向标”，通过这方面的指导，不仅可以帮助人们明确职业定位，还可以对个人的发展进行预测，帮助人们树立信心，寻求自我实现。因此，结合职业定位，在职业能力方面为人们提供有价值的线索，还对促进个人职业生涯发展具有重要作用。

2. 介绍职业能力类型与职业对应关系。介绍职业能力类型与职业对应的关系，主要是帮助人们解决三个方面的问题。一是寻找职业发展方向。从一般意义上，了解认识自己职业能力结构与岗位需要之间的对应关系非常有助于初步确认个人职业定位的方向。二是发现典型胜任特征。结合个人的职业能力取向，帮助个人进一步直观地了解自己的胜任特征，例如在一般能力方向上具有比一般人更强的注意集中能力，或者具有更强的逻辑分析能力等，以帮助人们发现自己的能力主线，找到自己的一技之长。三是发现职业能力局限。充分了解自我职业能力在结构、发展水平上的局限，为规避职业定位的误区提供具体线索。

表 2-2、表 2-3、表 2-4 可以作为参照，帮助人们认识和理解职业能力胜任与职业岗位需要之间的关系。

表 2-2　　不同类型科研人才的职业能力要求

自然科学研究人员的胜任特征	社会科学研究人员的胜任特征
有较强的数据计算能力和通过数据和原理进行逻辑推演的能力	有较强的文字表达能力，具有一定的演说才能
有较强的科技鉴别能力和通过实验进行研究的能力	有较强的调查研究的能力
有较强的计算机应用的能力	有较雄厚的社会理论知识储备、广博的知识和开阔的视野
善于发现问题，有较强的科研定向能力和独创性	善于从纵向发展和横向比较来分析研究问题，具有创新意识和独创精神
善于分析数据和实验结果，注重更加创新的科研方向和路径的探索	善于捕捉信息，注重资料的积累和经验总结
强调同行的协作，能在共同的科研攻关中恰当地扮演自己的角色	注重人际关系的交往，有较强的活动能力，善于和不同类型的人友好相处

表 2-3　　不同类型管理人员的职业能力要求

经营管理人员	业务（技术）管理人员	行政管理人员
有强烈的市场和用户观念	有较强的技术和经济观念	有较强的法制观念、纪律观念和群众观念
既掌握本行业生产技术又有比较宽的知识面	对新技术有较强的鉴别能力，具有较强的信息观念和信息沟通能力	有较强的办事能力，工作忙而不乱，并能以公心，公道处事
具有较强的综合分析能力	具有较周密的思维能力	善于处理人际关系
有较强的控制能力，具有良好的决策或辅助决策能力	具有较强的组织协调和宣传鼓舞能力，具有较强的社交能力	具有较强的综合协调和决策能力
处理问题灵活，有较强的应变能力，有良好的谈判和社交能力	既精通专业知识，又有比较宽的知识面	信息观念强，具有接受反馈，适时反应的应变能力

表 2-4　不同类型商业人员的职业能力要求

销售人员	公关人员	市场人员
社交能力强，能给人留下真诚、热情、可信赖的印象	做事不拖沓，说话不模棱两可	有强烈的时间概念和服务意识
善于换位思考，善于和主要客户沟通，及时抓住客户的关注点	要能写会说，有相当的写作能力与能言善辩的素质	能够在市场调研和信息采集基础上组织分析，比较和选择市场营销方案，并进行资源整合，以把握市场时机
抗挫折能力强，不怕被拒绝	要有思想，有头脑	头脑清晰，反应灵敏
能够承担风险	能以人品赢得公众信赖	具有团队意识
有远见和长远目标	把企业形象放在第一位	有强烈的进取心

3. 需要重点解决的问题。在帮助指导人们利用职业能力进行职业定位的过程中，有三个典型问题需要重点解决。

（1）指导遵循能职匹配的三个原则。一是个人职业能力类型与职业岗位需求的吻合。二是个人职业发展水平与职业层次的吻合。例如，个人职业发展水平仅仅适合做会计，但要做财务总监就不现实。三是要发挥个人优势和特点。这个原则就是在最大程度上发掘个人一技之长，力求通过一个突破点形成个人就业竞争优势。

（2）帮助调动可迁移能力和技能。一些通用的能力和技能具有可迁移性、普适性和实用性特点，是个人能够持续运用并最能够依赖的能力要素，可以使个人据此获得更加宽泛的职业适应范围。帮助指导过程需要密切关注的可迁移能力和技能主要包括交流表达技能、数学运算技能、自我学习技能、与人合作能力、信息处理能力、外语应用能力、解决问题的执行能力等。

（3）帮助提升自我效能感。这是指个人对自己的职业能力以及运用该能力将得到何种结果所具有的信心和把握程度，在外在表现上，其常常等同于对个人职业能力的自信。在实际中，人们的自我效能感对职业选择的行为影响往往要比个人实际的职业能力更起作用。高自我效能感可以帮助人们更好预测个人职业定位的效果，更加积极主动地进行职业尝试，更好地处理职业选择带来的纠结和压力，最终获得好的职业定位结果。

4. 注意事项。

（1）通常人们的职业能力结构是复杂的。帮助指导过程中，既应注意到各种单一能力要素的影响，还应注意到整个职业能力结构中各要素之间相互影响、相互补充、相辅相成的复杂关系。这种整体辩证地看待能力的意识，对更加准确地找到适合的职业方向和定位具有极为重要的指导意义。

（2）在考虑个人通用职业能力时，还要特别注意特殊的职业能力。能够发挥个人通用职业能力的特点，就可以帮助人们在更加宽泛的职业领域里寻找职业发展的可行性；能够发挥个人特殊职业能力特点，就可以帮助个人基本完成精确职业定位。通过对两者特点的结合，可促进个人职业选择和定位更加精准、更高质量。

（三）指导结合个人职业人格状况定位

1. 帮助认识职业人格对职业定位的重要性。需要帮助人们认识四个方面。一是帮助认识职业人格的概念。职业人格强调个人在职业活动中典型而稳定的行为倾向，例如，有人总是表现出工作细致的特点，而有人又常以做事快捷干练为特点。二是认识健全的职业人格是人们在职业活动中一项重要的胜任要素，是完成工作任务、适应工作环境的重要心理基础。三是每一种特定的职业都要求从业者具有适应职业特点的职业性格，例如服务行业要求从业者具有耐心、礼貌、热情大方等性格特征，如果缺少这些性格特征就很难胜任。四是认识职业人格特征的不同会导致个人行为习惯不同，个人行为习惯的差异则会影响个人职业岗位的选择和定位，当选择了与职业人格匹配的职业岗位时，才能更好地发挥个人的独特性。

2. 介绍职业人格类型与职业对应关系。从职业胜任的角度而言，职业人格的本质内涵不是“好”与“坏”，而是“适宜”和“不适宜”，或者是“胜任”和“不胜任”，只有真正认清职业人格类型的典型特征，才能更好帮助人们做出最为理性正确的判断。表2-5可以帮助人们认识理解职业人格类型特征与职业的对应关系。

表2-5　八种典型职业人格类型特征与适合的职业

性格类型	优点	不足	适合职业举例
外向型	能运用外在的环境资源，乐意与他人来往，拥有开放的态度，行动派，易被他人了解	不够独立、需要与他人共事，讨厌规范约束	导游、公关
内向型	独立自主，埋头工作，勤勉奋发，善于思考，以自己理想做事，不轻易以偏概全，做事不冲动	对外在环境了解不多，逃避他人，掩饰自己，易被他人误会，不喜欢工作被打断	钢琴师、诗人、心理学家
敏感型	对事情能面面观之，能以整体观点看问题，耐得住烦闷的工作，有耐心，细心，做事系统性强	不注重细节，不注重实际，不相信直觉，不求创新，无法应付太复杂的工作，不喜欢预测性质的工作	律师、秘书、会计师
直觉型	对事情能面面观之，能以整体观点看问题，富有想象力，喜欢尝试新鲜的构想，喜欢解决新奇的问题	不注重细节，不注重实际，不能忍受沉闷，思维不合逻辑，不擅长把握当下，易下断言	室内设计师、电影评论员、美容师
理性型	思考合乎逻辑，善于分析，客观公正，能系统地思考，有判断能力，意志坚定	忽略他人的感受，误解别人的价值，不在意人际关系是否和谐，不常暴露感情，缺乏同情心，不愿意说服别人	法官、教导员
情感型	能体谅他人感受，了解他人需要，喜欢和谐的人际关系，易表露情感，喜好说服他人	思考不合乎逻辑，不够客观，缺乏系统思考的能力，不具批评精神，易不辨是非全盘接受，易感情用事	宗教人员、播音员、辅导人员

续表

性格类型	优点	不足	适合职业举例
决断型	有计划、有步骤，果断、有决心，有控制能力，善于明确、快速地作决定	固执、不易妥协，做事没有弹性，常依手边少量的信息作决定，修正意见易被预定的计划所埋没	企业家、生产主管、投资顾问
慎思型	易于协调人际关系，可从各种角度欣赏事物，具有弹性、开放的态度，依据可靠的资料作决定，不擅长以批判的眼光看问题	犹豫不决，散漫无计划，不能有效控制情况，易于分心，常不按计划办事	人寿保险顾问、社会工作者、漫画家

3. 需要重点解决的问题。

（1）帮助处理人格与职业不匹配的问题。在许多情况下，人们关注的是个人职业人格特征与所从事的职业不匹配的问题，并常常对此表现出担忧和顾虑，对此职业指导人员宜从两个角度予以处理。一是说明职业人格测验的结果不是告诉人们最适合哪项工作，而是在澄清哪种工作特性适合个人的职业人格；说明测验通常都是通过提供工作群组名称提供线索，帮助人们发现新的工作、新的职业环境。二是需要说明职业胜任还取决于职业观、职业技能、职业兴趣等因素，可以通过其他因素予以互补，并尽可能帮助其提供相关线索。

（2）帮助认识个人职业人格与他人的不同。这方面的帮助指导主要是指要使人们了解自己的职业人格特征，同时要将自己和周围其他人的特点进行比较，发现自己的行为特点和性格独特之处，以帮助人们在日后的工作环境中，从融入团队、解决矛盾冲突、时间管理、压力缓解等多方面进行职业适应。将自己的职业人格与他人进行比较还有一个目的，就是通过比较能够使人接受合作者和职业伙伴，懂得利用自己职业人格的长处，整合周围的资源，促进更为合理的团队建设。

（3）帮助梳理职业定位各要素之间的关系。一般而言，职业兴趣、职业能力、职业人格这几个要素总是伴随每位求职者左右，但其孰重孰轻、孰前孰后往往令人们感到顾此失彼、无从下手。为此，帮助人们梳理分析职业定位各要素之间的关系，对最终做出决策至关重要。梳理时主要把握三点。一是要首先帮助人们理解这些要素的功能作用，例如，职业兴趣是说明喜欢或不喜欢的问题，这一点决定着职业生涯之路能走多远；职业能力是说明能干或不能干的问题，这一点决定着职业生涯之路能不能走；职业人格是说明适应或不适应的问题，这一点决定着职业生涯之路走得顺不顺。理解这些因素的功能作用，人们就可以更好地做出取舍。二是要坚守一个程序，即先看“喜欢否”，再看“能干否”，最后再看“适应否”。“喜欢”是前提，“能干”是条件，“适应”也是前提。没有了前提，即便有条件，也难以成功；没有条件，但有了前提，还会有转机。值得指出的是，这个程序显然不能完全解决最终决策问题，但在这个程序的指导下，通过帮助指导双方共同进行的分析探讨，最终结论就不难形成了。三是要帮助人们认识到这种元素分析的局限。将各个影响因素分解后进行分析，自然可以更清楚地看清每个因素的本质和特点，但毋庸置疑，这些因素在职业活动中是共同作用的，也很可能是变化的，更何况还有环境因素的作用和影响。因此，切不可仅就这几个因素妄下结论，认清局限、深入分析、辩证论证才是正确决策的有效途径。

4. 注意事项。

（1）帮助人们通过职业人格进行职业定位时应注意，在根据人们职业人格的特点推荐适合的职业岗位时，在许多情况下当事人可能并不能接受。此时一方面应进行更为深层次的沟通和解释，另一方面应提供其他解决方案。例如，尽管不更换工作选择，但还可以在一个大的工作环境中发挥个人的性格特征优势，切不可纸上谈兵，主观武断。

（2）在说服人们不要违背职业人格特征从事某项工作时，还要注意到职业人格的多重性特征，即一个人往往同时具有多重职业人格特征，且这些不同特征相互影响，相互补充。这种复杂性虽然对辨认个人职业人格带来一些困难，但从职业适应的角度而言，它为人们做出更多的职业选择提供了宝贵的职业心理基础。

（3）在考虑通过职业人格进行职业定位时，还要注意分析人和环境之间的作用影响，不要陷入唯人格论、唯个性因素论。

二、指导了解工作世界

（一）指导了解职场与职业

帮助劳动者了解职场与职业对他们更加理性的择业和就业具有重要的指导作用，这方面的内容主要涉及以下四个方面。

1. 帮助了解职业环境的变化。这主要是让受助者对将进入的职业大环境有一个总的认识，看到自己的位置，从而对自己的职业定位进行对照和修正。从一般意义上来讲，职业指导人员可以从多个角度阐述，例如，人才竞争的全球化趋势、青年就业明显突出的趋势、灵活就业和不充分就业的趋势、职业转换频繁的趋势等。这些内容具有广谱性，可以使受助者把握就业趋势的全局。但是应当注意到，在实际中职业指导人员面对的往往都是个人的职业定位问题。所以，除了这些带有趋势性的内容外，还应针对不同的就业人群的需要，提供一些与个人密切相关的职业环境信息。

2. 帮助了解用人单位的要求和做法。通过这方面的介绍，引导受助者换一个角度，即由个人需求的角度转向用人单位需求的角度，重新审视自己职业定位的合理性。例如，高校毕业生更多注意的是薪酬、发展空间、地理位置、工作强度、工作稳定、专业对口、社会地位等，显然这一切都是从个人角度进行职业定位的；而用人单位关注的是个人的综合能力、工作经验、个人专长、工资要求等。通过介绍这方面的情况，使受助者换位思考，重新审视自己职业选择的现实性和合理性。

3. 帮助了解企业家的想法。通过了解企业家对人才的期望和要求，可从一个新的角度帮助受助者对照自己的职业定位进行重新认识和调整。例如，21 世纪的现代企业最需要的，绝不仅是个体优秀或只拥有某方面特质的狭义人才，而是应当具备以下 7 种特质的广义性人才：一是创新实践；二是跨领域合成，即能够进行跨学科融合创新；三是高情商、善于合作，即善于与人合作、对自身自觉、擅长管理以及社交；四是高效能沟通，即善于理解听众在想什么、善于表达自己思想、善于向他人传播信息；五是热爱工作，这是企业最需要的特质；六是积极主动，即对自己的选择总是积极主动，勇于提出自己的想法；七是乐观向上，即总能够告诉自己未来会更好。很显然，作为一位劳动者或求职人员，看到企业家对人才的期待和要求，一定会不自觉地对自己的现状进行重新认识。

4. 帮助了解职业的分门别类。对职业的了解就是一种职业体验，尤其是对初次就业人员就显得格外重要。通过对职业的深入了解，可以使人们理解职业的内涵、消除职业偏见、了解职业需求，以更好地结合个人实际，做出明智的选择。目前我国在这方面已经有了一些可阅读的材料，例如《中华人民共和国职业分类大典》等。在进行这项帮助指导时，还应当注意两点。一是要注意遵循系统而有层次地进行介绍的原则，例如从职业名称、受教育程度、职业环境和工作条件、设备设施、能力和人格特征、技术技能要求、工艺流程、薪酬待遇等方面逐一阐述。这种介绍方式对改变那些抱有不切实际认知的就业人员具有重要作用，职业指导人员要把这些内容以故事的形式讲述，有些人在“故事”还没有讲完时，就已经发现自己的想法有问题了。二是由于我国在职业分类方面的材料更新速度较慢，职业指导人员应注意平时的工作积累，随时采集职业岗位信息、及时整理并要时常做基本功的训练。

（二）帮助评估最可能从事的职业

1. 帮助了解职业方向。了解职业方向总是存在一定的难度，需要采用一些方法并辅以长期的经验积累。但有一些方法可以帮助职业指导人员得到好的方向评估效果，它的基本程序是先要根据受助者的意愿和可能性，选择出 10 个最希望从事的职业，然后同时采用回忆、询问他人、查阅、兴趣四种方式对受助者所选择的职业进行比对和审视，四种方式认同性越高，越可能就是受助者最可能从事的职业。回忆是指在过去生活中曾经吸引过受助者的职业；询问他人是指向比较了解受助者的人征求意见；查阅是指查阅一下这些职业究竟是干什么的；兴趣是指要看一看这些职业是否符合受助者的兴趣点。经过四个方面的比对，就会发现四者皆认同的职业就是基本的职业方向。需要强调的是，这种方法是一种快速探查的方法，职业指导人员应当在使用这种方法的同时，进一步地与受助者进行研讨，力争获取更多的鉴别诊断信息。

2. 帮助获得职业信息。人们通过互联网、大众传媒、就业指导课程以及相关讲座等形式获取职业信息的方式已经极为普遍，但是这些方式毕竟属于间接渠道，并常常具有局限性。要满足职业定位的需要并克服片面化的影响，职业指导人员仍然需要帮助受助者掌握更加有效的信息获取方式和途径。这里提供四种常用于直接获取信息的方法，虽然这些方法主要针对高校毕业生，但仍可以为帮助其他就业群体提供很有意义的参照。

（1）通过亲朋好友获取。主动联系有相关条件的亲朋好友请求其允许参观所在的单位，现场观摩职业活动的真实情况。

（2）可以在暑期或者平时做一些兼职，使受助者了解自己感兴趣的职业。

（3）通过学校。学校院、系会组织专场招聘会、有专门的就业信息发布栏、有分管毕业生就业的老师和辅导员，还可以让老师推荐参加校园外公共就业服务机构组织的专场招聘会等。

（4）采集整理求职广告。以受助者所学专业或者是兴趣点作为搜索关键词，在互联网上大范围地搜索求职广告，职业指导人员对这些信息辨认真伪、去粗取精、分类整理后与受助者沟通，有条件的话带领受助者主动前往，深入进行考察和调研。受助者恐怕永远也不能够做到百分百的信息对称，但职业指导人员要让他们知道：采集信息渠道越多，信息分析得越深越细，就会越有助于防止片面化，减少损失。在这方面，职业指导人员要不遗余力，避免受助者走弯路、走错路。

（三）提供选择性职业体验

选择性职业体验是指通过阅读相关资料、观看视频等方式了解职业情况的做法。这种体验方式具有方式简单、体验范围广等特点，常作为自助指导的重要内容。下面介绍开展选择性职业体验的两种最常见的方式。

1. 指导阅读。帮助人们通过阅读进行自助性的选择体验，应注意做好以下三项工作。

（1）阅读材料的精选。开展选择性的职业体验，不是提供一本《中华人民共和国职业分类大典》就万事大吉了，正确的做法是根据受助者所遇到的问题，为其量身定制，专门推荐相关读物。例如，面向进城务工人员，推荐的读物应当是《农民工常见职业 100 种》，作为高校毕业生应当推荐的读物是《大学生常见职业 100 种》。只有这样有针对性地进行阅读，才能使受助者感受到阅读的价值和意义，对改变人们的认知取得实效。

（2）对如何阅读的指导。指导受助者阅读有关职业资料应当注意三点。一是要告知阅读目的。即告诉读者阅读资料的目的和对解决个人问题的重要价值，这样可以引导读者快速进入自助情景。例如，可以告知刚刚进城的务工人员，“现在提供的常见职业 100 种的画册，主要是为你下一步想找什么工作做筛选，同时，要做好上岗前的思想准备”。二是要告知阅读重点。要为读者事先圈出阅读重点，使读者直奔主题，快速找到解决问题的答案，增强阅读自助的信心。例如就上例所言，如果是男性，可以进一步告知，“你可以重点看一看在建筑业中的几个职业岗位”；如果是女性，可以进一步告知，“你可以重点看一看在服务业中家政服务员等方面的几个职业”。三是要告知阅读方法。比较性的阅读是一种重要的方法，应当提前告知读者。例如，告知阅读者在不同岗位下，关键要看职业环境、技能要求、薪酬待遇三个指标，将其横向对比，择其利弊，自然就知道自己的想法了。

（3）相关案例的推送。阅读学习案例是有效地进行选择性职业体验的方法，但如果要使受助者从中得到良好效果，还应当注意三个要点。一是要事先分拣。案例的素材是复杂的，有反映人物的，也有反映事件的，有从宏观角度讨论问题的，也有从微观角度阐述问题的，这就需要职业指导人员做好分拣工作，大量收集案例素材，建立分类目录，提供检索条件，便于随时快速地提取选用。二是要主动推送。结合受助者面临的实际问题，有针对性地推送相关案例，同时告知其阅读重点。三是要参与研讨。和受助者共同针对案例进行研讨，对提升帮助指导的效果具有重要作用，听取受助者的感受，引导归纳要点，提出思考方向，都对受助者能够更深刻的体验有重要促进效果。与此同时，职业指导人员还可以在这个过程中及时发现受助者的新问题，及时调整指导方向和内容。

2. 指导访谈考察。通过访谈考察可以更好地帮助人们获取职业知识和信息，还可以帮助受助者发展人际关系，引导其更多地接触某一特定职业领域，把握更多的工作机会。做好这项工作，需要掌握两个要点。

（1）确定访谈考察的目的。访谈考察的目的主要有三种。一是帮助加深对某一个职业的了解；二是帮助培养社交能力，使受助者在求职过程中充满自信；三是访谈活动为发展新的关系、新的线索创造条件。总之，访谈考察最重要的目的是帮助人们了解和证实某个行业、职业、岗位的信息，增长职业知识，重新进行更加客观的职业体验。职业指导人员应当帮助受助者事先澄清这些目的。

（2）帮助落实访谈考察程序。访谈考察程序一般分为三个步骤。

第一步，指导或帮助受助者寻找正在从事其愿意从事的职业的人。

利用身边亲朋好友的关系或通过熟人介绍实现访谈相对容易，但这里需要帮助受助者的是面对陌生人如何争取接受访谈考察。

第二步，制定访谈考察提纲。下面是一份供参考的访谈提纲。

- 业务类型。例如，公司的服务、产品或功能是什么？服务对象或顾客是哪些人群？行业的竞争对手是谁？公司的竞争力是什么？
- 职务分类。例如，公司的主要部门有哪些？有哪些职位？对教育、职业资格、能力、技能有什么要求？
- 职责描述。例如，职业岗位都有哪些工作内容和责任？是否可以举例说明正在进行的项目和工作？每天典型的工作都是什么？
- 工作环境。例如，工作环境是什么样的？是否经常出差？每天的工作节奏如何？是固定程序化的工作状态还是变化多样的工作状态？有灵活的工作时间吗？
- 福利待遇。例如，报酬待遇如何规定？与受教育程度、能力水平怎样挂钩？有哪些升迁、加薪和横向调动的机会？是否有社会保障？是否有业余学习学费报销制度？
- 录用条件。例如，什么样的人才能被录用？还有哪些公司会聘用这类人员？

第三步，列出一个访谈考察提问清单。下面提供一份提问清单供参考。

- 您最喜欢您工作的哪一方面？为什么？
- 您最不喜欢您工作的哪一方面？为什么？
- 您当初为什么决定进入这个行业的？又是怎样实现的呢？
- 进入这个行业需要参加什么样的培训？需要什么教育背景？需要什么技能？
- 哪些个人品质对从事这份工作最重要？
- 在工作中您有压力吗？如果有，那是什么？
- 哪种类型的人可以在这个岗位上生存和发展？

• 有升迁或加薪的机会吗？

• 这个行业是在发展中吗？有哪些新发展的趋势？

• 还有哪些有关这一行的有用信息我应该了解？

帮助指导人们促成与业内相关人员的访谈考察，不仅可以带来宝贵的信息，学到重要的职业知识，受到有益的忠告，体验到亲临其境的感觉；更重要的是可以帮助受助者修正自己原有的认识和想法。如果再遇到一位愿意提供就业机会的人，那就是再好不过的职业体验了。

（四）鼓励深度职业体验

鼓励深度职业体验是通过见习、实习甚至是做志愿者等方式，了解职业情况，感受职业岗位的本质和内涵。这种体验方式具有体验更加直接、感受更加深刻的特点，帮助指导中可以根据实际条件择情实施。以下提供两种常见做法。

1. 指导参加见习、实习。见习、实习可以说是应届大中专毕业生培养教育的一种继续，本质上就是深度的职业体验，这个过程可以通过生产和工作实践了解所在单位的情况，熟悉和适应工作的需要；可以有针对性地学习与业务有关的新知识，扩大知识面，以便更好地开展工作；可以与基层工作人员建立感情，增进理解，得到他们的支持和帮助；可以广泛参与职业活动实践，熟悉职业环境，重新审视自己的职业观和择业观。在这个过程中应当注意三点。

（1）帮助引导认识见习、实习的目的和方向。要引导毕业生到基层，到教学、科研、生产第一线去见习，要指导毕业生围绕将来自己可能从事的职业岗位展开实习。只有到第一线、在最基层的职业岗位上，才能真正地体验到职业活动的意义和本质，才能有利于日后职业发展和全面成长。

（2）帮助指导进入适宜的见习岗位。要帮助毕业生选择与本专业对口、适于个人特点的职业岗位，要坚持人职匹配的原则，坚持发挥个人特点优势的原则，坚持促进职业发展的原则。要注意在制订见习计划过程中采取业务负责人、职能部门、见习指导人相结合的办法，分专业分阶段安排不同的见习岗位，各阶段要有具体的要求和指标，以达到全面锻炼、重点掌握、深刻体验的目的。

（3）帮助引导见习后的重新定位。要帮助指导毕业生在见习期满后，根据其专业、特长和见习、实习的体验，重新确定工作岗位，制订更加有针对性的职业发展计划。这种计划带有极强的针对性，制订时应注意三点：一是总结见习、实习职业体验的核心内容，例如，职业意识、职业规范、职业态度、团队合作、实际工作能力等方面；二是讨论如何借见习、实习之时继续前行；三是提出进一步完善自我的方向和措施。

2. 指导做志愿者。愿意做志愿者、自愿去基层锻炼，这本身就表明一个人具有相当高的思想意识和觉悟水平，是值得钦佩和学习的。从职业发展的角度而言，应当鼓励引导更多的人参与其中，更应当帮助指导他们顺利地实施这一宝贵的人生体验过程。对做志愿者的帮助指导主要有三个方面。

（1）阐述说明志愿者精神。重点宣传四点精神。一是追求奉献。即不求回报地付出，不计报酬、不求名利、不要特权。二是提倡友爱。即提倡欣赏他人、与人为善、有爱无碍、平等尊重。三是体现互助。即凭借自己的双手、头脑、知识、爱心开展各种志愿服务活动，帮助那些处于困难和危机中的人们走出困境，自强自立，重返生活舞台，涵盖着深刻的“互助”精神。四是努力进步。进步精神是志愿服务精神的重要组成部分，即通过参与志愿服务，使自己的能力得到提高，同时促进社会的进步。从这个角度上来讲，做志愿者的职业体验，其体验点已经不是职业活动的本身，更多的已是个人心灵的陶冶、是更高境界的自我实现了。

（2）阐述说明志愿者的基本特征。按照服务内容可分为消防志愿者、抗震救灾志愿者、奥运志愿者、社区志愿者、环保志愿者、网络志愿者等。不论哪一类志愿者都具有五点共同特征。第一，志愿者提供无偿服务，不是开业、打工，而是不计报酬的。第二，志愿者不是救世主，而是与被帮助者处于平等、互相尊重的地位。第三，不仅给予别人帮助，同时也会得到收获——自我的一种成长。第四，出发点不是对好奇心的满足，而是对社会的回报。第五，不是指挥者、教育者，而是用生命去影响生命。

（3）阐述说明志愿者的收获，主要是四点。一是可以使人们获得一个深入接触社会实际、真实了解与认识社会、丰富生活阅历，增强感性认识的极好机会。二是强化了人们的社会责任感，这对改善社会风气，确立敬业精神起积极作用。三是增强了协作精神、团队精神和帮扶弱势群体意识，使人们学会与人团结合作，依靠团队力量去共同完成任务。四是建立对弱势群体帮扶意识，学会关心他人并延及关心整个社会，学习维护弱势群体的利益并延及服务于整个社会和大众的利益。

三、指导职业决策和规划

（一）影响职业决策的诸因素

职业决策是人生中重大的事件，对职业生涯会产生深远影响，帮助指导人们尤其是年轻人学会自主决策、正确决策，是争取促进职业发展历程的必经一步，是帮助人们承担起对自己职业生涯的责任。

1. 帮助了解职业决策。职业决策总是伴随可能的风险，基于这一点，职业决策可以分为以下三种情况。

（1）职业决策明确清晰。即具有确定无疑的决策，所有选择和结果都是清楚明白的，做出决策的态度是坚定自信的。

（2）职业决策模糊不定。对所做出的选择和后果不能完全确定，知道会存在一定风险，仍可以在一定程度上感受到可能会发生什么样的后果，对做出的决策犹豫不决。

（3）职业决策无从着手。这种情况是对各种选择会产生何种后果几乎完全不清楚，干脆没有什么想法，不能做出任何决策。

事实上，大多数人的职业决策属于第二种情况，这主要是因为职业决策总有风险，而人们总是希望将风险降低，甚至争取排除风险，因此面对多种选择踌躇不前。职业指导人员一方面是力争帮助第二种情况的人，将机会成本降到最小；另一方面则是帮助指导第三种情况的人，创造一些有助于其做出决定的条件，如帮助他们搜集一些有用的信息以减少信息不对称的风险，使他们变成第二种情况。

2. 了解职业决策的影响因素。职业决策的影响因素非常复杂，且往往来自多方面，这就导致职业决策过程困难重重，著名职业指导专家约翰·克朗伯茨提出了影响个人职业决策的四类相互作用的影响因素，这在一定程度上为人们认识和解决这个问题起到积极的作用。

（1）遗传因素和特殊能力。人们先天获得的各种素质，包括各种生理特征如身高、外形、体质等以及一些特殊天赋，这些都会拓展或限制个人的职业偏好和能力。

（2）环境条件和事件。影响职业选择的因素中，有许多来自外部环境而非个人所能控制。克朗伯茨和他的同事们将这些影响因素归纳为社会因素、教育因素、职业因素。

（3）个人学习经验。

（4）工作取向的技能。值得指出的是，了解这些影响因素有两个重要的目的：一是可以帮助职业指导人员识别判断人们在做出职业决定的过程中处于什么情况；二是使当事人认识到个人的问题症结，以规避影响，更加合理地做出最后的决定。

（二）学习职业决策的方法

1. 决策策略。由于性格的不同，人们在决策过程中采取的策略或方式也各不相同，下面描述了人们在做决策时的一些典型方式，人们的这些态度和习惯做法会对决策产生的效果和效率产生深刻的影响。

（1）计划。全面考虑价值观、目标、重要信息、替代方案和结果，以理性的方式平衡理智和感觉。

（2）冲动。很少去思考或调查，按照涌入大脑的第一个想法做事。

（3）直觉。自发地、完全凭感觉地服从潜意识的选择。

（4）顺从。犹豫不决，不果断，让别人为自己做决定，看别人怎样做就怎样做。

（5）拖延。延迟、逃避，总希望什么人出现或是什么事情发生，使自己能找到一个说得过去的说辞以推迟思考和行动，这样自己就不用去做决定了。

（6）宿命。相信一切都是命运的安排，将要发生的事情一定会发生。

（7）痛苦挣扎。迷茫失落于各种可能性之中，完全不能自拔，面对各种方案不知所措，沉浸在焦虑之中。

（8）瘫痪麻木。完全陷入不知所措和恐惧之中，想承担做决定的责任但不知怎样去做，害怕最后的结果。

帮助受助者澄清上述情况非常有助于其做出职业决策，请他们回答以下三个问题，就可以了解他们自身的状态。

第一个问题：上述决策方式你最常用哪一种？

第二个问题：上述决策方式你最希望用哪一种？

第三个问题：试着做一个决定，想一想你是采用了上述哪一种方式？

帮助受助者认识职业决策方式是重要的，这至少可以使他们看到自己在决策过程中存在的问题，但更重要的还是引导他们调整负面决策策略，勇敢地做出决定，这种帮助对促进受助者个人成长意义重大，甚至会影响他们的一生。

2. 决策模型。介绍一种易于操作、掌握的决策模型，它是由以下五个关键步骤组成的。

（1）确定目标。这个步骤要解决三个问题：一是将自己的问题转化为有确切表述的目标；二是说明要在何种规定时限下实现目标；三是反复内省自己此时是否能够清晰地表述自己的目标。这三个问题如果得到解决，就意味着目标已经得到确认。

（2）评估各种备选方案。这个步骤要解决四个问题：一是呈现各种备选方案；二是看一看这些备选方案和自己最重要的价值取向是否相符；三是重新描述审视自己最重要的价值取向；四是计算每一种备选方案都需要多少时间更为合理。通过回答这些问题，一般就可以看出需要保留下来的究竟是哪一个方案了。

（3）收集信息。这个步骤需要做四件事情：一是为更加熟悉各种备选方案补充收集新信息；二是对自己所做出的、没有把握的假设进行仔细验证；三是审视各种备选方案究竟需要再做哪些更深入的了解；四是梳理究竟还有哪些资源可以帮助自己，发现更多的备选方案。这四件事情都是为了规避因信息不对称导致备选方案不切实际，失去论证的依据。

（4）评估结果和影响。这个环节重点解决两个问题。一个是可行性。这是指分析每一个备选方案成功的概率有多大，同时再重新审视一次每个备选方案是否都能反映自己的价值取向。另一个要解决的问题是满意度。这是指从个人清单中剔除满意度最低的备选方案，同时审视自己对最佳备选方案的期望值究竟有多大，以及自己愿意做出多大的牺牲或付出。这两个问题的解决，实质上是对备选答案做进一步审视和论证，为决策产生提供依据。

（5）建立一个行动计划。这个环节是决策制定的最终环节，没有行动计划就意味着决策无法产生。建立行动计划要包含目标、步骤、启动日期、各项准备和条件等。有了这些内容，决定也就有了，下一步就是执行决定了。

图 2-1 反映了决策模型的各个步骤，同时可以看出这几个环节之间的关系。注重每一个环节，并在上述步骤的基础上不断地对目标进行反复调整、反复修正、反复尝试、大胆实践则是该模型最本质的特征。

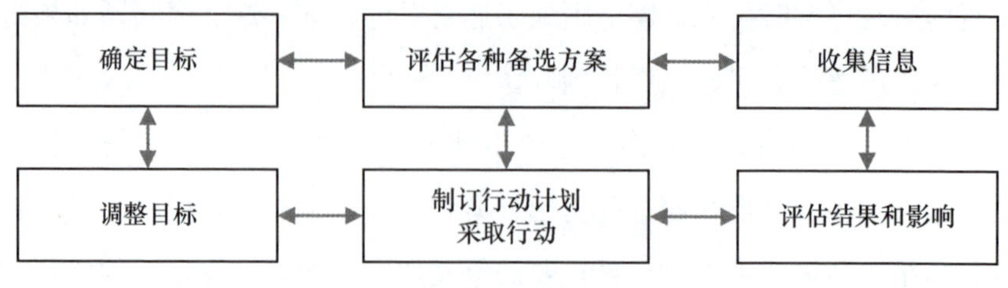

图 2-1 决策模型示意

3. 应对阻碍和困难。人们在职业决策过程中面临的主要阻碍和困难是观念问题，即不合理的就业意识、择业观念直接导致其无法正确地做出明智的选择。下面专门介绍两种方法，可以帮助克服这些阻碍和困难。

（1）推翻不合理观念的“六步法”。通过回答六个递进的问题，发现自己的不合理观念，将其修正或建立新的观念。

- 现在最需要验证的想法是什么？
- 怎样找证据来验证自己的想法？
- 支持这个想法的证据是什么？
- 不能支持这个想法的证据是什么？
- 觉得还有哪些想法更加实际，更为理性？
- 如果能以这种实际而又理性的想法去考虑，你会怎样做？

（2）修正观念的工作表。将自己过去原有的并阻碍自己决策的观念一一列出，然后从主观上有意识地进行修正，直到使这些观念成为一种积极的动力为止。这一方法更加强调帮助方与受助方的配合，双方默契的帮助关系是运用这一方法的重要前提。具体见表 2-6。

（三）帮助锁定目标

1. 理解确认目标的内涵。以目标为导向的原则，决定了锁定目标的重要性。没有目标就意味着失去方向，没有目标就无法制订行动计划，没有目标就意味着行动有 99% 的概率失败，剩下 1% 也只能靠撞大运了。尽管许多人已经认识到了确认目标的意义，但是，这并不意味着

表 2-6　　　　　　　　　修正观念的工作表

原有的观念	新的观念
例 1：我没有一个喜欢的工作。	例 1：我现在只是还没有发现自己喜欢的工作，但我相信我会找到自己喜欢的工作。
例 2：我还没有找到签约单位，我真没用。	例 2：虽然没有签约，但我相信仍然还有许多机会。
提示：请根据上述两例将自己的原有的观念一一列出，然后再一一对照着列出新的观念。	

人们就可以很好地锁定自己的真正目标。在这个问题上，人们总是容易犯三个错误。一是没有目标。这一类人总是凭着自己的一时想法盲目地做出选择和决定。二是目标定位不准确。这类人看上去有自己的目标，但实际上目标往往是模糊而不清晰，在制订计划时无法参照，在实际行动中无法落实。三是目标不切实际。这类人常常将一生的最终目标当作当前目标，脱离现实，不切实际，一旦在行动中遭受失败，便屡屡受挫、灰心扫地。显然，这三种情况同时具有一个本质特征，就是使人们都无法到达理想的彼岸。

2. 设置目标的六个原则。

（1）用具体、明确的语言清楚描述要达成的目标。例如，“我要找一份好工作”可以修订为“我要在几年内，找一份与个人的专业相符、能够胜任、薪酬待遇适中、有培训机会、有发展机会的工作”。显然后者的描述要比前者具体、明确的多。

（2）将目标进行量化，使其可测量。结合这个原则，就会发现上面经过修订的“目标”仍然不尽完善，结合这一原则，可以进一步修订为“我要在两年内，找一份与个人的专业相符、在编程方面能够胜任、起始工资不低于 6 000 元、有培训机会、有发展机会的工作”。在这个修订的目标里，对“目标实现的时间范畴”“能力胜任”“薪酬待遇”三个方面作了进一步的量化，使目标更加明确。

（3）缩减目标。订立的目标不要贪多，太多的目标会加大实现的难度，往往会导致失去目标。

（4）目标要有挑战性。目标必须要有一定的挑战性，但要注意，具有挑战性不等于脱离实际的妄想。对“挑战性”的把握可以是否具有促进前行动力的作用为基准，即具有足够的吸引力。

（5）赋予目标意义和价值。帮助指导过程中，特别要引导服务对象从更加长远、更加有利于促进个人职业发展的角度审视自己的目标，要赋予目标更加丰富的意义和内涵。

（6）目标要有明确的时间、空间限制。

3. 将目标分解。这是帮助指导过程中一个重要的帮助技能，在许多情况下，可以帮助人们更加理性地面对现实，脚踏实地、充满信心地行动起来。将目标进行分解一般有两种做法：一是按照时间进行分解，即按照总时限划分为若干小的时间段，一步步地实施；二是按照目标所示的内容或项目进行分解，即将总目标划分为单元、事件、工作任务三个层次，最终将一个大的目标划分为若干个看得见、摸得着的“工作任务”，让实施者明确地感受到，通过一步一步地完成所有的工作任务，就会不断地接近目标，到达理想的彼岸。总之，将一个大的目标最终分解为若干工作任务，再对每个工作任务附上完成的时间是目标分解的本质。

（四）指导帮助制定职业规划

这里讲的职业规划有三个特征。一是短期性。即为了解决当前找工作急需提供的一个解决方案，不是那种所谓关乎一生的职业生涯计划。二是过渡性。虽然是短期的计划，但又是基于中长远发展的可能，结合人们当前的条件和环境，提出的一个过渡的解决方案，这种过渡性最明显的体现就是计划有为了“再上一层楼”而应当具备的前提和条件，具有一个时间跨度不超过3~5年的“路线图”。三是灵活性。计划的目标和措施都存在着弹性和缓冲性，使计划有较好适应情况变化的灵活性，可以做到随个人、环境变化而做出调整。帮助指导人们制定这样一个职业规划，主要应当把握以下两项内容。

1. 帮助制定职业规划的原则。

（1）量体裁衣原则。这是做好职业规划应当始终遵循的原则，也是最重要的原则。人与人之间的内外在条件有很大差异，他们的发展潜力无疑也会有很大不同，因此，职业规划必须要结合个体的具体特点进行设计。不仅要对个体的内在素质，例如知识结构、能力倾向、性格特征、职业取向等进行全面的评估，还要对个体当前所处的外部环境和所能调集的可用资源等进行评估，充分结合个人现实状况设定相应的职业目标和具体的规划。

（2）可操作性原则。职业规划是为个体设定目标、步骤和规划，其应该是具体、明确、可行的，而不能是空洞的口号。可操作性原则提供了这种保障，其内涵包括目标的现实性、计划的可行性和效果的可检查性三个方面。所谓目标的现实性，是指个体目标的设定应该建立在个体现实条件的基础上，是对个体现实资源的真实评估和科学预期，是可以达到的目标，而不能是追新逐异或好高骛远的空想；所谓计划的可行性，就是指为个体制订的计划是非常具体的，是依据他们现有能力可以完成的行动计划；所谓效果的可检查性，就是说目标的现实和计划的执行情况以客观事物为标准，是可以度量和检查的。

（3）阶段性原则。这是指完成目标的阶段性，对任何一个人而言，都应当强调这个原则，帮助人们解决当前现实的当务之急，指导人们探索实现下一步的发展问题。阶段性原则强调要结合个体的职业特征，在现实与最终目标之间，确定具体的发展方向，设定一个个的阶段性目标，制定阶段性的行进路线，使人们每迈一步都能够感到自己在朝更高目标迈进。阶段性原则还强调，当个体自身条件或外界环境发生改变时，所设计的目标可以根据实际情况进行改变。

（4）发展性原则。发展性原则是指计划绝不仅仅局限于个体当前情况，同时要考虑到个体未来的职业发展空间。强调计划要有超前性和预测性，强调计划要基于影响职业发展的核心因素和本质因素而不是表面现象进行，强调各个阶段性目标的衔接性和可持续性以及与总目标的统一性。

2. 帮助指导制定职业规划的步骤。

职业规划需要设计一套程序来保证它的顺利实施。一般认为这个程序包括自我评估，职业环境分析与评估，职业目标选择，职业发展路线选择，实施策略与措施以及反馈、评估、调整六个步骤，如图 2-2 所示。

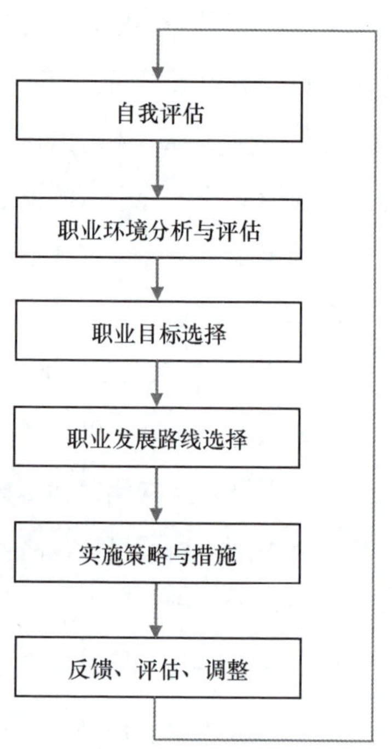

图 2-2　职业规划的步骤

（1）自我评估。自我评估主要体现在了解自我的个性、性格、兴趣、价值观、能力倾向等方面的优劣势，并与目标职业进行匹配。指导人们借助各种测评工具认识和了解自己，同时向身边的人寻求指导意见。

（2）职业环境分析和评估。职业环境分析和评估主要体现在了解人们所处环境的特点、发展变化的趋势、自己与环境的关系、自己所处的地位、对自己有利或不利的条件等。环境因素包括很多方面，如家庭、组织、地域、经济、文化与科技等。这些外部条件对寻找恰当的职业生涯发展路径至关重要。

（3）职业目标选择。将个人职业意愿具体化和形象化，力争合乎自己的特点，顺应环境的变化，忠于自己的志向。

（4）职业发展路线选择。不同的发展路线对人们的素质要求不同，影响到今后发展的方式也不同。这个步骤要解决三个问题。一是选择发展路线。在发展路线选择过程中，可以询问自己下面三个问题：

- 我想往哪条路线发展？
- 我适合往哪条路线发展？
- 我可以往哪条路线发展？

二是确定发展阶梯。职业发展路线包括一个个职业阶梯，例如，大学教师的职业发展路线通常是助教—讲师—副教授—教授；而在企业中，财务人员的职业发展路线可以是会计员—主管会计师—财务部经理—公司财务总监。

三是论证可行性。每个人基础素质不同，适合的职业发展路线也就不同。有的人适合搞研究，能够在专攻领域求得突破；有的人适合做管理，可以成为一名优秀的管理人员。要帮助指导人们充分论证自己职业发展路线的可行性。

图 2-3 给出了职业发展路线设计大致需要考虑的因素和程序，职业指导人员可据此提供可行性的意见和建议，引导人们制定出更加合理的路线图。

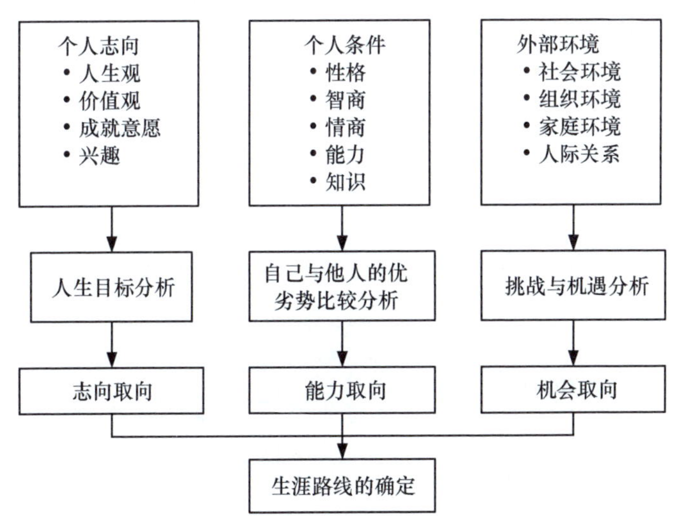

图 2-3　职业发展路线设计需要考虑的因素和程序

（5）实施策略与措施。这主要是指为实现职业目标提出行动的策略、措施和时间表。表 2-7 提供了一份这方面的样例，职业指导人员进行这个步骤时可以作为参照。

表 2-7　　求职策略和措施的样例

序号	策略和措施
1	对自己的职业目标 100% 投入
2	比较不同公司和组织中所选择职业的工作内容和职责
3	参加与最终职业目标有关的见习、实习或志愿者工作等
4	通过个人关系或学校发现隐藏的职业机会
5	利用互联网，找出信得过的 3~5 个求职网站
6	必要时利用专业机构的帮助，列出他们具体的名称
7	对有权聘用你的人进行信息采访，以热情和诚挚的态度与其接触
8	梳理你的资源：朋友、邻居、亲属等，把他们能够为你做什么一一列举出来，并找出最重要的人物
9	发现一个组织的需求。如果没有一个完全符合你的期望的职位，那就争取在这个组织中发现其还需要什么样的人，对照一下自己的独特技能是否可以满足
10	说清楚你有哪些本事，可以让聘用你的人相信你是他需要的

（6）反馈、评估、调整。俗话说，“计划跟不上变化”。影响职业生涯的内外在因素很多，有些变化是可以预测并加以控制的，但是更多的变化是难以预测的。在这种情况下要使规划行之有效，需要根据实际情况对生涯规划的进展做出评估，并适时进行修正。当然，个体既可以只对某个阶段性目标的实施路径进行修正，也可以对发展目标进行修正，但这一切都应符合客观现实的需要。

第四节　实施求职指导和强化训练

一、提供有效的求职策略

（一）扬长避短

1. 帮助理解概念。顾名思义，这条策略讲的是求职找工作要尽量规避自己的短处，发扬自己的长处，以提升自己的就业竞争力。职业指导人员实施这一策略应注意处理好两件事情。一是帮助发现个人职业优势。例如，有的人具有极强的表现欲，从性格上就非常适合从事表演行业；有的人对数据非常敏感，这就表明其适合做会计、出纳等与数字打交道的工作。二是帮助确认个人职业局限。例如：有的人内向不善于与人交往，就不适合从事与人打交道的职业；有的人动手能力很差，就不适合手工方面的工作；还有的人有恐高症，就不适合从事攀登作业的岗位。扬长避短的策略具有普遍意义，求职者求职时首先应当考虑的就是这个策略。这个策略没有加入任何变量，只是借个人自身条件参与竞争，这在最大程度上降低了操作难度并减少了行动成本，这也正是帮助指导之所以将其作为首选帮助思路的主要原因。

2. 帮助规避错误。尽管求职者都知道扬长避短策略好处很多，但是并不是所有人都能认真去执行。求职者有几种最突出、最常见的做法。

（1）追热门职业。

（2）追高薪。

（3）追求“高大上”。

（4）人云亦云，盲目从众。

（5）只看眼前，不想将来。

（6）贪图享受。

（7）急功近利，走捷径，抄小路。

（8）有职业偏见。

显然，求职者这些错误的认识和做法导致了这条原则难于执行。但不夸张地讲，违背这个原则所造成的后果是非常严重的，轻则影响就业，重则影响一生，职业指导人员应予以高度重视，及时指出求职者的错误所在，引导他们正确认识，理性就业。

（二）变劣势为优势

1. 帮助理解概念。扬长避短是从满足个人条件的角度产生的策略，而变劣势为优势这条策略则是从满足用人单位需要的角度产生的思路。若一个人在某一职业岗位的就业竞争中因存在明显职业局限而处于劣势，在这种情况下，可以换一个“比赛场地”，或许在新的竞争规则下，原来的劣势反倒成了优势。例如，一位有下肢残疾的年轻人想做推销员，残疾在这样的竞争中自然构成了不可避免的劣势，但是如果他换个“比赛场地”，去做售后服务电话咨询，这时他原有的劣势则成为从事这个岗位的优势：他可以比那些有腿的人坐得更稳、更久。变劣势为优势策略讲出了一个道理，即不论谁都有发展自我的可能，问题是并不是所有具有劣势的人都能够清醒地认识到这个规律，也不是指导人员的一句话就立即能够改变的事情，职业指导人员运用这条策略需要具备与受助者完全不同的两种意识：一是将受助者的劣势视为一种优势，二是坚信这种劣势可以变成优势。同时还要牢牢记住：实现这两种意识的唯一方法就是帮助人们换个“比赛场”。

2. 帮助克服两个困难。在就业竞争中处于劣势时，受助者往往会遇到两个困难：一是由于处于劣势，丧失了自信心；二是感到生活不公，没有出路，前途渺茫。一般情况下，这两个问题常常纠缠在一起，造成个人一蹶不振，不愿前行。职业指导人员这时一方面应当引导受助者，通过介绍一些典型案例，或者是通过专门的自信心训练提升其自信；另一方面则应当识别诊断受助者的就业特征，以此为依据，帮助设计行动方案。值得指出的是，能够切实帮助人们拿出好的思路和方案，比说上一万句鼓励的话更具有说服力。

（三）韬光养晦，蓄势待发

1. 帮助理解概念。在许多情况下，求职者的状况根本不具备竞争条件，难以实现理想的职业目标，尤其是对那些初入职场的人而言这就更是一种奢望。韬光养晦、蓄势待发这个策略就是针对这些人提出来的。面壁十年图破壁，十年磨一剑，才是获得成功的根本出路。应当使求职者认识到职业发展必须要经历了解、接触、熟悉、掌握、成熟、提升这些必然阶段。需要经过长期历练，不能急功近利，要潜下心来做好职业成长的心理准备。应当使求职者认识到这个策略所倡导的三个理念：一是目标可以制定，但要一步步进行，不可能一蹴而就；二是要耐得住寂寞，打持久战，才能由弱变强；三是要坚持做好一件事情，不好大喜功，才能获得回报。

2. 帮助树立三个认识。对于许多求职者而言一般不会选择这个策略，这主要是因急于求成、不甘寂寞等心理的作用结果。要解决求职者这些不切实际的想法，必须要帮助他们转变观念，树立三个认识。一是正确认识当前处境。从个人状况、环境条件分析入手，让求职者认识到选择是由当前的状况所决定，它的不利因素是将其达成需要时间，而有利因素则是如果方向正确只要坚持走下去路就会越走越宽。二是充分认识自身条件。令求职者充分理解自身条件，可帮助他们更加理性地正视现实，沉下心来积攒个人的职业能量。三是要认识到关键在于坚持。古人云：不积跬步，无以至千里；不积小流，无以成江海。要帮助求职者树立必胜的信念，丢掉幻想，不求速成，经受职场风雨的严格考验，默默坚守岗位，尽职尽责，静待花开。需要特别指出的是，求职者思想上的转变绝不是通过说教可以奏效的，职业指导人员应当研究就业人群的特点，研究求职者所能接受的方式以及开展帮助指导的各种方法和手段，采取科学引导方能取得好的效果。

（四）积百弱为一强

1. 帮助理解概念。这一策略的目的是引导那些不具竞争优势的弱势就业群体，通过“加盟”的方式，即将自己纳入到一个由众多弱者组成的团队里，依靠团队的力量和整体的带动力，寻求个人的职业发展。例如，家政服务人员、火车站小红帽服务人员、城市绿化人员、网约车服务人员等，这些人都属于弱势就业群体，但是他们一旦进入到团队中，就会迸发出强大的核心竞争力，得到社会的认可。这一策略的本质就是为弱势就业群体开辟了一种寻求职业发展的可能，许多人本无核心职业竞争力，但就是因为选择了这一策略，不仅解决了最难的初次就业“突破口”的问题，还在团队中得到了长足的进步和发展。

2. 帮助解决两个问题。指导求职者选择这个策略，还应当帮助他们解决两个问题。一是帮助寻找“突破口”，如考虑进入建筑、市政、物业、超市、快递公司等部门的可能性。通过对个人就业特征的分析，可以帮助求职者确认就业方向，找到“突破口”。二是指导融入团队。大多数人在进入团队的初期，在团队对自我成长的意义和重要性方面没有更加明确的认识。职业指导人员应当指导求职者融入组织、维护团队的利益、在团队中发挥自己的作用等，使求职者在组织中找到个人发展的一席之地。

（五）顺应潮流

1. 帮助理解概念。在许多情况下，能够巧妙地“借势”不失为一种上策。顺应潮流这一策略讲的就是“借势”，指的是就业求职要顺应国家、市场、组织的潮流，抓住市场需求热点，抓住用人单位的需求去实现自己的就业目标。例如，一些人借势网上平台的兴起，在网上开设商铺、从事餐饮外卖、做了宅急送小哥；还有人利用自媒体的兴起，干起了网红、产品直播销售；还有人利用一些互联网企业平台，做了网约车司机等。这些现象都是顺应潮流，借势时代需求的做法，非常值得提倡。

2. 帮助解决两个问题。实施顺应潮流策略必须首先要解决两个问题。一是要结合个人的情况，帮助分析周围的人力资源市场环境，找到借势的方向和突破口。二是帮助制定具体实施方案。例如，随着城乡一体化的深入进行，许多大学毕业生、城市打工者借返乡创业这一大势返乡创业，他们选择了承包土地开果园、养家禽、养水生物、种大棚蔬菜、开电商、开物流公司等各种出路，职业指导人员应当在此基础上，帮助指导他们制定出更加详尽具体的实施方案，为他们实施这一策略提供保障。

（六）从薄弱处入手

1. 帮助理解概念。从薄弱处入手是这一策略的核心所在，应指导求职者避开竞争激烈的岗位，找那些竞争力相对较弱的岗位进行求职，以减少失败受挫的风险。这一策略主要反映了两种思想。一是避实就虚。在就业市场竞争激烈、个人的条件又存在许多局限的情况下，应提倡走“蓝海”战术，避开锋芒，寻找人们不注意的就业出路或岗位。二是出奇制胜。即不提倡随波逐流、一窝蜂式的就业心态，强调采取创新的、巧妙的做法寻找符合个人条件的就业出路。例如，当许多年轻人都拼命去大城市里寻求发展的时候，朴素的女青年李子柒却选择了无人问津的乡村生活，颠覆了传统的思维方式，返回家乡做起了自媒体主持人，回归宁静安逸的田园生活，成为一位全国有名的“网红”，把自己的职业生涯推上了高峰。

2. 帮助引导做好两个定位。越是就业资源匮乏的求职者，越是适合采取这一策略，而一切不切实际的做法只能导致这些人屡屡受挫，信心扫地。职业指导人员此时此刻应当引导求职者做好两个定位。一是不要硬闯硬拼，要通过对他们自身条件的深入分析，以及与那些具有优势的竞争者的对比，让他们看到盲目硬闯硬拼只有受挫。二是要确保利用个人所长。外界环境是难以控制的，唯有充分利用个人的优势和特点、避开锋芒、巧妙选择就业出路才是上策。职业指导人员要注意求职者的那些不切实际的求职动机，晓之以理、动之以情，引导人们努力发现新的就业机会，开辟新的就业出路，放弃幻想，步入实际。

（七）到最需要的地方去

1. 帮助理解概念。“哪里需要我，我就到哪里去！”这不是一句空话，更不是一句口号，这个策略中蕴涵着非常值得人们汲取的大智慧，职业指导人员特别应当对这一策略的三点概念予以宣传和指导。一是需要你的地方，一定是重视你的地方，也是最容易将自己的才华施展的地方。二是把个人意愿与国家、组织、用人单位的需要紧密地联系起来，不仅会实现高尚的人生价值，还会更容易得到支持获得职业生涯发展。三是在最需要你的环境里，才最可能将个人的才智充分挖掘和调动出来，真正地实现自我成长。显然，年轻人支援边疆建设、山村教育、扶贫开发、当村官、援外建设、参军等都是选择“到需要的地方去”策略的具体体现。能否结合出路选择，深入浅出地、细致地剖析这一策略的内涵，对于人们是否能够做出最终选择是至关重要的。

2. 帮助做好三项准备。说服引导人们选择这一策略，职业指导人员必须帮助求职者做好三项准备。一是要做好了解各种出路的准备。通过介绍每条出路的详尽情况，使求职者真正地了解到实际生活和工作的情况，纠正片面的认识，看到未来的前程和光明。二是要做好吃苦锻炼的准备。到需要自己的地方去工作不是去寻求机遇，坐享其成的；而是要做好深入基层实际生活，投身到实际工作中去锻炼自己的。只有在艰苦的历练中才可能化茧成蝶，实现自我。三是要做好思想提升的准备。无论怎样帮助引导，都不能忘记要积极引导鼓励求职者，使其充分发挥个人的主观能动性，做一个有理想、有思想、有头脑、有信念、有眼光的职业人，实现个人的职业理想与抱负。

二、开展求职实用技巧训练

（一）个人形象设计

这个环节主要涉及两个方面的内容：个人形象设计和求职简历制作。这两个方面都会影响到用人单位对求职者的第一印象，影响求职面试的顺利与否。

1. 帮助完善个人形象。完善个人形象的基本原则是帮助求职者尽可能使自己的形象符合面试求职的职业、岗位形象要求，以使面试人员获得职业“认同感”，主要把握三个方面的内容。一是指导了解职业形象特征。职业指导人员要引导求职者认真分析招聘信息，根据职位形象特征来帮助服务对象设计形象。如货车驾驶员需要协助搬运，接触对象是货物和搬运工，所以面试时最好着装常见的蓝色工作服，使人感到朴素、不忌脏累；再如行政驾驶员可能要与领导一起出入社交场合，甚至在用人单位处理部分行政工作，代表单位形象，所以此时面试着装最好选择穿西服、打领带。二是指导了解组织文化。组织文化往往和用人单位性质、规模、成立时间、领导风格有关，许多情况下即使职位相同，不同用人单位对形象要求亦可能不同。职业指导人员应提醒人们注意了解面试单位的组织文化，帮助了解相关信息，提供咨询和指导。三是整洁得体。几乎所有用人单位都希望应聘者能仪容整洁，举止得体。因为它往往能反映一个人对待生活的品位和态度，进而映射其工作态度。

2. 指导制作个人求职简历，这方面的帮助指导主要应把握两个方面。

（1）帮助认识常见问题。即四大常见问题：一是以自我为中心，忽视职位需求；二是不知取舍，多表现为简历篇幅过长或过短；三是套用模板，没有自己的特色；四是粗心大意，态度随意，不仔细检查简历中的内容错漏。判断简历是否合适的方法，可根据“一个中心四个基本点”：即是否以职位要求为中心，内容是否简明，逻辑是否通顺，语言是否精确和版面是否整洁这五个元素来加以辨析。

（2）帮助掌握制作简历主要步骤，可分四步进行。

第一步：确定目标职位。求职的目标职位必须具体到明晰的招聘信息，这样依据招聘要求制作的简历才具有针对性，才能获得招聘人员的“认同感”。

第二步：辨析职位核心要求。一个职位往往有数项职责和要求，甚至还有招聘信息中未提及的隐性要求。这需要求职者理清职责主次，将要求按重要程度排序，明确职位的核心要求，简历才能详略得当。分析招聘信息最常见的技术是综合比较法和职业幻想技术（详见后文“招聘信息分析”）。对职位核心要求的分析，可以帮助求职者更好提高简历内容的针对性，删除无关信息，做到“量身定制”；还可以在此基础上将自身竞聘优势按照用人单位关注程度由高到低进行排序，利于招聘人员阅读并抓住重点。

第三步：选择撰写模式。简历撰写没有固定格式，制作自由度高。这里介绍两种最常见的做法。一是“模块式”，主要由基本资料、学习经历、主要课程、技能证书、工作/实践经历、业绩奖励、自我评价等“模块”构成。除基本资料外，其他“模块”先后次序和详略的把握，需要站在用人单位角度，根据职位要求和个人情况斟酌取舍。二是“归纳式”，往往仅由“基本资料”和“竞聘优势”两部分组成。“归纳式”要求竞聘优势要在归纳后按序罗列，更利于人们阅读记忆，发现竞聘优势特点。

第四步：检查。检查内容包括错字病句、标点符号、格式字体、行文逻辑及排版等。检查最重要的是要审视撰写内容给人的印象是否与本人实际情况一致。例如：认真负责者不该在简历中存在错字病句；文笔流畅者不该将数百字简历写得晦涩难懂；办公自动化软件应用熟练者排版不该杂乱无章等。

（二）求职途径指导

1. 帮助了解常见求职途径和特点。这方面的指导可以使不同的就业群体找到更适于自己情况的求职途径，可以使求职者获得更高的求职效率和效果。常见求职途径包括网络、媒体、劳务中介、熟人介绍、陌生人拜访和招聘会 6 种。职业指导人员不仅要指导求职者更加细分地了解这些途径，更重要的还要详细了解这些途径的特点。例如，网络上除了社会专业招聘网站、政府招聘网站和应届生求职网站，还有企业官网、高校论坛和网络社交圈等多种途径。又如，劳务中介分为社会中介和公共就业服务机构，社会中介较多采取按首月薪资一定百分比的方式收取中介费用，可信度良莠不齐，而公共就业服务机构提供的就业服务一般都是免费的，可信度高。表 2-8 为不同求职途径特点的比较。

表 2-8　　不同求职途径特点的比较

求职途径	时效性	反馈速度	面试机会	可信度
网络	强	较快	小	良莠不齐
媒体	弱	慢	小	高
劳务中介	较强	较快	较大	良莠不齐
熟人介绍	较强	较快	大	高
陌生人拜访	弱	快	较小	高
招聘会	最强	较快	大	较高

2. 选择求职途径时的指导要点。

（1）不同的求职途径有不同的功能特点。例如，劳务中介、熟人推荐、门口海报、公共就业服务机构等途径更多发布的是普通文职人员、替代性较强的劳动密集型职位招聘公告；社会专业网站或社会中介（猎头）招聘发布的是核心技术人员、管理人员或人才稀缺职位招聘公告。了解不同求职途径的功能特点并明确个人求职目标，选择招聘途径的针对性就可大大提高。

（2）不同的就业群体有不同的求职途径。不同就业群体总是更习惯采用一些固定的方式寻找就业机会，例如：青年就业群体更多使用网络寻找工作机会；高校毕业生更多去参加学校组织的专场招聘会寻找工作；进城务工人员则更多的是通过亲朋好友、劳务中介寻找工作。职业指导人员应当在尊重他们习惯的前提下，提醒告知其中的规则和风险，同时积极引导其开阔思路，选择更多的求职途径，获得更好的效果。

（3）坚持尽可能多的获得招聘信息。不论选择哪种求职途径，其目标都是要获取有效的招聘信息，所以应当尽可能利用多种途径获得招聘信息，力争获取更多有效信息，争取面试机会。哪怕有用人单位有意向录用，也要提醒人们不到最后一刻不要放松。有句话说得好：“在找到工作前，你其实有份工作，就是找工作。”

(4) 提高防范意识。由于用人单位良莠不齐，部分社会中介鱼目混珠，所以职业指导人员要提醒人们提高防范意识。在求职时做到三点：一是多方核实用人单位信息，谨慎应聘；二是现场勘查，谨慎缴费；三是搜集劳动监察、仲裁机构联系方式，方便维权。

（三）求职面试指导

1. 强调面试准备。面试准备对面试效果影响重大。职业指导人员要让求职者充分了解准备的重要性和面试准备的内容，掌握准备方法。尤其是对那些缺乏经验的人员，要鼓励他们多参加面试，同时要加强面试训练。

2. 指导面试训练。这方面指导主要包括以下三项内容。

(1) 开展模拟面试。这是提升面试水平较为直接的方法。面试官可以是职业指导人员、资深人事专员、行业大咖甚至镜中的自己。模拟面试中，职业指导人员除了要针对常见问题就求职者的回答内容进行指导，还要仔细观察其肢体语言，对其不当的姿势、口语、小动作予以纠正，争取令其在面试中能根据职位需求恰如其分地展现自己。

(2) 搜集目标单位信息。尽可能多渠道搜集目标用人单位信息是一条重要法则，贯彻这条法则要把握两条重要的指导内容。一是采集渠道。即包括同行、网络、媒体、现场观察、老师和学长等。尤其是现场观察常在面试中发挥出意想不到的作用。例如，一位应聘人事职位的求职者在被问及对用人单位看法时灵机一动，通过进公司后的所见所闻，对其职员和部门情况进行判断，展示出其敏锐的观察和判断力，成功获得了招聘主管的工作机会；还有一位应聘网页设计职位的求职者，在经过工作区域时留意到办公电脑的桌面，面试时其针对用人单位常用软件阐述竞聘优势，被当场录取。二是有的放矢采集信息。要搜集用人单位的组织架构、业务范围等信息，结合招聘信息中的岗位职责，进而推测职位可能重点关注的需求；要搜集用人单位发展信息，结合自身规划，准备有关“职业发展”类常见面试问答；要搜集用人单位联系信息，包括联系地址、公交线路、联系人、联系电话等。

（3）做好面试物品准备。面试物品包括用人单位可能要求的证书、身份证、简历，还有面试着装、饰物等，均应提前准备以免临阵仓促有所遗漏。值得注意的是，由于不少用人单位第一轮采取电话面试的形式，因此随身准备笔记本或在手机中记录应聘信息摘要往往会收到奇效。

3. 常见面试题型解析。如同解题，面试也会有一些固定“题型”和“公式”，帮助求职者掌握这些“套路”是求职面试指导的重要内容。一般主要题型有以下五种。

题型一：自我介绍。用人单位的第一个问题，一般都会让求职者介绍自己，同时涉及“应聘原因”“竞聘优势”“工作思路”“过去经历”“相关经验”等问题。这些问题都是要求求职者根据职位要求介绍自己，可归入“自我介绍”类问题。回答这类问题需要把握两点：一要结合职位谈竞聘优势，尤其要抓住核心要求、职责谈竞聘优势，其他根据情况缩减；二要采用归纳法，即将自己的论述内容归纳为具有逻辑联系的几点，这样可显得思路清晰，条理分明。

题型二：离职/转行原因。用人单位询问离职/转行原因的主要目的在于考察求职者稳定性。指导时首先要问清楚真实原因，再分析其合理性。回答只要合乎情理，不掺杂情绪、感情因素，一般用人单位都可接受。

题型三：陷阱式问题。为了让求职者说“真话”，用人单位时常巧妙地用方法或话术掩饰真实问题。“陷阱”种类很多，常见有三种：一是拆分问题连环提问，让求职者回答到最后一问时方知用意；二是提出两难问题看求职者的反应；三是询问主观意愿窥探真实思想。指导求职者回答陷阱式问题，建议掌握三个原则：第一，以不变应万变，围绕职位要求回答总是没错的；第二，换个角度思考，如回答第二种“陷阱”不妨站在对方角度思考，面对第三种“陷阱”不妨用逆向思维思考违背意愿的情况下如何克服困难；第三，一旦意识到答错，立即承认错误并重新回答好过盲目弥补，错上加错。

题型四：挑战式问题。用人单位以置疑的语气问出挑战式问题，观察面试者在压力环境下的反应。面对这类问题建议：一要提供临场快速调整情绪的方法，如心理暗示、深呼吸等；二要面试前做好准备，尤其针对竞聘劣势，准备合适的应对策略，如为克服缺点所做努力、职位分析、职业感悟等。

题型五：实际应用案例。以工作中可能遇到的实际案例来考察面试者是用人单位最惯常使用的面试方式。这种方式可以综合考察面试者的素质、特质，难以作伪。此时宜将指导重心放在面试准备上：深入剖析职位要素，总结过去工作经验，预想工作可能遇到的困难及解决方案，以备面试。指导时尤其要提醒求职者：回答前应先理解问题的目的，宜作正面回答，模棱两可、蒙混过关的回答往往会弄巧成拙。

4. 面试要点解析。

（1）紧紧围绕职位要求。指导面试最重要的是要围绕职位要求，而内容无外乎“德”“能”“勤”“绩”四个方面。任何与职位无关的话都是“噪声”。“噪声”多了，语言效果就会“打折”，进而影响用人单位判断。职业指导人员若遇到不熟悉的职位，建议可先听听服务对象的经验和理解，查阅资料，咨询专业人士，多旁听相关面试，再给予合适的帮助和指导。

（2）运用归纳法。语言经过归纳，采用诸如“第一、第二、第三……”的表述方式，易给用人单位留下思路清晰、条理分明的印象。职业指导人员一般可先听取求职者的回答，融合自身理解，并在此基础上进行整理和归纳。在分享归纳法时要注意：归纳法一般采取“倒金字塔式”结构，按重要程度由高到低排列。因此，务必提醒求职者听清问题，略微组织语言后再回答，切勿仓促，更忌抢答。

（3）有理有据。面试阐述时，解释一下每个论点的理由会更具说服力。一般比较“客观有力”的证据，包括专业、业绩、经验、奖励、证书等。阐述论点时建议谦虚一点，阐述理由时建议客观一点。“有理有据”是一种语言习惯，应帮助求职者训练其用“因为，所以”的句式回答问题。

（四）求职计划制订

1. 制订求职计划的一般环节。求职计划的意义在于可以加深对自身和职位的了解，提高求职的效率，对应届生和准备转换职业的求职者尤为必要。求职计划一般由职业定位—求职尝试—计划修正三个环节组成。

（1）职业定位。即通过交流寻找出求职者最感兴趣和认知最深的职业。这个环节注意把握三点。一是定位依据。门槛低、替代性强的职业以兴趣为主要依据，门槛高的职业以认知程度为主要依据。一般可通过简历中的兴趣、专业、经历、特长等要素事先判断求职者可能的职业方向。二是发现优劣势。要根据所要从事的职业要求，探讨竞聘优势和劣势，即自我认知。三是职业匹配。探讨可行的职业期望，包括用人单位的性质、规模、薪酬福利、班时、人文环境、晋升空间等，进行目标职业的匹配。

（2）求职尝试。主要通过参与招聘会、寻找合适途径、关注目标职位的招聘情况、解析招聘信息等方式，经历高密度的观察学习和面试实践，让求职者切身体会目标职业的职责和要求，进一步筛选出可应聘的职业，提高求职计划的可行性。

（3）计划修正。分为反省、总结、修正三个阶段。反省阶段是通过求职尝试，重新审视原来的求职定位的过程。有两种方法可以帮助人们处理好这个环节：一是请求职者记住求职尝试过程细节，然后再一起探讨得失，助其反省；二是安排求职者参加招聘会或旁听面试，通过他人求职过程中的表现来反省自己。总结阶段即帮助人们梳理成功经验，分析失败原因。修正阶段即修正对职业和自我的认知，进行重新定位、修正目标、方法和策略。

2. 制订求职计划时要注意的问题。

（1）求职计划中的任何一环发生问题都有可能导致求职失败。对缺少工作经验或准备转换职业的求职者，应全面帮助其制订完整的求职计划并实施；而对于对自己和职业较为了解的求职者，可针对职业定位和求职尝试中的各环节对其进行询问，判断其主要问题。

（2）根据不同职业方向可制订多个求职计划。职业定位越精细，求职计划越具体，越是不同求职计划同时进行，实时互相比较，可能对求职者的帮助越大。

（3）制订或修正求职计划要注意方式方法。尤其在进行职业定位时，应多以启发、辨析和提供信息为主，切忌好为人师。一般情况下，不宜“填鸭式”指导，可先鼓励人们实践尝试，待其有体会后再沟通效率才较高。

（五）招聘信息分析

帮助服务对象提高招聘信息分析能力的主要目的有三点：一是判断个人情况与岗位要求是否匹配；二是制定更有针对性的应聘策略；三是帮助辨析真伪，以防上当受骗。

1. 解析招聘信息的一般方法。解析招聘信息是职业指导人员的基本功，也是帮助求职者准备面试的常用方法。综合比较法和职业幻想技术可以帮助人们较好地通过招聘信息理解其背后的情况。

（1）综合比较法。分为横向比较和纵向比较。横向比较是指将招聘信息与其他同类职位的招聘信息进行比对分析，通过比对找出其中的共性和个性，共性一般是职位的基本要求，而个性往往是用人单位感兴趣的内容。纵向比较是将招聘信息与该用人单位其他职位的招聘信息进行比较，共性是对员工的要求，个性则是职位的需求，最后综合比较结果，找出需求重点，决定下一步方案。

招聘信息的职责、要求是综合比较法分析的重点内容，除此之外，行业、规模、单位性质、班时、年龄要求、薪资、办公地址等要素也不容忽视。为便于理解，可参见表 2-9 的招聘信息分析案例。限于篇幅，仅摘录岗位职责和岗位要求部分。

表 2-9　招聘信息分析案例

职位名称	前台文员		
	招聘信息	参考信息	虚假信息
岗位职责	负责前台接待及行政事务 协助人事主管安排面试	来电接待 来访接待 邮件分发 会议安排 文档处理	来电接待 来访接待 文档处理
岗位要求	有一定的责任心 做事有较强的条理性 处事细心和耐心 18～26 岁，女性，本科（应届毕业生，专业：经理管理类为佳） 住址距离近为佳	沟通能力 办公自动化软硬件应用能力 事务处理/解决能力 形象端正 年龄一般不超过 35 岁 性别女性居多 文化程度要求大专居多	会打字 无文化程度要求 有无相关经验均可
薪资	3 000～3 500 元/月	4 500～6 500 元/月	8 000～12 000 元/月

注：表 2-9 左列为某单位的具体招聘信息，中列为其他单位关于前台文员招聘信息归纳整理后的参考信息，右列为虚假信息。

比较“岗位职责”可发现该用人单位的招聘信息写得较为简略，但工作内容其实远超过招聘信息的内容。职业指导人员要搜寻前台文员、行政助理、招聘助理三类职位的招聘信息，对其具体工作内容进行补充。鉴于此职位一岗多职，可判断该用人单位规模较小，人员精简，因此可建议服务对象可适当携带与职位无关的证书。

比较“岗位要求”可发现该用人单位招聘信息的前三点要求是对“事务处理/解决能力”的具体描述，且要求中出现多处矛盾和错误（如 18 岁和本科，“经济管理”写成“经理管理”）。这证明该用人单位领导可能较为粗心或计算机使用能力较差，更需要一名事务处理能力较强的文员辅助工作。因此，面试前要针对前三点需求进行重点指导。

比较薪资可发现这一岗位似乎推荐给文职资历尚浅、社会经历不丰富、拥有其他附加能力如写作且外语水平较差的服务对象更为适合，可作为起步职业选择。

比较右列信息很容易发现虚假信息的特征：一是任务轻松要求低，以吸引那些缺乏社会经验、能力差的求职者受骗；二是薪资特别高，所谓利欲熏心，就是要让人失去理智才容易得手。

（2）职业幻想技术。根据用人单位招聘信息，结合其组织架构、行业特点、规模和性质，帮助服务对象幻想可能的工作内容，进而梳理简历的撰写思路。此方法要求对职位比较了解，因此更适合有相关经验的服务对象。仍以表 2-9 为例，前台文员的工作内容可能包括会议安排、行程安排、活动安排、文档处理、行政采购、邮件分发、招聘辅助、来访接待等。对从事这些工作时可能发生的事件进行模拟可产生：紧急来电处理、刁难客户接待、招聘业务员、组织会议/活动、安排出差行程等情景。使用职业幻想技术可帮助服务对象进一步了解工作要求，一方面有助于其判断是否胜任工作，另一方面可帮助其对面试可能遇到的问题进行梳理和准备。

2. 招聘信息分析的要点。

（1）要多运用比较法。比较招聘信息的不同点，思考用人单位修改、遗漏或增加信息的可能理由，制定合适的求职策略。

（2）要注意积累。职业指导人员平时要多参加招聘、面试会，聆听面试问题并比对招聘信息，把握用人单位的需求侧重。

（3）要先问后说。即先了解服务对象对职位的了解情况，再有针对性地进行分析和指导。

（六）实施自信心强化训练

1. 换位思考训练。

（1）原理和方法。换位思考训练是指假定站在用人单位角度思考的思维模式，通过充分了解用人单位的招聘需求，实现求职时的有效沟通，做到胸有成竹，以增强自信。方法是可在集体面试或招聘会上，安排求职者作为“招聘助理”坐在面试官旁参与招聘，通过观察应聘者的行为语言，进行自我反省；通过与面试官的交流，理解用人单位招聘录用的甄别标准，进而提升面试时的自信心。若无相应条件，旁观招聘会也能达到类似效果。

（2）模拟练习题。指导人员宜在“招聘助理”参与面试前，布置模拟问题，请其面试旁听时适当记录并思考。面试结束后，宜邀请面试官与“招聘助理”一起参与，就以下模拟问题进行讨论，答疑解惑，以达到事半功倍的效果。

——用人单位问了哪些问题，是对每个人都问还是对个别人问？如果是对个别人问，为什么要问？如果是对每个人都问，这个问题是想考察应聘者的哪些特质？

——应聘者是如何回答的？有哪些值得借鉴和不足之处？

——观察应聘者的着装打扮和肢体语言，站在招聘者角度，你觉得对面试有何影响？

——在职位要求中，哪些问题被提问较多，哪些问题被提问较少，哪些问题没有被问？

2. 信心重塑训练 10 招。针对多次失败导致服务对象信心不足的情况，职业指导人员可采取信心重塑训练来帮助服务对象克服自卑心理。以下介绍 10 个建议，如果还有好的方法，可以不断对其完善。

（1）关注自己的优点。尺有所短，寸有所长，看到自己身上的优点和特点，找出学习和工作中的出色表现，不论成绩如何，都会增强自己的自信感。

（2）学会自我欣赏。将自己曾经完成得很好的工作和成就，清楚地列在纸上，进行自我欣赏，就会相信自己仍然存在胜人一筹的能力。

（3）先从外表找自信。衣着可以影响一个人的自我感觉。很多情况下，常沐浴、修边幅、着靓装，从外在表现上进行调整，可以改变个人的行事方式和交流沟通的效果，增强个人的自信心。

（4）锻炼身体。健康的体魄、持久的锻炼都可以很好地增强个人的自信心，挺胸抬头、直视前方，都可以使人们感到更有力量，更加自信。

（5）加快走路速度。身体的动作是心灵活动的结果，把走路的速度加快25%，可以帮助个人建立信心，每天挺胸抬头走得快一点，就会感到自信心在不断增长。

（6）赞美他人。多去赞美他人就会招人喜欢，看到别人最好的一面就会激发自己的最好的一面，久而久之就会变得越来越自信。

（7）为人坦诚。敢于承认自己不懂的东西，敢于坦白自己的不足之处，不仅不会影响自己的形象，还会给人诚实可信的感受，得到周围人的尊重。放下不懂装懂的包袱，就可以轻装上阵，增强自信，勇气倍增。

（8）学习一技之长。提高自己的修养、学习一技之长是增强自信心的根本。

（9）与欣赏自己的人保持联系。和了解自己、支持自己、欣赏自己的人在一起，就会有勇气克服困难，敢于面对挫折，就会不断地得到力量，增强自信。

（10）贵在坚持。无论何种训练方式，最重要的就是坚持。认定目标，走自己的路，面壁十年图破壁，就会获得成功，成为自信的人。

值得提出的是，在求职指导过程中还会遇到劳动权益保护等诸多问题，例如，强化劳动权益保护意识、指导签订劳动合同、如何处理劳动争议、规避防范劳动权益风险等，这些内容可参见本书第二章第三节相关内容。

第五节 职业发展指导主要内容

一、适应新工作

（一）帮助指导进入职业角色

帮助指导新入职人员尽快适应工作岗位，处理好诸如人际关系、心理不适应、工作疲劳和压力等方面的问题，顺利进入职业角色，实现就业稳定是职业发展指导的一项重要内容，主要涉及以下几个问题。

1. 指导立足和稳定。刚刚入职的人员最大问题是不稳定，主要表现在难于融入工作环境和无法被组织或团队接纳。究其根源，其主要原因是文化冲突，即个人身上的文化与组织文化产生了冲突。文化冲突会非常严重地影响刚入职人员立足和就业稳定，轻则导致其丧失进步信心、止步不前，重则会使其迷失自我发展方向、跳槽离职。

针对这种情况，职业指导人员应当重点宣传树立四个意识。一是忠诚意识。单位不一定会挽留有能力的员工，但一个忠心耿耿的人却会成为铁打营盘中最长久的战士和最有发展前景的员工。职业指导人员要引导人们站在领导的立场上思考问题，要与上级分享想法，要琢磨为单位创造价值，要在外界诱惑面前经得起考验。二是负责意识。勇于承担责任的人对单位有着重要意义。一个人的工作能力可以比别人差，但是一定不能缺乏责任感，否则一定会失去上级的信任。职业指导人员要引导人们把每一件小事都做好，言必信、行必果，错就是错，绝对不要找借口。三是沟通意识。不善沟通者，即便自己再有才，也只是一个人的才干；善沟通者，哪怕很平庸，也可以边干边学，最终实现自己的价值。职业指导人员要引导人们带着方案去提问题，当面沟通、当场解决，培养接受批评的情商。四是感恩意识。职业指导人员要引导人们换位思考，理解感恩：是单位给了你饭碗，是工作给了你报酬和学习、成长的机会，是同事给了你工作中的配合，是服务对象帮你创造了成绩，是对手让你看到距离和发展空间，是批评者让你不断完善自我。

2. 保持谦虚谨慎。例如，新入职人员往往存在“急于表现”的心态，在没有很好了解工作环境尤其是人际关系的情况下，就跃跃欲试，想要独领“风骚”，结果无意识地破坏了周边关系，遭到周边同事的不满，造成初入职场的挫败感。职业指导人员针对此种现象应当注意三个方面的帮助引导。一是要肯定其工作的积极表现，鼓励积极进取，保护个人自尊。二是要引导其保持谦虚谨慎、不恃才自傲，不要以为不说、不宣扬，别人就看不到功劳；更不能在同事面前炫耀，要戒骄戒躁、低调做人。三是要引导其学习工作中人际关系的维护和问题处理，树立团队精神，尊重领导和同事，吃苦耐劳在前、回报享受在后等。

3. 与领导处好关系。帮助指导新入职人员与上级领导建立积极和谐的工作关系。要指导新入职人员与领导或上司共事，千万不要做“五不”人员，即事前不请示，事中不沟通，事后不汇报，事情结束不总结，整个事情过程中不听话。要引导人们牢牢记住：单位不是家，领导不是妈，做任何事情都不能不管不顾随着自己的性子来，一切都要按照规矩办。

（二）帮助度过入职适应期

新入职人员一般都要经历一段时间的入职适应期，而往往这个时候是他们最不稳定的时期。在这个时期，他们的想法多、思想活跃，容易和别人比较，看到他人的出色表现就心慌意乱，生怕把自己比下去让自己得不到领导或单位的重用，面对新的环境还容易缺失心理的安全感。帮助人们消除克服焦虑是使他们顺利度过适应期的关键所在，主要从四个方面入手。一是予以积极的尊重和接纳。即了解诱因、了解感觉、表示理解、予以接纳，指出许多人都会遇到这样的情况，但这只是一个过程。二是对所处环境予以积极剖析。即通过分析使新入职人员了解到其实现实环境还有许多地方是对自己十分有利的，意识到坚持是十分重要的。三是帮助认识自己的不合理情绪。即令新入职人员认识到自己的不合理观念，改变看问题的角度，丢下思想包袱，顺利度过“入职适应期”。四是提供解决措施。例如，指导新入职人员多与新老同事互动，认师拜友，争取尽快融入到工作中；又如，利用新入职人员的兴趣爱好，参加单位组织的诗社、文学社、计算机小组或拓展、团建、学习活动等。

二、应对压力和危机

（一）帮助缓解工作压力

1. 帮助了解压力的概念，压力的概念主要包括以下三个方面的内容。

（1）如果个人存在工作压力，一般就会被认为人的工作意识以及工作和休息之间的平衡出了问题，这种以焦虑为主的体验往往还会被社会否定。人们如果长期处在这样一种状态下就会产生沮丧、疏远感和工作倦怠。

（2）工作压力并非都是消极的，适度的压力可以使人们产生克服困难、解决问题的内生动力，但是当这种积极的动力转变为对工作或能力的消极感觉，人们则往往以降低行动速度、消极怠工甚至是旷工规避压力，从而引发了阻碍职业发展的严重问题。

（3）多种情况都会造成工作压力，例如角色冲突、任务过重、职业角色模糊、歧视、一成不变的工作状态、结婚和工作的冲突、人际压力、需要的不足感、职业价值观的冲突等。

2. 识别主要压力源，工作压力源主要来自以下五种情况。

（1）职业能力匮乏。即工作的复杂度和挑战性大大超出了个人的能力或技能水平。

（2）工作的节奏。即个人无法承受长期的快节奏工作状态，如“白加黑”“6+1”等加班加点的工作方式。

（3）失业的威胁。即个人总是不知自己哪一天就会遭遇裁员、下岗或失业。

（4）缺乏变化和挑战。即长期持续的单调乏味、千篇一律的工作状态，也会导致人们产生工作压力。这实际上是最不健康的工作形态，有时会严重影响人的精神健康，例如护士长期夜班工作。

（5）高强度的工作要求。即恶劣的工作环境、需要执行的工作数量、时间要求、监督评价的高标准等导致的心理冲突。

3. 帮助指导缓解工作压力的方法。

（1）帮助分析工作压力如何影响自己，主要包括以下三项内容。

①指导人们分析和辨别压力从何而来。

②帮助人们了解自己对压力的反应。

③帮助人们认识自己如何应对压力，能够做什么，怎样才能取得好的效果。

（2）指导寻求改变的策略，主要包括以下五项内容。

①指导人们更清晰地定义自己的工作角色和责任。

②指导人们寻求职业发展和咨询的帮助指导服务。

③指导人们寻求或建立社会支持系统，例如家庭、组织等方面的支持。

④指导人们采取积极的做法，以减少工作负担，例如帮助家政小时工合理地分配工作时间和工作任务，以减轻工作负担。

⑤指导人们重新考虑工作定位和安排。例如，对一些患病的就业困难人员进行重新安置。

（二）帮助克服职业倦怠

1. 识别职业倦怠。如果工作中压力持续存在并总是不能得到改善，就会最终导致职业倦怠的发生。而如果这种紧张性的反应不解决，往往就会导致职业危机的发生，即造成创伤并产生长期的不良影响。职业倦怠一般与角色冲突、工作任务过重、重复性的工作、工作乏味、工作目标不明确、缺乏晋升的机会和发展、休息时间太少等原因有关，它有一个特点，即人们往往直到最后才意识到自己已经超过了所能容忍的极限，因此预防职业倦怠非常重要。通过询问如下问题可以帮助人们识别职业倦怠。

（1）此时此刻你对自己的工作感觉如何？

（2）你感到最大的压力是什么？

（3）你认为什么是对你的最大激励？

（4）此时此刻你认为什么是你最理想的工作？

2. 预防职业倦怠，主要分以下四步。

（1）帮助辨认压力来源和症状。例如辨认是否是因为单调重复而造成的倦怠。

（2）帮助制订解决计划。例如结合个人压力源提供改变的策略、措施和时间表。

（3）帮助辨别采取什么行动可以改变状况，而什么行动不能改变状况。例如一方面提高自律意识，另一方面力争从老板那里获得支持，以改变环境因素，减少压力。

（4）帮助分析如何创建新的应对手段，并改进原有的做法。例如在工作、个人生活、休闲之间重新寻找平衡点。

三、继续学习和进步

影响职业发展的问题涉及多方面，例如职业价值观改变、职场规则的执行和坚守、自我效能的改变和提升等，这就需要职业指导人员根据人们的常见职业发展典型问题，不断地提供有针对性的帮助指导，使得人们不断地学习和进步。下面讲一讲应对困难的策略、职场情商培养和做好时间管理三个典型问题，职业指导人员可以据此举一反三。

（一）指导了解应对困难的策略

想要进行可持续性的职业发展，必须了解处理未来各种问题的策略，这些解决问题的方法可以帮助人们面对发展中的问题。主要策略包括五种。

1. 建立、使用支持体系。凡是可以提供帮助的都可以看作是支持体系。不同的支持体系可以帮助解决不同的问题，并体现在各色各样的活动之中，例如培训人员可以通过学习活动提供学习能力提升的支持、职业指导人员可以通过职业生涯选择的环节提供职业咨询的支持等。建立、使用支持体系要注意强调以下三点。

（1）强调寻求各种帮助是每个人在面临挫折和困难时都可以使用的最重要的应对技能。要使人们认识到得到帮助是完全可能的，寻求依靠、希望提供保证、提供情感支持、期待关注等需求都有可能通过帮助解决。

（2）强调寻求支持不仅是为了解决各种问题，还有一方面尤其重要，即对个人自尊的影响。其可以帮助个人培养自信心、提升自信力，从而能够处理各种棘手的问题。

（3）强调支持体系并不是自动形成的。支持的存在与否取决于个人与他人的关系，而不取决于接触人的数量；同时，也取决于个人寻求支持的合理预期。做出合理的请求，找到合理的支持者，不提出过分的支持诉求，获得支持的可能性就会大大增强。

2. 执行问题解决策略。这是指以一种积极应对问题的方法，而不是一种被动适应或者是回避的反应方法解决问题。不同的问题需要不同的解决方案，一个人如果认为自己可以解决问题并能够找到有效的策略，使用这种方法效果最佳。执行问题解决策略主要分以下四步。

（1）界定问题。剖析问题的内容以及着手处理问题的方式。例如关键问题是什么？冲突的内容是什么？

（2）列出选项。尽可能多地写出各种不同的解决方案，然后修正和改变这些方案，从不同的方案中借鉴更好的思路和做法。

（3）做出决策。对自己的方案或思路进行权衡，提出问题，例如每种选择可能的结果是什么？哪种选择最简便易行？哪些解决方案最容易实现？

（4）尝试行动。将方案付诸行动，通过尝试重新评价解决方案，并使其具有灵活性，形成一个更便于实施且符合实际情况的决策。

3. 保持自我控制。这指能够对事件以及个人的职业生涯各个方面采取负责的态度。帮助指导人们选择这个策略应当注意两点。

（1）帮助改变消极的态度。自我控制能力存在个别差异，但是若人们认为自己无法改变职业生涯中遇到的重大事件，则会使得改变职业生涯、促进职业发展变得非常困难。职业指导人员应着力帮助人们增强信心和能力感，设法改变人们的消极态度，从主观上先实现突破。

（2）帮助评估可行性。在人们处理各种问题情境的过程中，不断地设法获取解决问题的信息，对问题情境尤其是人们对情境的控制程度进行评估，可以帮助人们保持自我控制力。

4. 讨论自己遇到的各种挑战。面对挑战时，不断地与身边的人对如何应对挑战、如何克服困难、如何计划自己的未来进行沟通可以有效地帮助人们战胜困难。这个过程一般分成三个步骤：首先是要做好解决问题的准备，然后要面对问题，随后要对解决问题的方式进行思考。在帮助人们执行这三个步骤的时候，需要注意以下三点。

（1）引导人们要首先思考自己将如何使用支持体系，重点是要找到谁能够提供更好的思路和做法。

（2）引导人们寻找解决问题的方法，克服消极的态度，积极地寻找解决问题的途径和办法，从最现实、最容易做到的一点做起，使人们尽快地看到克服困难的希望。

（3）面对困难时，最大的问题是当事人的信心不足，他们总是认为自己的前途命中注定，不相信虽然情况有时很糟糕，但毕竟还存在自己能够控制、处理事件以及做一些其他事情的可能。通过开展内心演练，即想象自己处理问题、解决问题的方式，可以有助于打消顾虑、恢复自信心。例如可以想象：

"我要关注我要做的事情，我不希望被其他压力搞得心烦意乱。"

"我现在有些紧张，但我可以慢慢放松下来。"

"我过去解决过比这更困难的问题。"

5. 保持幽默。保持幽默是一种非常有效的处理愤怒、悲伤和沮丧的方法。当人们以自嘲的方式面对挫折时，就不会灰心丧气，感到悲伤，相反，还会更好地审视问题的性质和原因，为找到进一步处理问题的新方法提供可能。帮助人们保持幽默应注意两点。

（1）保持幽默应当是轻松的、针对自我的，最重要的是要让当事人知晓，它的目的是为了减轻自己焦虑、悲伤或其他负面情绪，而不是如何针对他人，更不是以一种负面的方式伤害他人。

（2）保持幽默不是让人们都成为"阿 Q"，与之不同的是，此处所倡导的幽默是在自嘲的时候，当事人并不是被动地接受现实，闭着眼睛任人宰割；而是在保持自我控制的前提下，仍然在积极地思考如何摆脱困境走出一片新天地。

（二）指导修炼职场情商

职场情商包含四个方面：自我认知、自我管理、人际认知和人际关系管理。简单地讲，就是一个人对自身的了解和管理以及了解他人和管理人际关系的能力。帮助指导人们修炼职场情商对促进个人职业发展、职业成功具有重要作用，其相比当事人的智商高低要重要得多。下面主要介绍三种修炼情商的实用方法。

1. 提高职业情商的一般方法，此方法由以下五条建议构成。

（1）问：主动征求他人的批评性建议。

（2）听：当听到批评时，要虚心倾听他人的陈述。

（3）表达：向对方表示感谢，因为提意见的人付出了责任和时间。

（4）鉴别：面对他人的批评需要反思，但不一定要全盘接受。

（5）行动：必须通过实际行动来纠正自己的不当行为和错误，改进工作方式。

2. 帮助控制情绪，做好职业规划，此方法由以下六条建议组成。

（1）不冲动。做规划时要认真、慎重，切不可因一时冲动，受情绪影响而草率进行规划。

（2）分解目标。将大目标分解为一个个小目标，降低自己的心理压力。

（3）积极暗示。不断告诫自己：我的情绪是可以控制的，我可以做到。也可以想象自己成功后的状况给自己打气等。

（4）体验合作。感知别人的感受，学习与人协作，努力取得外部的支持和帮助。

（5）自我激励。不向困难低头，不在挫折面前退却，以积极的心态和行动不断前行，将消极的情绪抛至脑后。

（6）保持心境。做事要留有余地，职业规划要具有弹性，保持心情愉快，保持心境开阔，保持平静心态，做一个积极进取的乐天派。

3. 提升职场情商的十条建议。

（1）要重视人际关系的平衡发展，多在改善人际关系方面下功夫，保持积极健康发展。看上去这会花费不少时间，但一定会有所回报。

（2）下功夫学会倾听别人说什么，就会懂得如何说出打动人心的言语；了解对方的内心世界，才能理解如何与人沟通。

（3）学习每个人身上的优点。积极关注周围的人，学习他们身上的优点；在学习时应保持高度兴趣，制造有趣话题，保持积极互动。

（4）每天入静 10 分钟。每天常做深呼吸，入静 10 分钟，以平常心面对一天的生活，缓解工作压力，缓解工作情绪。

（5）学会与不喜欢的人打交道。理解多元文化的存在，以接纳的心态接受那些不喜欢的人，与他们保持尊重、友好相处、真诚共事。

（6）帮助他人。面对他人的困难要积极主动伸手相助，让别人感到你是助人为乐的实在人。

（7）分享经验。有好的事情与大家分享，有好的经验与大家交流，让人们感到你的诚意和大方。

（8）赞美他人。不讲否定别人的话，不讲不利于团结的话，用智慧的眼睛看到别人的优点和长处，用真诚的心态赞美别人。

（9）做好本职工作。尽心尽力做好每一件小事，让人们感到你是一个任劳任怨、踏实肯干的同志。

（10）知恩图报。记住每一个人对你做的好事，总怀感恩之心，不忘相助之情，滴水之恩，涌泉相报，让人们感到你是一个感恩惜福之人。

（三）指导做好时间管理

一个促进个人职业发展非常关键的事情就是要保持自律，而自律最直接的体现就是对时间的管理。帮助指导人们做好时间管理，对提高时间的利用率和有效性、增强人们内向管理素质、既合理又经济地完成预期计划和目标等方面都具有非常现实的意义。下面主要介绍帮助人们做好时间管理的两种简单做法。

1. 树立时间管理意识，努力排除干扰。

（1）树立时间管理意识落实在具体操作中，就是努力争取做好“六种人”：一是做愿意遵守原则的人，二是做能够分清轻重缓急的人，三是做有行动力的人，四是做专心的人，五是做独立完成工作的人，六是做充实人生的人。

（2）努力排除干扰落实在实际操作中，就是坚决规避“十项干扰”：一是规避电话、短信干扰，二是规避不速之客干扰，三是规避拖延心理干扰，四是规避目标缺失的干扰，五是规避丢三落四、反复操作的无用功干扰，六是规避不追究影响效率的原因的干扰，七是规避小事杂事的干扰，八是规避杂乱无章的工作习惯的干扰，九是规避做事没有重点的干扰，十是规避做事不能调动周围人共同面对的干扰。

2. 指导运用时间管理法则。帮助指导人们运用以下法则可以有效地提高其工作效率和效果。

（1）时不我待法则。无论做什么事情都要有时不我待的紧迫感，要早准备、早着手、早前行，在生活和工作中争取主动。

（2）80/20 法则。用 20%的时间，取得 80%的效益，有效地分配工作任务，抓住工作的重点、难点，集中全力去克服困难，采取科学的方法，力争取最大的效益。

（3）黄金三小时法则。利用一天中效率最高的三个小时，保持头脑清醒、精力充沛、思维活跃、环境安静、注意力集中、心情愉悦，全身心地投入到工作中，节省时间，提高工作效率。

（4）工作完成时间前置法则。不要把工作完成时限拖长，因为人们总是在任务完成的最后阶段才全力投入其中。将完成时间前置，可避免拖拉、克服惰性，利用时间的压力，保持工作的动力，在第一时间完成任务目标，以便争取主动。

（5）全力以赴法则。专注和执着是取得成果的关键。一次只针对一个目标，聚精会神、全力以赴，高标准严要求，避免返工，坚持不懈做下去，直到获得满意的效果。

四、家庭、社会关系的维护

（一）维护家庭关系

1. 寻求家庭方面的支持。无论何时，家庭的支持都是个人职业成长过程中的一块坚定基石。寻求个人职业发展既要考虑个人基本条件和状况，还要顾及整个家庭的关系。良好和谐的家庭关系对个人成长的积极影响主要体现在以下方面。

（1）在工作岗位适应期提供的包括心理安慰、工作关心在内的精神支持。

（2）在繁忙工作中进行生活照顾的生活支持。

（3）帮助继续学习的经济支持。

（4）远离家乡选择外地工作过程中的决策支持。

显然，取得家庭的支持对促进个人职业成长具有极为重要的现实意义。当工作中出现困难、压力时或职业发展遇到瓶颈时，应帮助引导人们不要一个人硬扛，除了争取领导、同事、朋友的帮助，还要与家庭保持良好的关系，取得家庭成员的信任和支持，同舟共济。

2. 调和家庭矛盾。因为个人职业选择和定位影响家庭关系的情况不在少数，应引起高度重视，及时化解矛盾，避免矛盾加深到难以解决的地步，进一步影响到个人的职业发展。调和家庭矛盾主要采取以下三种方式。

（1）向家人讲述实情。在最大限度上，让家庭成员了解实际情况，理解当前现实，并以一种接纳的方式表示能够理解家里的意见，以调和家庭矛盾，避免矛盾升级。

（2）向家人阐述利弊。最主要的是要着重讲清职业选择对家庭未来可能带来的好处和希望，让家人看到今天的付出是值得的，同时要安慰家人，当前的困难是暂时的、可以克服的，以减轻家人的心理压力。

（3）向家人说明应对困难的方案。说明方案应注意两点。一要提前准备好 2~3 种方案，让家人既看到决心已定的态度，同时可感受到尽职尽责的心情。二要做好对任何一种方案进行调整的准备，充分理解家人的实际状况，力争更多地吸纳家人提出的建设性意见，让家人感到对他们的高度理解和信任。让家人参与帮助制定职业发展规划，对规划的落实会产生更好的效果。

3. 规避家庭的不良影响。家庭给予的影响不一定都是正能量，也并不一定都是有助于个人职业发展的。这是因为，家庭成员的心理素质与文化层次千差万别，难免有些家庭成员会释放出一些负能量，甚至影响到人们日后的职业成长和发展。帮助指导人们规避这些影响主要应采取以下做法。

（1）指导分辨是非。设身处地从当事人职业发展的角度阐述观点，引导当事人正确对待家人的态度和行为，及时过滤、消除负面影响，对负面信息和建议不听、不做，不把火发泄在工作岗位上，坚定做好自己，坚持自我职业发展意识，必要时还可采取有效行动，劝导家人改变态度和行为。

（2）指导应对方式。帮助指导人们应对不良影响有三个建议。一是不直接对抗。即使不赞同对方观点也不做强烈反应，保持不卑不亢的态度，不使家庭矛盾升级激化。二是借助外援。利用亲朋好友帮助做工作往往会产生意想不到的效果。三是争取时间。说服家人的最好的办法就是争取时间，做出成绩，用光彩的成绩和事实证明自己选择的正确性。

（二）维护社会关系

1. 指导建立正向的支持体系，应注意以下三个方面。

（1）建立长期意识。支持体系的建立是长期积累形成的，也是以实际需要为基础的，互动互联、慢慢生长的过程，“临时抱佛脚”“头痛医头，脚痛医脚”的人脉关系，不可能成就牢固和可靠的人脉资源。

（2）建立正向意识。正向的人脉关系包含了信任感、安全感与帮助感等重要的支持特征，只有这样的支持体系才能在关键时刻成为可靠的外界支援。

（3）寻找志同道合者。在与志同道合者的积极互动中，认可对方的人生观、价值观与处理问题的方式，在心理上接受对方，经常互动、交流、学习，以互帮互助、互相成就，从而建立起长久的人脉关系。

2. 处理好周边的人际关系。在上文“修炼职场情商”中已经提到许多有用的建议，这里再强调五个“始终保持”：一是始终保持谦虚谨慎；二是始终保持友好尊重；三是始终保持不介入是非；四是始终保持吃苦在前，享受在后；五是始终保持严于律己，宽以待人。值得指出的是，所有的有益建议和道理都应当建立在人们自我认知、自我觉悟的前提下，才能获得好的帮助效果。最重要的是要引导人们意识到：早觉悟，早进步；晚觉悟，晚进步；不觉悟，就永远不会进步！

五、职业发展的策略

（一）明确职业发展原则

1. 量体裁衣原则

2. 可操作性原则

3. 阶段性原则

4. 发展性原则

详见第 2 章第三节相关内容。

（二）制定职业发展策略

确定目标之后，接着就要考虑如何达成目标。此时，职业指导人员需要引导人们为自己的目标制定相应的策略。根据个体的现实差异，可以选择的有效策略多种多样，其简单表述为以下三种情况。

1. 一步到位型。针对在现有条件下可以达成的职业目标，动用现有资源可以很快实现。比如希望做行政管理人员，就通过参加公务员考试一步到位。

2. 多步趋近型。对于那些目前无法实现的目标，先选择一个与目标相对接近的职业，然后逐步趋近，以达成自己的理想目标。比如想做企业老板，但目前没有足够的资本，因此先给别人打工以积累资源和经验。

3. 从业期待型。在自己无法实现理想目标，也没有相近的职业可以选择的情况下，先选择一个职业投入工作、等待机会，以实现自己的理想目标。比如想去外企发展但没有相应的机会，而现在唯一的机会是在中学教书，因此可以先就业等待机会再寻求发展。

阅读与思考

帮助指导过程是一个非常复杂的过程，该过程涉及内容众多，想要把握其中要领和精髓需要在实践中不断探索。下面给出了一些材料，涉及帮助指导的方法、案例，请结合第2章内容开展讨论。

一、采用SWOT分析法进行职业决策

在职业决策的过程中，SWOT分析方法可以用于对自身的优势和劣势进行分析以及对外部环境的机会和威胁进行分析，并综合自身的优势和劣势认清周围的职业环境，对职业发展目标进行决策。表2-10是一个个体职业决策中的SWOT矩阵示例，请结合这些内容讨论最终职业决策方向和定位。

二、采用目标分解法锁定职业目标

可以按照两种路径来分解目标：按时间分解，可分解为最终目标、长期目标、中期目标、短期目标；按性质分解，可分解为外职业生涯目标、内职业生涯目标。其中，外职业生涯目标包括职务目标、工作内容目标、工作环境目标、经济目标、工作地点目标等。而内职业生涯目标侧重于在职业生涯过程中的知识、经验的积累，观念、能力的提高和内心

表 2-10　个体职业决策中的 SWOT 矩阵示例

	优势 S	劣势 W
内部因素	优势是指个体可控并可利用的内在积极因素： ★工作经验 ★教育背景 ★丰富的专业知识和技能 ★特定的可转移技巧（如沟通、职业道德、团队合作、领导能力等） ★正面的人格特性（如良好的职业道德、良好的自我约束能力、承受工作压力的能力、创造性、乐观） ★广泛的个人关系网络 ★在专业组织中的影响力	劣势是指个体可控并可努力改善的内在消极因素： ★缺乏工作经验 ★学习成绩差或一般 ★缺乏目标，且对自我的认识不足 ★较差的领导能力、人际交往能力 ★较差的沟通能力和团队合作能力 ★较差的寻找工作的能力 ★负面的人格特性（如职业道德较差、缺乏自律能力、缺少工作动机、害羞、性格暴躁等）
	机会 O	威胁 T
外部因素	机会是指个体不可控但可以利用的外部积极因素： ★就业机会增加 ★专业领域急需人才 ★专业晋升的机会 ★职业道路选择带来的独特机会 ★地理位置的优势 ★强大的关系网络	威胁是指个体不可控但可以使其弱化的外部消极因素： ★就业机会减少 ★由同专业的大学毕业生带来的竞争 ★具有丰富技能、经验、知识的竞争者 ★名校毕业的竞争者 ★专业领域发展有限

感受，主要包括：观念目标、工作能力目标、工作成果目标、提高心理素质目标、掌握新知识目标等，如图2-4所示。请结合此方法，进行案例剖析。

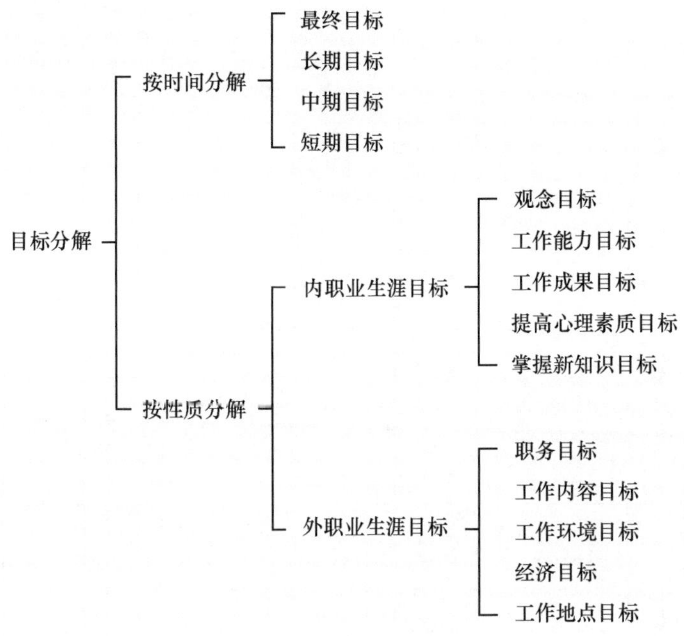

图2-4　职业目标的分解

三、采用平衡单法做出职业选择

当个体面对多种选择而无法决定时，平衡单是协助个体理智决策的一种有效方法。平衡单的内容主要包括个体可选择的方案、看重的相关因素及因子的评分和加权等，具体内容见表2-11职业生涯策略平衡单范例。平衡单内的所有评

表 2-11　利用平衡单做出职业选择（范例）

权重	选择方案 / 原始分（加权分数） / 相关因素	第一方案 留校教书 +	第一方案 留校教书 −	第二方案 公务员 +	第二方案 公务员 −	第三方案 企业单位 +	第三方案 企业单位 −	第四方案 事业单位 +	第四方案 事业单位 −
	个人物质方面的得失								
（×1）	1. 福利薪水		−3（−3）		−2（−2）	+5（+5）		+3（+3）	
（×3）	2. 个人花费		−5（−15）		−5（−15）	+5（+15）		+3（+9）	
	他人物质方面的得失								
（×1）	家人开支		−3（−3）		−2（−2）	+5（+5）		+3（+3）	
	个人精神方面的得失								
（×3）	1. 精神状态		−4（−12）		−5（−15）	+5（+15）			−2（−6）
（×5）	2. 工作的压力		−5（−25）		−5（−25）		−5（−25）	+5（+25）	
（×5）	3. 个人成就感		−5（−25）		−5（−25）		−5（−25）	+5（+25）	
（×3）	4. 生活满意度		−5（−15）		−5（−15）		−2（−6）	+2（+6）	
	他人精神方面的得失								
（×2）	1. 家人的态度	+4（+8）		+4（+8）			−3（−6）	+2（+8）	−3（−6）
（×4）	2. 朋友的态度	+2（+8）		+2（+8）			−2（−8）		
得分		+16	−98	+16	−99	+40	−70	+79	−12
得分		−82		−83		−30		+67	
优先次序		3		4		2		1	

注：括号内为加权后的数字。

分和权重设定都是来访者个人的主观评定，对不同的人来说，平衡单的内容可能会完全不同。因此，平衡单只能用于个体内比较，而不能够进行个体间比较。请结合此案例进行说明解释，并再根据周围实际进行案例分析。

03 章 高校毕业生就业的帮助指导

帮助指导高校毕业生顺利实现就业、实现就业稳定、实现职业发展是公共就业服务工作的重中之重。作为新成长劳动力，他们具有较高的学历层次，是人力资源中的优质“产品”，也是劳动力市场上的优势群体。在就业的过程中，他们表现出明显的特征。一是迫切希望得到较大发展。其就业主要流向是经济相对发达的中心城市，从业领域表现出“三多”，即考公务员多、出省多、去国企多。二是实际就业状况存在明显差距。这主要受不同学历、专业和性别影响。例如，理科、工科类毕业生就业率相对高一些，文科类相对低一些，专业技术领域的毕业生就业的状况要比人文与科学专业好得多。三是普遍缺少就业能力和工作经验。就业能力是指获得与保持工作的能力，由于绝大多数毕业生就业属于初次就业，没有工作经验、知识能力储备不足，择业技巧与社会实际状况之间存在较大差距，所以，一部分毕业生因不能适应劳动力市场的需要而难以就业。四是就业预期非理性化，主要表现在两个方面：一是他们的就业单位选择预期与人才市场的实际需求有较大差异；二是主观预期的收入水平过多高于其实际市场价值，就业预期的非理性表现必然导致求职过程的难度加大和寻找与磨合过程加长。

正是这些特点导致了高校毕业生就业两类主要矛盾。一是摩擦性的就业矛盾，即由于择业心态、职业观念、信息不对称、缺少面试经验等而一时不能找到工作或造成工作不稳定。二是结构性的就业矛盾，即自身条件与岗位要求不匹配的矛盾，进而导致有岗无人的尴尬局面。显然，这两类就业矛盾问题都非常需要通过帮助指导去努力妥善解决。积极开展政策落实服务、开展系列专项服务、对离校未就业毕业生集中跟踪帮扶，提供岗位信息、职业培训、就业见习等服务，都毫无例外地体现出帮助指导的重要作用。

对高校毕业生的帮助指导应当如何着手？本章分为四节，抓住高校毕业生求职就业面临的四个主要问题进行重点介绍。第一节，择业心理与调适。主要说明两个问题：一是对高校毕业生择业心态的分析；二是对常见择业心态进行心理调适，以帮助指导高校毕业生树立竞争意识、增强实践勇气、克服心理瓶颈、立志成就事业。第二节，就业出路抉择指导。重点解决两个问题：一是为高校毕业生提供了在就业方向上的一份“就业全景图”，即七条主要就业出路，根据这个全景图可以帮助高校毕业生很容易地比较、选择自己的就业方向；二是从职业适宜性、环境适宜性、政策、注意事项四个维度，详尽介绍七条就业出路情况，为帮助指导高校毕业生做出出路抉择提供相关依据，同时为职业指导人员更加精细化开展这方面的工作提供一种参考范式。第三节，高校毕业生就业指导。这部分内容专门针对高校毕业生办理离校、就业手续，以及将要遇到的典型问题进行简要说明，涉及 16 项内容，是高校毕业生走出学校大门过程中最基本的帮助指导服务。第四节，促进职业核心素养提升。从帮助指导高校毕业生顺利进入职场，更好促进其职业成长和发展的角度，介绍促进职业核心素养提升的两个关键问题：一是基本方法，使职业素养养成得以实施；二是基本内容，使职业核心素养提升行动得以具体化。

第一节　择业心理与调适

一、影响顺利就业的择业心态

（一）指导分析择业过程中的心理矛盾

1. 理想与现实的心理矛盾。由于接触社会较少、对社会缺乏了解，高校毕业生的理想缺乏现实的基础，因此会出现理想与现实脱节的矛盾冲突。如期望高待遇、不费劲又能赚大钱、在短时间里获得丰厚的回报等。

2. 就业与择业的心理矛盾。就业与择业既有区别又有联系。一般是指先择业再就业，但是如果一定要将择业与就业等同起来，在当今社会有一定难度。因此，有些高校毕业生则纠结于不想采取先就业锻炼、再择业的选择。如看到有些工作不满足自己期待的目标就放弃就业等。

3. 奉献与索取的心理矛盾。以为就业的主要目的就是实现经济独立，而收入是经济独立的基础，从而只注重收入而不想能为社会奉献些什么。这种只重索取、不重奉献的心理矛盾，导致了高校毕业生眼高手低，高不成、低不就的求职心态。

4. 独立与依赖的心理矛盾。很多高校毕业生不愿去人才市场，仍然希望学校、人事部门或家庭把自己的就业问题包揽下来。有依赖心理的高校毕业生大多缺乏独立意识和个人主见，也存在怕承受失败、怕承担风险、怕竞争的心理，他们在心理上还有待独立和成熟。

5. 付出与享受的心理矛盾。有些高校毕业生不是着眼于用所学的知识回报社会，也不是着眼于到艰苦的社会和岗位去锻炼自己，而是追求物质利益，贪图享受，“一切向钱看”；把单位是否实惠，岗位是否舒适作为择业的标准。

6. 观望与竞争的心理矛盾。面对就业市场的激烈竞争，有的高校毕业生一方面跃跃欲试，另一方面则又顾虑重重；有的对自己所学的专业、所具有的能力、所拥有的文凭等方面不够自信；还有的是害怕竞争失败，结果使自己处于观望与竞争之间徘徊、彷徨、举棋不定。

7. 自恃与自卑的心理矛盾。不少热门专业的高校毕业生，以“天之骄子”自居，孤芳自赏，对自己的能力过于自信，择业期望值过高，过分自恃，宁可待业也不低就于需要人的地方和单位；与之相反的另一部分高校毕业生则为自己学历低、专业冷、无靠山而感到自卑，不敢到人才市场去推销自己。

（二）指导分析常见择业消极心态

1. 面对竞争缺乏自信。在日趋激烈的人才竞争中，面对就业市场的困境和艰难，一些高校毕业生或者是实力不足，或者是准备不充分，不敢主动向用人单位推销自己，不敢主动参与就业竞争，陷入不战自败的困境中。

2. 选择多样难于决断。择业过程中，高校毕业生经常会遇到多种选择。不同岗位各有其优缺点，倘若高校毕业生目标不明确往往便会犹豫不决、坐失良机。

3. 盲目攀比或盲目从众。不考虑自己的知识、能力、性格、爱好、气质、情商等个人条件，不了解单位发展的客观实际；或本无可比性，但却眼高手低盲目与身边同学攀比；或“跟着感觉走”，缺乏主见而盲目从众。

4. 消极依赖被动等靠。盲信“车到山前必有路”，坐等“天上掉馅饼”，不是积极主动、千方百计地“推销”自己，而是十分依赖于自己的亲人、朋友，尤其是父母亲。这样的择业依赖心理现象，主要是个人独立决策能力不强、缺乏进取精神而造成的。

5. 缺乏诚信意识。一些高校毕业生缺乏诚信意识，做出种种不诚信行为，如为了赢得用人单位的赏识，伪造各种证书、荣誉，篡改成绩及综合排名等。

6. 自负或自卑心理。自负心理是缺乏自信的另一个极端，有些高校毕业生好高骛远、自命不凡、眼高手低，给用人单位留下浮躁、不踏实的印象，不受用人单位的欢迎。自卑与自负是大学生较为常见的人格缺陷，也是一种心理障碍。

7. 心理不平衡式嫉妒心理。一些高校毕业生或因自身综合素质和能力不足，或因时机把握不准而找不到理想工作；而看到有人超过自己便产生不平衡心理、怨天尤人，抱怨自己没有关系、没有背景、所学专业不好等。

8. 过度焦虑恐惧心理。焦虑是由心理冲突、个人遭遇以及可能要遭受到的挫折而产生的一种紧张、恐惧的情绪状态。焦虑心理产生的因素如缺乏对纷繁复杂的现实社会的理性认识，产生了步入社会前的心理恐惧等。

9. 严重挫折失败心理。挫折心理是指人在从事有目的活动遇到障碍时，所表现出来的情绪反应。当一个人产生心理挫折后，就有可能陷入苦闷、失望、悔恨、愤怒等多种复杂的情绪体验之中。

10. 明日复明日的“拖延症”。对一些高校毕业生来说，拖拉是一种生活方式，他们不能按时参加就业指导课、忘了校园招聘会的日子、直到要办理离校手续时才想到还要找工作。一般来说，有三种类型的拖延。一是鼓励型。他们盼着最后几分钟忙碌带来的快感。二是逃避型。他们回避失败的恐惧，甚至害怕成功，但实际上他们非常关心别人怎么看自己，他们更希望别人觉得他不够努力而不是能力不足，不够自信。三是决心型。他们没法下决心，认为这样就可以回避应对事情，受害者心态是他们的典型特征。

二、常见心理问题的调适

（一）自我心理调适的基本建议

1. 接受客观现实，调整就业期望值。就业市场的“错位”现象原因之一是因为高校毕业生的就业期望普遍较高。要想顺利就业，首先其必须结合自身实际和就业形势，调整就业期望值，树立长远的职业发展观念。

2. 充分认识职业价值，树立积极的职业价值观。将树立积极的职业价值观作为帮助指导的重点，引导高校毕业生将“成就自我”“服务他人”“不断创造”“施展技能”“发挥智慧”“审美”“秉承正义”“忠诚”八种价值取向视为理想。①

3. 认识与接受职业自我，主动捕捉机遇。高校毕业生就业的许多心理困扰与其不能正确认识和接受职业自我有关。因此令其正确地认识并接受自我的职业心理特点是调节就业心理的重要途径，还可以帮助其找到合适自己的职业方向。

4. 坦然面对就业挫折，提高心理承受力。面对市场竞争和就业压力，高校毕业生的求职总会遇到许多困难、挫折甚至是委屈、歧视等。面对这些问题仅抱怨是没有用的，重要的是调整自我心态，提高自己对各种突发事件的心理承受能力。

5. 调整就业心态，促进人格完善。求职时郁闷是正常的，关键是要学会主动调适，必要时还可寻求心理专家帮助；也可以进行积极的自我心理暗示，鼓励自己、相信自己，帮助自己渡过难关。

6. 勇于开拓进取，自主创新创业。高校毕业生应作为有理想、有抱负、有创新精神、敢作敢为的青年先锋。因此高校毕业生要有自主创

---

① 详见本书第 2 章第二节有关内容。

业的打算，既可以在毕业后马上进行创业，也可以在获得一定的社会积累后再创业。

（二）常见心理问题的调适

1. 自卑现象的自我调适。择业时的自卑心理一般表现为自我评价过低和以偏概全的泛化，并具有敏感性和掩饰性，这主要是由于其平时缺乏自信，或尚未做好求职择业准备而引起的。自卑心理一般体现为在求职时总是忧心忡忡、担心失败；在招聘面谈时不够理直气壮等。下面提出自我调适，消除自卑的四点建议。

（1）分析原因过程，准确说出自己害怕什么，直接面对的困难和恐惧的人或事。

（2）积极自我暗示，学会应用呼吸放松和肌肉放松法；拟定目标，努力改变自我。

（3）改变不合理的观念，强迫自己暴露于引起自卑恐惧的情绪中，尽可能忍受和经历这种情境，并暗示自己：随着时间的流逝，自己可以慢慢习惯并克服这种感觉。

（4）积极评价自我，想一想自己最优秀的地方和自己有而别人没有的长处和优势，充分肯定自我，重建自信与自尊。

2. 焦虑现象的自我调适。高校毕业生常由于面临着种种动机冲突和不确定因素导致焦虑。下面提出自我调适，克服焦虑的三点建议。

（1）停止。当体验到轻微不适感，微弱的身体症状或体内任何一种不同于往常的感觉，应立即果断地“停止”，放慢呼吸频率，减缓奔驰的思绪，不允许自己的思想陷入恶性循环。

（2）重新集中精力。将注意力集中在可看到、听到、闻到、触摸到以及品尝到的具体事物上，试着观察一下特殊的细节或对看到的物体提问，使新的事物占有思维。

（3）呼吸。开始控制呼吸，放慢呼吸频率，深吸气并尽量延长屏气时间，直到身体上的焦虑症状减弱或消失。

3. 抑郁现象的自我调适。抑郁是一种过度忧愁和伤感的情绪反映。表现为心情压抑、苦闷、烦躁、悲观失望、自我评价低、兴趣减退、生活水平下降、食欲下降、失眠、动作缓慢等。下面提出缓解抑郁现象自我调适的三点建议。

（1）释放抑郁情绪。通过哭泣、诉说、运动等方式，发泄出不愉快的情绪，解除生理上的紧张和心理上的压抑，使个人的心情得到真实的表露。

（2）改变不合理的思维方式。既然不好的事情已经发生了，与其哀叹，不如多想一些过去的成功体验，从而肯定自我，树立信心，消除抑郁，振奋精神。

（3）采取实际行动转移抑郁情绪。

4. 嫉妒现象的自我调适。嫉妒是指因他人在某方面胜过自己而引起的不快甚至是痛苦的情绪体验，是源自于自尊心的一种贬低他人的异常心理倾向。下面提出自我调适消除嫉妒的五点建议。

（1）要真诚待人。做人诚实是立身之本，诚实的人既不自欺也不欺人，一生光明磊落、胸怀坦荡，潇洒地工作和生活，不会因做了亏心事而自欺欺人、担惊受怕、惴惴不安。

（2）正确评价竞争。当别人在某些方面超过自己的时候，不要盯着别人的成绩怨恨，更不要企图把别人拉下马；而应采取正当的策略和手段，在“干”字上狠下功夫。

（3）正确评价成功。有了正确的成功价值观，就能正确对待他人的成功和成绩，也能够采取正确的方法将人之长比己之短，而不是以己之长比人之短。

（4）客观评价自己。若感到自己有嫉妒心，要客观检讨自己找出差距，了解自己的想法和行为。要坦然对待、审时度势，不要和别人或自己过不去。

（5）提高心理健康水平。虚荣心是嫉妒产生的重要根源，是一种扭曲了的自尊心。进行适当的心理调适对个人的心理健康大有益处。

第二节　就业出路抉择指导

一、城乡基层就业

城乡基层就业是指到城乡基层工作，可以从以下两个方面进行说明。

第一个方面，“基层”既包括广大农村，也包括城市街道社区；既涵盖县级以下党政机关、企事业单位，也包括社会团体、非公有制组织和中小企业；既包含自主创业、自谋职业，也包括艰苦行业和艰苦岗位。国家出台一系列优惠政策，鼓励高校毕业生积极参加社会主义新农村建设、城市社区建设。具体基层就业项目有四项：大学生志愿服务西部计划、“三支一扶”计划、农村义务教育阶段学校教师特设岗位计划及选聘高校毕业生到村任职工作。

第二个方面，基层社会管理和公共服务岗位，包括村官、支教、支农、支医、乡村扶贫以及城市社区的法律援助、就业援助、社会保障协理、文化科技服务、养老服务、残疾人居家服务、廉租房配套服务等岗位。在街道社区、乡镇等基层开发或设立的相应社会管理和公共服务岗位，部分由政府出资或由相关组织和单位出资，所安排使用的人员按规定享受相关补贴。

（一）大学生志愿服务西部计划

1. 大学生志愿服务西部计划（以下简称西部计划）是国家为鼓励高校毕业生服务基层，由团中央牵头，教育部、财政部、原人事部共同组织实施。按照公开招募、自愿报名、组织选拔、集中派遣的方式，每年招募一定数量的普通高等学校应届毕业生，到西部贫困县的乡镇从事为期 1~2 年的教育、卫生、农技、扶贫及区域化推进农村共青团工作，全国农村党员干部现代远程教育试点工作，基层检察院、基层人民法院、基层司法援助、西部农村平安建设等方面的志愿服务工作。志愿者服务期满后，鼓励其扎根基层，或者自主择业和流动就业，并在其升学、就业方面给予一定政策支持。

2. 西部计划的主要服务地区。西部计划的主要服务地区为内蒙古、广西、重庆、四川、贵州、云南、西藏、陕西、甘肃、青海、宁夏及新疆这西部 12 个省（区、市）和海南省、新疆生产建设兵团及湖南湘西土家族苗族自治州、湖北恩施土家族苗族自治州、吉林延边朝鲜族自治州部分地区贫困县的乡镇。

3. 西部计划的招募对象和条件。大专生、本科生、研究生都可报名参加西部计划。该计划主要选拔素质过硬、品学兼优、具有较强奉献精神的毕业生，尤其是鼓励西部高校和农业、林业、水利、医学、师范类等专业的毕业生积极参与。如果入学前户籍在西部，那么将得到优先选拔。

4. 西部计划招募的基本程序。可登录西部计划网站（http://xibu.youth.cn/）和中国志愿者网站查看有关情况。

（二）"三支一扶"计划

1. "三支一扶"计划是指招募一定数量的高校毕业生到农村基层从事支教、支农、支医和扶贫等阶段性的志愿服务工作，政府部门为其提供生活补助等必要的生活待遇，为其服务期满后就业、升学以及创业给予相应的政策优惠。该计划每年 5 月左右开始报名，通过层层审核发放报到通知书之后培训上岗。计划服务期限一般为 2~3 年，服务期满后享受相关优惠政策。

2. 招募工作，以河南省招募为例：坚持"公开、平等、竞争、择优"的原则，按照公开招募、自愿报名、组织选拔、统一派遣的方式，招募普通高等院校毕业生（专科生、本科生或研究生）到省辖市的农村基层从事为期 2 年的支教、支农、支医、扶贫和青年事务综合岗位工作。

3. 招募对象和条件。“三支一扶”计划的招募对象为普通高等院校应届大专及以上学历毕业生。“支医”“支农”岗位也可从普通高等院校往届大专及以上学历毕业生中招募。

4. “三支一扶”计划的招募对象应具备的基本条件。基本条件主要包括五个方面：政治素质、学习成绩、年龄、人格品质、身体素质。

5. “三支一扶”报名流程。报名流程可查看省招募计划，参加团省委在各高校举办的“三支一扶”宣传动员，每年 5 月左右在网上报名，并到本校团委报到。

（三）农村义务教育阶段学校教师特设岗位计划（以下简称特岗计划）

1. 公开招聘毕业生到“两基①”攻坚县农村义务教育阶段学校任教。双方以公开招聘、合同管理的方式确认权利义务。本着“定县、定校、定岗”的原则进行招聘，聘期为 3 年，期满后可享受相应优惠政策。

2. 招募对象及条件。特岗计划以招募高等师范院校和其他全日制普通高校应届本科毕业生为主，也可招募少量应届师范类专业专科毕业生和取得教师资格，具有一定教育教学实践经验，年龄在 30 岁以下的全日制普通高校往届本科毕业生。参加过“大学生志愿服务西部计划”，有从教经历的志愿者和参加过半年以上实习支教的师范院校毕业生同等条件下优先。报名者应同时符合教师资格条件要求和招聘岗位要求。

3. 主要服务地区。特岗计划以国家西部地区“两基”攻坚县为主（含新疆生产建设兵团的部分团场），包括纳入国家西部开发计划的部

① “两基”是指基本普及九年义务教育、基本扫除青壮年文盲，这是贯彻落实党的十六大精神，从根本上改变西部地区教育相对落后面貌而确立的重大战略目标。

分中部省份的少数民族自治州，适当兼顾西部地区一些有特殊困难的边境县、少数民族自治县和少小民族县。2009 年，实施范围扩大到中西部地区国家扶贫开发工作重点县。

4. 招募基本程序。特设岗位教师实行公开招聘，合同管理。合同规定用人单位和应聘人员双方的权利和义务。招聘工作由省级教育、人力资源社会保障、财政、编办等相关部门共同负责，遵循“公开、公平、自愿、择优”和“三定”（定县、定校、定岗）原则。

（四）大学生“村官”

1. 大学生“村官”指高校毕业生到农村担任村委会主任助理、村党支部书记助理或团支部书记、副书记等职务。毕业生在村工作期限一般为 2~3 年。

2. 选聘对象及条件。“村官”选聘对象为 30 岁以下应届和往届毕业的全日制普通高校专科以上学历的毕业生，重点是应届毕业和毕业 1~2 年的本科生、研究生，原则上选聘中共党员（含预备党员），非中共党员的优秀团干部、优秀学生干部也可报名应聘。

3. 选聘报名的流程。选聘工作一般通过个人报名、资格审查、组织考察、体检、公示、决定聘用、培训上岗等程序进行。

二、报考国家公务员

（一）国家公务员的定义与报考

国家公务员是纳入国家编制，履行公职，由国家财政负担工资、福利的人员。高校毕业生可以在每年 10 月份左右按照国家公务员招生简章要求报名考试。考试共分为行政职业能力测验和申论两科，考生可依据考试大纲有计划地进行系统性复习，在年底前参加考试，并做好复试准备。

（二）国家公务员报考时间

中央国家机关公务员一般在每年 10 月中下旬报名。具体报考时间不定，可登录国家公务员局网站（http://www.scs.gov.cn）查询具体的报考信息，同时要注意各类新闻媒体有关招录公务员的报道信息；地方公务员考试时间差异很大，而且每年招考时间会有一些变动，一些省份一年进行春季、秋季两次考试。此外，政府还会组织一些选调干部到基层的考试，有些部门还会单独招考，因此，考生在报名前应详细阅读当年的招考公告，或登录各省人事考试网了解详情。

（三）公务员招、录用流程

具体内容可查看国家或地方发布的招考公告。

三、选调生

（一）什么是选调生

各级组织部门有计划地从高等院校选调品学兼优的应届大学毕业生到基层工作，作为各级党政领导干部后备人选的主要来源进行重点培养，从中挑选出优秀分子，逐级补充到各级党政领导干部队伍中去的毕业生简称“选调生”。国家需要大批既有文化知识又有实践经验的年轻干部，通过“选调生”把优秀年轻大学毕业生分配到基层工作，是加快选拔优秀年轻干部步伐，建设高素质干部队伍的重要战略举措；是遵循年轻干部成长规律、加速领导人才成长的有效途径。

（二）选调生报考条件

各省情况差别较大，部分省份只要求满足学生干部、三好学生和中共党员三个条件中任意一个即可，较严格地区要从五个方面进行考察。

1. 中共党员（含预备党员）。思想政治素质好，拥护党的路线方针政策，具有坚定正确的政治方向和全心全意为人民服务的宗旨意识。事业心和责任感强，志愿到基层工作，勤奋敬业，乐于奉献。

2. 学习成绩优秀。全国普通高校国家计划内统招、全日制大学本科以上学历的应届毕业生，学习成绩优良，基础知识扎实，具备授予学士以上学位条件。

3. 本科生必须是校级以上“三好学生”“优秀学生干部”或者二等奖以上“优秀学生奖学金”获得者，研究生必须是校级以上“三好研究生”“优秀研究生干部”或者“研究生优秀奖学金”获得者。

4. 有一定的组织协调能力和语言文字表达能力，担任班级以上学生干部一年以上，所任学生干部包括班委会、团支部成员，学生会、团总支（团委）成员及学生党支部成员，不包括各类学会、协会、研究会等学生社团负责人。

5. 本科生一般不超过24周岁，硕士研究生一般不超过27周岁，博士研究生一般不超过30周岁；身体、心理健康能适应基层工作需要。

（三）解答选调生政策问题

解答选调生政策主要涉及五个问题。

1. 哪些高校毕业生可以报考选调生。根据中组部有关政策规定，主要是全日制普通高校大学本科以上学历的优秀应届毕业生。根据中央有关政策，近年来，参加基层服务项目、符合选调生条件的往届高校毕业生（像大学生村官、“三支一扶”人员等）也可以报考。综合各方面意见，以下人员比较适合：热爱中国共产党，热爱人民，具备从事机关工作的基本素质和党政领导人才的潜质，适应基层艰苦环境，在校期间综合表现优秀，学习成绩良好，群众威信较高的高校毕业生。定向培养生、委托培养生以及网络学院、成人教育学院毕业生不列入选调范围。

2. 选调生和公务员有什么区别。选调生与各单位招录的国家公务员都是国家公务员，选调生从选调之日起即取得公务员身份。它们的不同点主要有以下几点。一是报名条件不同。选调生的报名条件除符合国家公务员的报名条件外，还要求是学生干部、有志于从事党政工作、服从组织安排的本科以上优秀毕业生。二是培养目标不同。选调生的培养方向主要是党政领导干部后备人选和县级以上党政机关高素质的工作人员人选。三是选拔程序不同。选调生的选拔包括资格审查、笔试、面试、体检、考察考核等程序。四是培养管理的措施不同。选调生到基层工作后，组织部门将通过举办培训班、抽调到上级党政机关跟班学习、鼓励参加公开选拔、竞争上岗等得力措施进行重点跟踪培养，帮助选调生脱颖而出。

3. 报考选调生有无户口和生源地限制。一般来说招考不限户籍(必须有中华人民共和国国籍)，不限生源地。

4. 对研究生实行什么政策。在考录计划上，实行计划单列。在分配上，博士研究生安排到市直部门挂职锻炼；硕士研究生到县市区工作。一般而言，选调生到基层后还有到上级机关工作的机会，但要在基层工作满 2 年后，通过公开考试等方式，方可充实到县级以上机关单位。

5. 选调生的培训与学习。通过岗位培训、脱产轮训等多种形式，组织选调生学习马列主义、毛泽东思想、邓小平理论、三个代表重要思想、科学发展观和习近平新时代中国特色社会主义思想，学习党的基本路线、基本方针、基本纲领；同时，要对选调生进行社会主义市场经济知识、现代科技知识、领导科学知识和法律知识的培训。选调生在基层工作期间至少要脱产培训一次，时间一般不少于 3 个月。

四、参军

（一）相关规定

国家对应届毕业生的入伍条件有严格的规定，预征兵工作通常在每年 5 月至 6 月开始，通过身体初检和政治初审确定预征对象并于 10 月报名应征，12 月审批入伍。服义务兵役退役后可享受各类优惠政策。国家鼓励高校毕业生入伍，这里的“高校毕业生”是指中央部门和地方所属全日制公办普通高等学校、民办普通高等学校和独立学院的全日制普通本、专科（含高职)、研究生、第二学士学位应届毕业生；不包括往届毕业生及成人高等教育、高等教育自学考试类学生、各类非学历教育的学生。

（二）应届毕业生参军报名事项

应届毕业生参军报名事项可从三个方面进行说明。

1. 应届毕业生参军报名时间。全国征兵工作在每年冬季进行。从2009年起，对普通高等学校应届高校毕业生实行预征制度，每年5月至6月份，高校所在地兵役机关会同有关部门进入高校，开展预征工作，到毕业生离校为止。详细情况请登录中华人民共和国教育部网站（http://www.moe.gov.cn/）查询。

2. 应届毕业生参军入伍的条件。主要包括五个方面：符合身份资格、学习成绩及毕业资格符合要求、符合军队院校招收学员体格检查标准、符合应征入伍高校毕业生的年龄限制、符合政治审查标准。

3. 应届毕业生参军入伍流程。可参加兵役登记和预征报名，在学校参加预征。

五、到中小企业和非公有制企业就业

（一）注意事项

指导高校毕业生到中小企业和非公有制企业工作时，一定要注意签订劳动合同，熟悉就业政策，保护好个人劳动权益；同时应按照国家规定，到各地人才服务机构办理人事代理手续。

（二）高校毕业生到中小企业和非公有制企业就业政策

高校毕业生到中小企业和非公有制企业就业政策主要说明以下四个方面。

1. 对于到非公有制企业就业的高校毕业生，公安机关应当积极放宽建立集体户口的审批条件，及时、便捷地办理落户手续。

2. 用人单位要按照国家有关规定与所聘高校毕业生签订劳动合同，为其办理就业保险手续，缴纳就业保险费，保障其合法权益。

3. 从事个体经营和自由职业的高校毕业生要按照当地政府的规定，到社会保险经办机构办理社会保险登记，缴纳就业保险费。

4. 鼓励和支持高校毕业生自主创业，工商和税收机关部门要简化审批手续，积极给予支持。

六、考研

（一）硕士研究生

硕士研究生主要了解两个方面。

1. 报考时间及条件。研究生报考时间一般在每年的 9 月至 10 月，可登录“中国研究生招生信息网”（http://yz.chsi.cn）了解详情。

2. 硕士研究生的报名方式。硕士研究生报名方式包括网上报名和现场确认两个阶段。

（二）在职研究生

在职研究生主要了解以下两个方面。

1. 什么是在职研究生。在职研究生是国家计划内，以在职人员的身份，部分时间在职工作，部分时间在校学习的研究生教育的一种类型，属于国民教育系列。在报名、考试要求及录取办法方面，不同在职研究生的要求均有所不同。在职研究生是经过学校录取的正式研究生，获得与脱产研究生相同的研究生学位。

2. 报考在职研究生应注意以下两点。

（1）专科毕业生在职研究生报考条件。专科毕业生在毕业两年后可以考取研究生，报名时按照同等学力对待，考卷相同，只不过在复试阶段有加试。如果想尽早报考研究生需要通过“自考”形式拿到学位。有些院校只要求有本科毕业证，没有学位也可，具体情况应参见具体学校研究生招生简章。如今在职考研的门槛越来越高，并且招生院校都是一些重点名校，社会认可度也越来越高，在职人员选择报考在职研究生进修是个很不错的选择。

（2）在职研究生毕业证书和普通研究生毕业证书的区别。在职研究生没有毕业证书，只有结业证书，不过在职研究生的学位证书和普通研究生的学位证书一样，在职研究生在求职时的待遇和普通研究生的待遇也是一样的，没有区别。

（三）博士研究生

1. 普通报考博士研究生，需要了解两个方面。

（1）入学考试报名材料。包括报考博士生申请表、专家推荐书、硕士课程学习成绩单、硕士学位论文全文和评议书等。

（2）报考办法。考生要查看其院校当年发布的招生简章、网上报名情况等信息；每个学校网报时间不一样，一般是每年的 10 月到 12 月末。

2. 硕士生提前攻读博士学位。由硕士生本人提出申请，硕士生是指导教师推荐，经教研（研究）室提出意见，系审核并经研究生院（或研究生处）核准（科研单位可直接由研究所核准），既可以参加该年度博士生入学考试，也可以由系（研究所）单独组织考试（资格考试）小组进行考试。成绩合格者，经校、院（研究院）长批准，可以转为博士生。

七、自费留学

（一）自费留学生

自费留学生一般是指个人去母国以外的国家接受各类读本、读研的教育，教育时间为 1~5 年左右的高校学生。

（二）申请步骤

申请自费留学主要经过四个环节。

1. 准备语言考试。以英语为例，英联邦国家像英国、澳大利亚等，需考雅思（IELTS），北美国家像美国、加拿大需要托福（TOEFL）；如果去美国读研，则应加考 GRE，念 MBA 则应加考 GMAT。语言考试是需要重点准备的，也是各学校招生办最看重、最认可的材料。

2. 申请大学和专业。这应和选择留学地点同步进行，具体的顺序如下。

（1）选择留学地点。主要论证和解决三个问题。一是选择哪个留学国家。这是最先要决定的问题，要反复探讨做这样一种选择的理由，论证可行性。二是需要准备哪一种语言。三是选择哪座城市。一个国家往往具有属于自己的文化，但实际上对留学生产生更直接的文化和生活影响的是他所在的那个城市。

（2）申请大学与专业。这个环节要重点决定三件事。一是根据个人现状选择大学。原则是好的学校和保底的学校都要考虑，因为不是每一所大学都会保证录取。二是选择专业。选择专业要重点考虑三点：要考虑是否与自己的学习背景或相关背景保持一致，要考虑是否更有利于未来就业，要考虑是否能够形成一技之长。三是力争先报考、选择语言专业。先正规地学习语言，打好语言功底，这对自费留学生能够深入学习、融入当地社会具有重要意义，这可以说是取得自费留学成果的一条捷径。

3. 申请签证。签证就是在一个人所持的护照或旅行证件上签注（盖章）或贴上一张标签，其上带有清晰的说明文字，指明持有人进入该国的事由、允许停留的时间或通过其领土前往其他国家的许可。作为自费留学生需要在这方面了解以下五点。

（1）护照是持有者的国籍和身份证明，签证则是主权国家准许外国公民或者本国公民出入境或者经过国境的许可证明。

（2）签证一般都签注在护照上，也有的签注在代替护照的其他旅行证件上，有的还颁发另纸签证。如美国、加拿大、新加坡对外国人都发另纸签证，要与护照同时使用。

（3）因签证种类不同，要求提供的有关材料也不一样。

（4）签证的有效期是指从签证签发之日起的一段时间内准许入境，超过这一期限，该签证就是无效签证。一般国家发放 3 个月有效的入境签证，也有的国家发放 1 个月有效的入境签证。有的国家对签证有效期限制很严，如德国只按申请日期发放签证。

（5）签证的停留期。是指持证人入境该国后准许停留的时间。它与签证有效期的区别在于签证的有效期是指签证的使用期限，即在规定的时间内持证人可出入或经过该国。

4. 行前准备。这主要包括购买机票、体检、换汇、了解行李的规格等信息。

（三）指导融入留学生活的建议

在完全陌生的环境里，如何才能尽快适应并融入留学生活是每个留学生都面临的第一个难题。下面提供四点建议。

1. 拒绝“宅”在宿舍。语言是很多自费留学生封闭自己的原因。很多留学生初到国外时，会担心自己语言表达不正确而把自己憋在宿舍里，浪费了同外界交流快速提高语言水平的好机会。留学生平时应多走、多看、多想，以完成书面用语到生活用语的转变。如走在街道上，看看各色建筑和商店，这就可对所在地文化进行了解；同时，商店的招牌、菜单等都是方便的学习工具，可通过这些努力尽快熟悉当地语言和文化。

2. 建立朋友圈。很多留学生不愿意或不敢参与非华人组织的活动，不喜欢融入非华人的社交圈，这个态度是非常不利于融入当地生活的。有三点可帮助学生避免这种情况：一是与外国朋友见面之前，就想好要说的话题，然后自己对着自己讲一遍；二是可以通过朋友之间互相介绍或参加学校社团活动等方法来认识外国朋友；三是可以在学校论坛上发帖子，寻找对中国文化或汉语感兴趣的外国朋友与其进行交流。要意识到，在文化交流过程中，既可提高自己的留学生活质量，也可帮助自己融入所在国的文化。

3. 消除“同声同气”群居心态。读大学预科和本科的学生年龄都比较小，大多数是第一次离开父母到异国学习和生活，遇到“同声同气”的同学自然会比较依赖，容易获得安全感；由于生活和作息习惯相似，通常就喜欢结伴读书、一起去餐厅吃饭、甚至一起去旅行。这种情况尽管可以理解，但长期只和中国同伴生活和学习，从某种程度上就会削弱运用外语的自觉性，想问题的思路也可能受到局限。留学生要放宽眼界，广交不同国家的朋友，接触多元文化。

4. 参加活动、拓宽社交圈子。有三种方法可以帮助留学生更好地融入国外生活的社交圈。一是与外国朋友共同学习。在各种分组讨论和合作中增进友谊，这样不仅能在讨论中迸发出更多的思维火花，对于提升英语交谈能力和自我表达能力都有很大的促进作用。二是多参与本土文化的活动。例如，参加在校园里的一些本土学生和国际学生较多的社团和活动，如文学社、歌剧协会等文化气息较为浓厚的组织、学校组织的国际学生聚会和派对等。三是参与体育运动。例如划艇、足球、羽毛球等，参与这些不受语言和国界限制的社交运动是增进彼此友谊的最佳方式。

第三节　高校毕业生就业指导

一、指导办理离校手续

（一）高校毕业生离校流程

1. 交清学费及贷款。财务处需要核查学费与校内贷款情况，未交清学费与贷款的高校毕业生应要求其补交，已还清贷款的高校毕业生持发票到财务处办理手续。欠国家助学贷款的高校毕业生可以正常就业（含待业继续考研者），但高校毕业生须携带身份证复印件和就业协议书复印件，到学校助学贷款办公室办理还款手续，并领取报到证。

2. 结清各项费用和事宜，例如教材费、网络费、注销借书证、退饭卡，清还借阅图书、公物等。

3. 体检。毕业前高校毕业生需要进行常规体检，由校医院收回医疗证。

4. 党团组织关系转移。党员高校毕业生需要到学院党委组织部办理党组织关系转移手续，团员高校毕业生需要到团委办理团组织关系转移手续。

5. 户口迁移。高校毕业生需到保卫处领取高校毕业生户口迁移证。

6. 领取证件。办理完以上手续后，高校毕业生即可到所在学院领取毕业证、学位证、就业协议书、报到证等。

7. 行李托运。每年高校毕业生离校前，学校都会安排学生行李托运和存放工作，高校毕业生要注意学院的通知，大概都会在每年的 6 月至 7 月份由邮递公司到学院内帮助学生办理行李托运工作。

（二）高校毕业生离校前要办理“五大件”

1. “五大件”是指高校毕业生离校前必须拿到的证件。即毕业证与学位证、学籍档案、户口迁移证、报到证、党团组织关系介绍信。这“五大件”是高校毕业生办理人事关系、户口关系及党组织关系的主要凭证，缺失一件都会给高校毕业生的就业手续带来麻烦，同时会影响其以后的人生，所以毕业时一定要在拿到“五大件”前，明确这些凭证的作用及办理程序。其中的学籍档案、户口迁移证、报到证、党组织关系介绍信都不能长期放在自己手中，应该及时交给用人单位保管或交予当地人事代理机构办理代理手续，否则，随着工作的变动，需要这些东西的时候将会产生诸多不便。

2. 办理户口迁移证的注意事项。如果高校毕业生在入学时将户口迁入学校集体户中，在迁出户口时需要注意：一是办理前带好本人身份证、毕业证、证件照片、证明等相关材料，二是签协议时单位应提供户口迁移的地址及派出所名称。例如，迁往地：郑州市管城回族区凤凰路七号，邮编：××××××，具体落户派出所全称：郑州市二里岗派出所。

3. 关于高校毕业生就业报到证，主要了解以下四个方面。

（1）高校毕业生就业报到证的全称为普通高等学校毕业生就业报

到证，由教育部直接印制，由省级高校毕业生就业指导中心单独签发，是只有列入国家就业计划的高校毕业生才能持有的、有效的报到凭证。用人单位以报到证为依据，接收安排高校毕业生工作，并接转高校毕业生的学籍档案、户口迁移手续等。

（2）报到证一人一份，由其他部门印制或签发的报到证无效。高校毕业生要妥善保管报到证，不管什么原因，凡自行涂改、损毁的一律作废。就业报到证为一式两联（正本和副本），上面盖有高校毕业生调配部门的印章，正本为有色联，由高校毕业生本人持有，为办理转递档案、落户等手续所用。在高校毕业生确定用人单位和主管部门之后，应将报到证正本交予用人单位主管部门、政府就业主管部门审批并盖章后存入个人人事档案。报到证副本由学校负责将副联存入本人档案，随档案转递到用人单位主管部门。

（3）报到证的作用。报到证主要有六个作用：一是教育主管部门正式派遣高校毕业生的凭证；二是高校毕业生到用人单位报到的凭证，凭报到证报到以后，方可开始计算工龄；三是任何一个合法的人才中心、档案管理机构接收高校毕业生档案的证明；四是用人单位给高校毕业生落户、接管档案的重要凭证和依据；五是证明持证的高校毕业生是纳入国家统一招生计划的学生；六是高校毕业生干部身份的证明。

（4）办理报到证注意事项。一是要落实就业单位并签订就业协议书。高校毕业生就业手续一般由学校就业指导中心办理，采用集中办理和分期分批办理相结合的形式进行。毕业前落实就业单位并签订就业协议书的，由学校招生就业处统一办理报到证，集中办理时间一般在6月份到7月份上旬。高校毕业生毕业离校后再与用人单位签订就业协议书的，要先将签订好的就业协议书或单位接受证明交到学校就业指导中心，由学校定期办理报到证。二是报到证遗失问题。高校毕业生自签发报到证之日起在择业期以内遗失的，应本人申请、登报声明作废，交学校审核、盖章后方可重新补办，补发后备注栏内注明“遗失补办，原报到证作废”。择业期外遗失报到证的，不予补办，按有关规定，由学校向省高校毕业生就业主管部门申请出具相关证明。

4. 党组织关系介绍信，主要了解两个方面。

（1）按照党章规定，每位党员都必须编入党的一个支部、小组或其他特定组织，参加党的组织生活，接受党内外群众的监督。所以每名高校毕业生党员在离校时都应及时办理党员组织关系转移手续。转移党员组织关系由党的基层委员会及其上级党委组织部办理，统一使用“中国共产党党员组织关系介绍信”，并加盖党组织公章。

（2）党员组织关系的凭证有三种，即中国共产党党员组织关系介绍信、中国共产党党员证明信和中国共产党流动党员活动证。中国共产党党员转移和接受正式组织关系，应当以中国共产党党员组织关系介绍信作为凭据。

二、指导办理就业手续

（一）高校毕业生就业流程

高校毕业生就业流程如图 3-1 所示。

（二）签订就业协议

用人单位通过自荐材料和供需见面会，以笔试、面试等综合考评方式选拔出与招聘岗位符合的高校毕业生，与其签订全国普通高等学校毕业生就业协议书，确定雇佣关系。

（三）领取报到证

高校毕业生将与用人单位签订好的就业协议书送往学校就业指导中心，并得到学校、政府教育主管部门的审核同意后，做好毕业离校的各种准备工作。高校毕业生在学校领取报到证后，按照报到证规定的期限和指定的地点到单位报到。

（四）档案转递

1. 学校的档案转递依据的是报到证第二联和高校毕业生派遣名册。

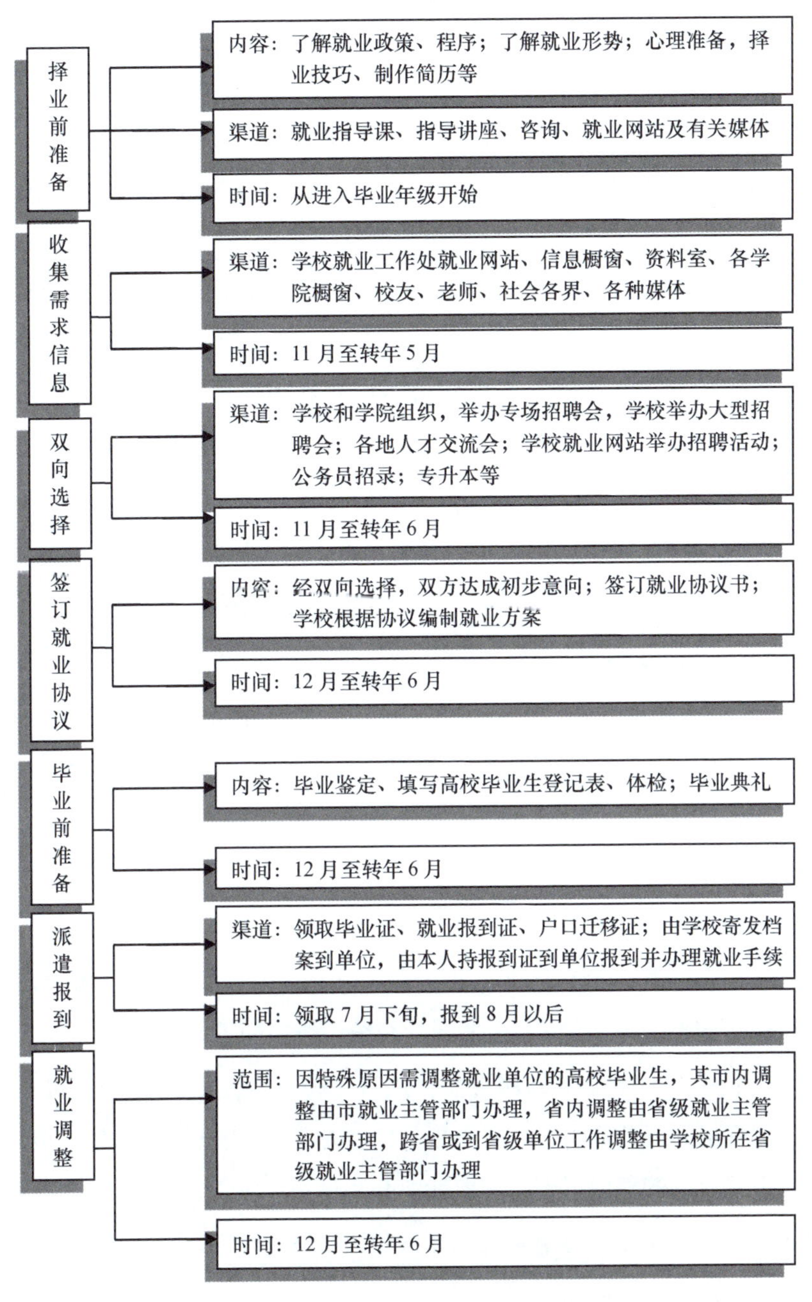

图 3-1　高校毕业生就业流程

档案转递是将单位名称和地址填好后密封，通过机要局或速递局寄往具体用人单位。个别情况下，应由单位机要工作人员直接转递档案；经学校同意，档案也可由高校毕业生本人送往就业单位或人才服务机构。

2. 采用机要速递的档案，档案名称和地址填写是否准确直接影响到转递的准确性和时效性。这就要求每个学生在与用人单位签订就业协议书时，提醒主管工作人员将单位的全称（不能将全称简写，并且字迹不能过于潦草）、详细地址、隶属关系、邮政编码及联系电话等填写清楚，以便准确转递档案。

3. 高校毕业生的档案一般在派遣后几周内寄出，高校毕业生到工作单位报到后，应及时到人事部门查询自己的档案是否已经转递成功，内容是否齐备。如果 3 个月内发现档案没有转达，则应及时与学校联系，以便尽快查询档案的下落，避免发生因长时间延误而造成档案遗失。按照规定，机要部门查询档案转递情况的期限为 1 年。

（五）就业报到

1. 就业报到是指高校毕业生在拿到就业报到证后，按照规定的时间到指定的单位报到就业的程序。就业报到保证了高校毕业生的权益，在报到后，高校毕业生可领取就业介绍信，同时将报到证正、副联和就业介绍信同时交与单位。

2. 高校毕业生到用人单位报到需带材料包括：报到证书、毕业证书、就业协议书、劳动合同（没签劳动合同不用）、身份证、增人计划卡（录用到事业单位的）、档案（学校统一转递的不用）。

3. 如果高校毕业生的档案需存放到单位所在地的人才交流服务中心，需将报到证开往当地市级人事部门，并由本人携带有关材料到高校毕业生就业主管部门报到，领取就业介绍信。将本人的报到证正、副联和就业介绍信同时交与档案代理部，存入档案。

（六）委托人事代理

人事代理是指经组织人事部门批准或授权指定的人才服务机构，受单位和个人委托，按照指定的法律和政策规定，为其代办的有关人事业务，实现人事关系管理与人员使用分离，即单位管用人。而一些具体的人事管理工作，如档案管理、户籍管理、党组织关系转接、提供出国和考研的相关证明等，由人才服务机构代管。

（七）调整改派

1. 调整改派是指国家计划内的普通高等学校毕业生，自报到之日起择业期内有权要求调整工作单位。国家为维护大多数高校毕业生的权益，要求高校毕业生与用人单位都必须维护就业方案的严肃性，用人单位不得拒收高校毕业生，高校毕业生也不得随意违约。如用人单位或高校毕业生单方面违约，则按协议约定处理。特殊情况下，国家允许高校毕业生调整工作单位。

2. 申请调整改派的条件。申请调整改派包括以下条件：①择业期内；②要求回原籍就业；③与原单位达成解约协议，并与新单位签订就业协议；④主管部门规定的其他原因。

3. 调整改派的程序。调整改派的前提是已派遣的高校毕业生，经原单位同意并办理相关手续、出具证明，并已取出自己的档案。办理调整改派手续时应携带以下材料。

（1）新的用人单位签订的就业协议书及相关手续。

（2）原单位签订的就业协议书及退函（原单位同意解除工作关系的证明）。

（3）到学校就业指导中心开具就业调整改派审批表。

（4）持原报到证、原单位退函、毕业证原件、就业调整改派审批表、与新单位签订的就业协议书和接收函到省高等学校毕业生就业指导中心办理改派事宜，审批通过后开出新报到证。

（5）带着新报到证到户口所在地派出所办理户籍转迁手续，开出户口迁移证。

（6）必须在有效期内带着新报到证和户口迁移证到新工作地点落户口和落档案。

（八）户口落户

高校毕业生的户口落户关系到其切身利益，今后的工作、公务员考试、经济适用房的购买等各方面的地区优惠政策都与户口息息相关，因此，高校毕业生在拿到户口迁移证后一定要及时到落户地办理户籍转入手续。实际生活中各地的政策要求不同，高校毕业生应依据当地派出所的要求提供相关材料办理入户手续。

（九）党组织关系转移

1. 关于未落实工作单位的流动党员组织关系，主要了解以下两个方面。

（1）如果高校毕业生与学校签订了暂缓就业协议，则择业期内高校毕业生的党组织关系由原单位党委管理。如果高校毕业生未签订暂缓就业、派遣至生源地，则党组织关系也随之转入高校毕业生生源地的党组织，可以转入居住地的社区联合党委或上级主管部门。

（2）高校毕业生未落实工作单位的，与当地人才交流服务中心签订人事代理合同的党组织关系托管程序分为以下三步。

第一步：参加人事代理的高校毕业生党员凭学校出具的党组织关系介绍信和党员关系材料办理转入手续。人才交流服务中心委员会下设流动党员党总支，专职负责人事代理人员中的中共正式党员、预备党员的当时住址关系和党员的教育管理和服务工作。

第二步：中心负责党员的日常管理、考核、预备党员转正、党费收缴等工作。

第三步：高校毕业生落实工作单位后（择业期内需改派），提供相关材料办理党组织关系转出手续。

2. 关于落实工作单位党员的党组织关系。在择业期内落实工作单位的高校毕业生，若所在单位拥有党总支，则应提供党组织关系介绍信及单位所需的其他证明材料，将党组织关系转入单位党组织内。如果单位无法接受其党组织关系，可参照上述要求交由当地人才交流服务中心流动党员组织代理。

三、解决典型问题

（一）求职过程中可能存在的陷阱及防范措施

1. 了解求职过程中常见的陷阱类型。

（1）通过非正规网站和招聘广告，盗取私人信息。

（2）以招聘为名实为敛财，收取各种费用如报名费、体检费、培训费等。

（3）录用后只签订就业协议而不签订劳动合同或不将承诺写入合同。

（4）用人单位以各种名义扣留如身份证、毕业证等各种证书证件。

（5）要求应聘者交纳“保证金”、服装、设备、装备等押金。

（6）非正规渠道招聘要求应聘者介绍他人“加盟”或陷入传销组织。

（7）非法组织以岗位只招女性为由诱骗女性高校毕业生。

2. 掌握求职过程中的防范措施。

（1）慎重点击互联网招聘广告。高校毕业生务必要在正规合法网站、校园招聘、正规企业或是到政府人力资源部门组织的人才市场招聘会去找工作，以防个人信息被盗取。

（2）拒绝缴纳各种名义的费用。任何招聘单位以任何名义要求应聘者交付抵押金、服装费、产品押金、风险金、报名费、培训费等收费行为，都属于违法行为。

（3）谨慎签订劳动合同。高校毕业生在入职前应到劳动保障部门进行咨询。与用人单位签订就业协议时应注意：看企业是否经过工商部门的登记以及企业注册的有效期限，否则所签的合同无效。签订劳动合同时应注意：看合同字句是否准确、清楚、完整，劳动合同是否有一些必备的内容。

（4）保存好各种证件证书。高校毕业生不要将自己的身份证、学生证、毕业证等重要证件作抵押。根据相关的规定，任何单位都不能扣押证件。注意有的用人单位会以保证高校毕业生实习时间等为由扣留高校毕业生的证件。

（5）入职后谨慎缴纳各种押金。有些用人单位在应聘者入职后以岗位工作需要等名义要求应聘者缴纳如服装、设备或其他劳动保护品费用或押金。这类行为都是需要注意的，有可能属于变相推销。

（6）谨防误入传销组织。高校毕业生在正式进入用人单位之前，应通过各种途径查找该招聘单位的相关资料及公司的背景，想方设法加强对企业的了解以免误入传销组织。

（7）谨防误入其他非法组织。高校毕业生入职前可去工商市场监管部门查询招聘单位的营业执照、经营范围等相关证件，不轻信许诺到外地上岗的外地企业或某某外地分公司、分厂、办事处等的高薪招聘。

3. 牢记上当受骗后的紧急措施。高校毕业生要增强风险与自我防范意识，千万不要被对方承诺的所谓丰厚报酬所迷惑。如果发现上当受骗，可立即采取以下措施。

（1）不要慌张，第一时间向公安机关报警备案。

（2）保留不法分子的姓名电话、短信内容、电子邮件、QQ 号码、银行卡账号等信息。

（3）必要时向银行和其他相关机构求助，保证银行卡、电话卡的安全。

（二）大学生就业派遣

1. 大学生就业派遣问题的案例。

案例：小张和小赵是西部某省定向委培应届高校毕业生，分别在我国经济发达的一线城市（A 城市、B 城市）高校毕业。六月底，两人分别在 A 城市和 B 城市通过人力资源市场与当地用人单位签署就业协议。因原籍经济转型，两人已提前与原籍有关部门解除了定向委托培养合同，并向毕业院校出具解除定向委托培养合同证明。在离校办理就业派遣手续时，小张顺利得到 A 城市就业主管部门开出派往 A 城市用人单位的报到证，而小赵所在 B 城市就业主管部门将就业派遣报到证发往定向委培单位所在省市主管部门，原因是小赵属定向委培生，应派回原籍。

2. 问题与分析。按照 A 城市的做法，小张如期获得报到证到用人单位报到。小张在 A 城市高校毕业，毕业前夕与原籍主管部门解除了定向委托培养合同。毕业季，小张与 A 城市用人单位签订就业协议书，毕业时如期收到就业派遣报到证，并顺利到用人单位报到。按照 B 城市的做法，小赵未能如期派遣至接收单位。小赵在 B 城市高校毕业，毕业前与原籍主管部门解除了定向委托培养合同，同时在毕业季与 B 城市用人单位签订了就业协议书。B 城市就业主管部门认为小赵属定向委培生，尽管其已出具解除定向委托培养合同证明，因其委培信息在教育部门已备案，报到证只能开回原籍，由原籍就业主管部门在其管辖区域内派遣。造成了小张与小赵初次就业派遣差异的直接原因是两地就业派遣政策不统一。

3. 引发的思考和建议。

（1）要不断完善市场化就业模式。我国高校毕业生就业模式已经从计划经济时期的统招统分制转变为市场化就业新模式（极少数专业直接派遣）。就业派遣要以实现高校毕业生最优化就业为目标，适应市场变化，简化工作流程，为高校毕业生就业开辟绿色通道。

（2）要对西部少数民族地区高校毕业生实施更加积极的就业促进政策，对愿在沿海地区就业的西部地区高校毕业生应给予鼎力支持与帮助。沿海经济发达地区与西部省市应加强互派高校毕业生的工作交流，为多渠道、宽领域助推西部经济发展做出积极努力，促进西部地区高校毕业生职业发展更加顺利。

（3）要保障高校毕业生就业派遣手续统一规范。目前，我国高校毕业生就业派遣手续主管部门在省市间存在差异，派遣期限也不一致，造成高校毕业生就业派遣手续办理不顺畅。建议就业派遣手续可异地办理，建立网络共享信息平台。对高校毕业生就业信息建立基础信息资料，实施全国网络共享。毕业院校及生源地就业主管部门可随时办理派遣报到证手续，便于及时掌握高校毕业生就业动态，提升对高校毕业生精准服务的整体水平。

（三）签订高校毕业生就业协议书

1. 高校毕业生就业协议签订过程问题的案例。

案例：小郑是某高校毕业生（享受低保困难家庭），10 月初在校园招聘会上与甲单位达成工作意向，并签订了就业协议书。11 月中旬，小郑在招聘网站上看到乙单位招聘岗位的信息，以为其更适合自己并主动与乙单位招聘主管联系，通过笔试、面试很顺利得到乙单位认可，乙单位提出一周内与小郑签订就业协议书。

小郑因 10 月份与甲单位签订了就业协议书，便与学校就业主管部门提出再领一份空白的就业协议书。学校要求小郑将原就业协议书退回再补发新的就业协议书。甲单位认为小郑违约，需交纳3 000元违约金才肯退还就业协议书，小郑感到很纠结，遂找到学校就业主管部门，请求给予帮助。

毕业季是应届高校毕业生求职择业的关键时段，小郑与甲单位签订就业协议书后，又选择与自认为更好的乙单位签约。而学校规定高校毕业生就业协议书每人一份，只能与一个单位签约，签约要遵守有关规定。

甲单位在就业协议书上明确规定，签约双方的任何一方若违反规定，需承担违约金3 000元。这到底是甲单位的问题，还是小郑的问题呢？应当如何是好？

2. 问题与分析。

（1）小郑初次选择用人单位，签约草率。小郑进入毕业学年，首次参加校园招聘会进行双向选择，急于落实签约单位，未仔细阅读就业协议书条款中甲单位增加的违约条款，签约太草率。

（2）小郑违约产生违约金，责任在自己。小郑与甲单位达成签约意向，在就业协议书上盖章、签字。为确保小郑能准时到岗，甲单位在就业协议书上特增加了违约条款。签约时小郑已知道有违约条款，但没引起重视，后来想解除协议的，甲单位要求支付违约金，这时才意识到问题的严重性。

（3）变更签约单位，需退还与原用人单位签订的就业协议书。高校毕业生签订就业协议书是高校进行就业统计的基础资料，也是派遣发放报到证的依据。高校毕业生与用人单位签订协议后，一方决定放弃的，应双方协商，取得一致。高校毕业生必须将就业协议书原件退回学校，更换就业协议书，再选择新的用人单位，双方洽谈一致可签订协议。

（4）学校就业主管部门出面协调，帮助小郑妥善解决了解约问题。小郑与甲单位签约，而后想解除与甲单位签订的协议，与乙单位签约，明显是个人违约。考虑到小郑是享受低保的困难家庭高校毕业生，学校就业主管部门还是主动帮助小郑与甲单位进行了沟通与协调，小郑得到学校就业主管部门的就业帮助指导后，还得到了甲单位免除违约金的理解与原谅。小郑在解除与甲单位就业协议书后，与乙单位签订新的就业协议书，并在毕业派遣时顺利领取报到证，到乙单位报到。

3. 引发的思考和建议。

（1）初次签约，高校毕业生要详细了解签订的就业协议书中相关内容，避免违约。临近毕业时，有些高校毕业生求职择业无方向，只要有招聘会就满处撒简历，遇到有单位回馈，在没有对招聘单位及应聘岗位深入了解的情况下便草率签约，造成不良后果。因此，高校毕业生在签约前要加强对有关就业办理程序知识的了解，避免出现低级失误。

（2）双方任何一方违约，均要承担违约责任。违约条款是供需双方为避免所签协议不能如期履行而增加的限制性条款，对双方均有约束力。因此，各方要严格遵守协议规定，履行协议条款，保证协议内容顺利实施。

（3）签订就业协议书是取得报到证的必备条件。毕业院校凭就业协议书为高校毕业生开出就业报到证，有些地区凭单位接收函开出就业报到证。

（4）正确认识就业协议书与劳动合同的区别。主要说明以下四个方面。

1）就业协议书与劳动合同有着本质的区别。签订就业协议书时发生的纠纷，属民法调解范围，而劳动合同纠纷则属劳动法调整范围。

2）就业协议书只是高校毕业生、用人单位、学校三方在高校毕业生就业办理过程中的一个环节，表明高校毕业生愿到该单位工作，用人单位接收高校毕业生到签约岗位，学校知晓高校毕业生签约意向，并盖章、签字备案。劳动合同涉及的是劳动权利和义务的具体条款。

3）签订就业协议在就业之前，而劳动合同是在高校毕业生到用人单位发生劳动关系后才签订。

4）就业协议书应用于应届高校毕业生与用人单位和学校三方之间，而劳动合同只适于劳动者（包括应届高校毕业生）与用人单位之间，和学校无关。

四、高校毕业生就业困难帮扶

（一）就业困难的高校毕业生

就业困难的高校毕业生是指家庭困难、身体残疾等相对弱势的高校毕业生。其中，困难家庭高校毕业生是指来自城镇低保家庭、低保边缘户家庭、农村贫困家庭和残疾人家庭的普通高校毕业生。

（二）各类就业困难高校毕业生的帮扶政策

各类就业困难高校毕业生的帮扶政策主要了解以下四个方面。

1. 各级机关考录公务员、事业单位招聘工作人员时，免收困难家庭高校毕业生的报名费和体检费。

2. 困难家庭高校毕业生可申请求职补助。为帮助困难家庭的高校毕业生求职就业，高校一般都会安排经费作为困难家庭高校毕业生的求职补助，或对已成功就业的困难家庭高校毕业生给予奖励。困难家庭的高校毕业生可向所在院系提交书面申请。学校也应根据平时掌握的情况，对困难家庭的高校毕业生给予主动帮助。

3. 提供免费就业指导和培训。对离校后未就业、回到原籍的高校毕业生，各地公共就业服务机构要摸清底数，免费提供政策咨询、职业指导、职业介绍和人事档案托管等服务，并组织他们参加就业见习、职业技能培训等促进就业的活动。

4. 其他的补贴。对就业困难的高校毕业生和零就业家庭的高校毕业生，实施一对一职业指导、向用人单位重点推荐、公益性岗位安置等帮扶措施，按规定落实社会保险补贴、公益性岗位补贴等就业援助政策。

第四节　促进职业核心素养提升

提升职业核心素养是以帮助学生实现高质量就业为基本目标，通过实施有针对性的职业核心素养发展指导，使学生了解职业核心素养要求，熟悉职业道德和规范，提升职业素养，建立正确的职业意识，养成良好的职业行为和习惯，为其顺利进入社会、走上岗位、实现职业生涯发展奠定良好基础。一句话：促入职、促进步、促成功。

一、职业核心素养养成基本方法

（一）职业核心素养养成的策略

职业核心素养养成要以结合教育教学各项课程、各项活动的形式开展。力图将职业核心素养养成贯穿于教育教学过程中；围绕职业核心素养教学目标和内容，加强各课程核心教学点的联结，加强系统性和针对性，提高训练力度和强度；整合与职业素养相关程度较大的课程，减少、减轻学生课程负担，提高教师教学效率和效果。职业核心素养养成要做到四个结合。

1. 结合德育、职业指导课程开展训练教学。以职业核心素养养成为重点，联系专业、岗位职业素养要求，融入职业素养成分、联结职业素养要点、练习行为养成。

2. 结合入学教育、社团活动、班会开展训练教学。围绕职业核心素养养成目标和内容，以学校组织开展的各项活动为载体，高度融合和联结职业素养养成内容，突出职业素养养成活动目标，细化职业素养养成活动内容，规范养成教育训练流程，实施活动效果反馈和评估。

3. 结合公共基础课、专业课开展训练教学。围绕职业核心素养养成目标，结合公共基础课、专业课教学内容，渗透职业核心素养精髓，找到规定联结点所在，巧妙设计联结形式；尤其是专业课要紧密结合岗位要求，结合业内规则进行，力图形成职业素养先进理念、核心内容和良好行为养成的联结。

4. 结合毕业实习开展训练教学。将毕业实习作为职业核心素养养成的最后阶段，实施更加系统、更加贴近于业内及岗位实际的职业核心素养养成计划，完全进入现实环境，完全从实际要求出发，明确养成目标，规定养成内容和标准，强化防范意识，强化养成意识，规范职业行为；多指导、多示范、多反馈、多激励，做好毕业前职业核心素养发展的最后强化和提升。

（二）职业核心素养养成的方法

职业核心素养养成应以行为导向教学为主导，采用多种教学和训练方式进行，主要采取典型示范、师生互动、情景模拟训练、小组讨论、角色扮演、典型案例分析、实地考察等方法。这些帮助指导的形式可概括为如下四种基本方法。

1. 讲道理。带领高校毕业生了解专业相关知识及概念，包括专业门类、专业主要特点、应获得的职业知识和职业技能等；以引导高校毕业生热爱本专业、岗位为前提，带领高校毕业生了解主要用人单位和就业岗位、核心技能等，通过向高校毕业生教授职业道德、主要职业规范及纪律，为高校毕业生养成良好的专业素养打下基础。

2. 学榜样。通过对本专业杰出人物职业生涯发展事迹和心路历程的介绍，让高校毕业生感受到技能人才的风采，激发高校毕业生对身为技术人才的自豪感，树立成才信心；通过展示专业核心技能，激发高校毕业生对专业的兴趣和热爱。引导高校毕业生深入了解所学专业，感受本专业杰出人才职业风采，产生职业认同感，从而激发对专业和岗位的兴趣，产生就业动力。

3. 研案例。通过播放视频或图片展示，引发有关职业的话题讨论，采用讲解职场典型案例的方法，如职业道德方面的、职业纪律方面的、人际关系处理方面的案例等，为高校毕业生正面引导正确的职业行为，引导高校毕业生独立思考，加深对岗位常见问题的认识。挖掘优秀高校毕业生的典型事迹，突出专业学习对其带来的影响和取得的成就，消除高校毕业生疑惑，引导高校毕业生坚定信念、明确目标和努力方向，树立职业理想；使高校毕业生了解未来就业岗位的主要工作内容和典型职业事件，熟悉从业人员的常见问题。

4. 促实践。通过参与实践，重点让高校毕业生了解从业人员常见问题，如职业道德与职业规范问题、职业胜任问题、思想观念和文化冲突问题、个人生活问题等，激发高校毕业生的学习兴趣，引导高校毕业生为顺利进入职场做准备。帮助高校毕业生了解所学专业及未来要从事的职业岗位对个人的特长要求，让高校毕业生认识到发展自己的特长对学习专业、个人职业发展的重要意义。

二、帮助指导职业核心素养养成

（一）职业核心素养养成的原则

1. 以现代企业文化核心组成为依据。职业核心素养的内涵，即是现代企业文化的核心组成。具体来讲，是以责任、服务、规范、沟通、团队、创造六个方面为核心的企业文化构成。帮助指导应紧密结合该核心开展训练，训练内容和要求要看得见、摸得着，应在职业行为表现过程中得以充分体现，切实与企业要求零距离对接。为学生就业、创业顺利走入社会，实现人生价值，提供充分的职业准备。

2. 以基本的道德、素质、文明为主线。帮助指导要做到三讲：讲道德、讲素质、讲文明。立足做人和做事，结合学校教育教学要求，结合家庭生活环境，由小到大、由浅入深，将训练教学融入学生学习生活环境中，融入日常行为表现中，滴水穿石、耳濡目染，切实做到万千内容，终不离一个“德”字。

3. 以学生年龄特征、接受程度为基点。帮助指导应紧密结合学生年龄特征开展，要重点突出、简单易行、易于接受，防止求全责备、不切实际地要求面面俱到、硬推硬灌、走形式、摆架子，切实做到实事求是，取得良好训练教学效果。

4. 以建立良好职业素养的养成环境为实施依托。帮助指导应力争全员参与，即学生参与、教师参与、家长参与、社会参与，建造良好的教育和训练环境，一切围绕总体训练目标，将养成训练的精髓渗透到学生实际生活中，融入到他们的社会化过程中，通过课上与课下、校内与校外的结合，努力提升训练教学的力度和效度，使其深入人心。

5. 以学生主观感受和在校内、外的表现和变化作为帮助指导效果的考核依据。其依据应重点来自两个方面：一是学生接受帮助指导后的主观感受，二是在学校、家庭、社会环境中的成长变化。考核依据更重要的是来自老师、学生、家长以及社会的赞许和肯定。

（二）促进责任意识养成

促进责任意识养成主要应从诚信、严谨、职责三个方面进行帮助指导。

1. 帮助毕业生做到诚信，主要从以下三个方面着手。

（1）引导毕业生认识诚信的本质内涵，帮助毕业生理解诚信与责任意识养成之间的关系，培养诚信意识，教导毕业生做人做事要以诚信为本。

（2）通过典型案例进行说明，帮助毕业生了解和熟悉诚信在专业和职业中的具体体现，同时要注意结合本专业、职业岗位的实际情况。

（3）引导毕业生寻找个人学习的榜样，向榜样学习，并能在日常的生活中以榜样的行为来指导自己，做到诚实守信。

2. 帮助毕业生做到严谨，主要从以下两个方面着手。

（1）让毕业生深入理解严谨的内涵，感受严谨在日常生活、工作中的重要性，明白严谨与取得进步之间的关系，从而使其开始树立严谨意识，并将严谨精神应用到日常的工作生活中。

（2）可以采取“学榜样”的方法，引导毕业生寻找身边严谨的榜样，更重要的是要引导他们找到榜样的具体表现，即观察他人如何做到严谨，再结合自身情况进行模仿学习。

3. 帮助毕业生养成职责意识，主要从以下两个方面着手。

（1）帮助毕业生理解职责与责任之间的联系和区别，了解工作中坚守职责的重要性，认清自己所扮演的社会角色，了解这些角色应该担负的使命和需要履行的职责，为将来进入职场做好准备。

（2）采取“学榜样”的方法，引导毕业生寻找身边守职责的榜样，重点是要引导他们找到榜样的具体表现，即如何履行职责，并鼓励毕业生学习榜样身上具体化的行为表现。

（三）促进服务意识养成

促进服务意识养成主要应从微笑、细节、周到三个方面进行帮助指导。

1. 帮助毕业生学会微笑，主要从以下三个方面着手。

（1）帮助毕业生认识微笑在生活和工作中的作用，理解微笑的重要意义，明确微笑是服务意识养成中最有力的体现，了解微笑在今后生活、工作中的作用，学会微笑服务。

（2）分析讲解微笑的重要意义，教会毕业生如何养成微笑服务的意识和习惯，为将来步入职场做好准备。

（3）引导毕业生寻找身边热爱微笑的好榜样，更重要的是要让毕业生找到榜样的具体行为表现，梳理向榜样学习的意识。

2. 帮助毕业生讲究细节，主要从以下三个方面着手。

（1）深刻理解“细节”的概念，了解细节的具体表现形式和内容，掌握细节在职业纪律遵守、职场待人接物、职业操守与规范中的具体体现和做法。

（2）教导毕业生将细节融入生活和工作岗位，帮助毕业生在日常生活及未来工作岗位上养成做事注重细节的好习惯，以培养积极主动的服务意识。

（3）提醒毕业生注重细节意识的培养，促使毕业生通过日常生活或学习中的小事养成注重细节的好习惯。

3. 帮助毕业生学会周到，主要从以下三个方面着手。

（1）帮助毕业生深刻理解做事周到、用心的重要意义，引导毕业生掌握、认识办事周到的具体体现和行为方式，培养毕业生的周到服务意识，为将来进入职场做好准备。

（2）通过讲解正反两面对比鲜明的案例，让毕业生深刻理解“周到”的内涵和重要性，明白周到与服务意识养成之间的关系。

（3）让毕业生发现身边办事周到的好榜样，从而激发他们产生“我也能办事周到”的想法，以引导毕业生向榜样学习。

（四）促进规范意识养成

促进规范意识养成主要应从规矩、自觉两个方面进行帮助指导。

1. 帮助毕业生学会遵守规矩，主要从以下三个方面着手。

（1）让毕业生了解规范在生活、工作、学习中的必要性，培养规范意识、时刻遵守规范的行为准则。

（2）引导毕业生全面了解规范的作用，将规范意识应用于日常生活和专业学习中。

（3）挖掘优秀毕业生的典型事迹，突出养成规范意识对其取得成就的影响，促使毕业生自主思考，产生兴趣，树立学习信心。

2. 帮助毕业生养成自觉，主要从以下三个方面着手。

(1) 帮助毕业生理解自觉对于个人职业生涯发展的重要性，培养自觉的意识，养成自我监督、自我学习的能力。

(2) 通过寻找帮助毕业生身边“自觉”的榜样并学习榜样，使毕业生学会在日常生活中自觉慎独，提升职业道德修养。

(3) 帮助毕业生树立信心，自律自强，给毕业生正能量，促使他们进行自律实践活动。

（五）促进沟通意识养成

促进沟通意识养成主要应从交流、倾听、赞美、拒绝四个方面进行帮助指导。

1. 帮助毕业生学会交流，主要从以下三个方面着手。

(1) 帮助毕业生了解交流在日常生活中的重要性，建立交流与今后就业、工作岗位之间的联系，明确交流是进入职场必不可少的一种技能，为顺利进入职场做准备。

(2) 引导毕业生主动发现身边善于交流的好榜样，并树立积极向榜样学习的自觉意识。

(3) 帮助毕业生在学习生活中建立一种良性的交流意识和理念，并用这种意识和理念指导毕业生的日常行为和现实生活。

2. 帮助毕业生习惯倾听，主要从以下三个方面着手。

(1) 让毕业生深入了解倾听的妙用，感受善于倾听的优秀人才的职业风采，产生职业认同感，从而激发其对倾听与接纳的兴趣，产生学习动力，养成良好的倾听和说话习惯。

(2) 挖掘典型事迹，归纳出倾听对其带来的影响和取得的成就。

(3) 探寻毕业生自身关于有效倾听的优点，使其反思自身关于倾听的缺点与不足，在生活中积极进行倾听练习，为职场生活做好准备。

3. 帮助毕业生学会赞美，主要从以下三个方面着手。

（1）促进毕业生正确认识到赞美在提高自身人际交往能力、增强自信心等方面带来的积极意义。引导毕业生提高欣赏别人的意识和能力，帮助毕业生养成赞美别人的意识，真正做到赞美别人。

（2）通过让毕业生回忆自身赞美与被赞美的情景，使毕业生明白赞美的感受与意义。

（3）帮助毕业生寻找身边善于赞美的榜样，寻找自身与榜样之间的差距，引导毕业生向榜样看齐，将赞美融入生活中。

4. 帮助毕业生理解拒绝，主要从以下三个方面着手。

（1）帮助毕业生明确拒绝是沟通交流中的常态，正确理解拒绝的概念。帮助毕业生在日常生活、未来职业发展中正确面对拒绝，改善面对拒绝的方式，培养毕业生在面对拒绝时有效的沟通能力。

（2）建立工作内容与“拒绝”之间的联结点，通过讲解典型案例加深毕业生对拒绝的理解。

（3）总结“拒绝”的场合和实用的话术，帮助毕业生学会更好地利用巧妙的方式拒绝。

（六）促进团队意识养成

促进团队意识养成主要应从合作、定位、冲突三个方面进行帮助指导。

1. 帮助毕业生熟悉合作，主要从以下三个方面着手。

（1）帮助毕业生正确理解合作的概念，认识到团队意识的形成对合作的重要意义，提高合作意识，熟悉合作中理解、沟通与接纳的能力。

（2）引导毕业生坚定学习合作技能与形成合作意识的信心、明确合作六条戒律的学习目标和努力方向，树立职业理想。

（3）通过对典型历史故事的讲解，让毕业生意识到合作的重要意义。

2. 帮助毕业生自我定位，主要从以下三个方面着手。

（1）帮助毕业生了解团队的概念，熟悉团队架构、团队角色、团队利益等相关知识，掌握定位个人团队角色的方法和规则，让毕业生正确认识到角色不分主次，在团队中每一个角色都占据重要位置。帮助毕业生发掘自身的能力和品质，找准自己在团队中的角色定位，培养毕业生准确自我定位的能力。

（2）引导毕业生结合自身特点，合理定位自己的团队角色，避免出现人人都想成为大人物的错误观念。

（3）阐述清楚角色无主次之分，引导毕业生结合自身性格特质及能力素质，合理准确定位自身团队角色。

3. 帮助毕业生学会化解冲突，主要从以下四个方面着手。

（1）让毕业生了解“冲突”的概念、冲突发生的原因和后果和冲突的主要表现形式，明确理解冲突与团队意识养成之间的关系。

（2）教导毕业生以正确的态度看待冲突，学会化解冲突的方法。

（3）引导毕业生在面对冲突时转变思维方式，进行换位思考，理解、包容他人，善解人意，帮助毕业生在日常生活、未来职业发展中养成良好的团队意识。

（4）找出合适的案例，通过分析建立冲突与团队意识养成之间的联系，帮助毕业生养成团队意识。

（七）促进创造意识养成

促进创造意识养成主要应从探究、不满足、创造三个方面进行帮助指导。

1. 帮助毕业生体验探究，主要从以下两个方面着手。

（1）让毕业生深刻理解探究意识的本质内涵及具体表现，明确探究与创造意识养成之间的关系，认识探究在日常生活或学习中的重要性并培养毕业生的创造意识。

（2）利用“学榜样”的方法，为毕业生树立榜样意识，向榜样学习，引导毕业生寻找身边心怀探究的好榜样。

2. 帮助毕业生理解“不满足”，主要从以下三个方面着手。

（1）让毕业生清楚“不满足”对于创新意识的养成具有十分重要的意义，即不满足是创新的必要条件。

（2）总结不满足对创新的重要意义，引导毕业生从“不满足”出发进行思考，特别要注意的是帮助毕业生学会甄别可完善的“不满足”与“妄想”之间的区别，及时对毕业生进行纠正与引导。

（3）带领毕业生学习生活中将“不满足”转化为创新的榜样人物，通过分析其共性，帮助毕业生认识到如何能够在生活中保持一颗“不满足”的心，并养成在生活中善于发现问题、改善问题的好习惯。

3. 帮助毕业生实现创造，主要从以下四个方面着手。

（1）培养毕业生的创新意识，让毕业生在日常生活中产生积极创造、努力改变的意愿，让毕业生能够主动提出创新的想法，并对自己的想法进行实践体验，通过实践总结创造的成就感和乐趣，养成善于思考和动手操作的习惯并获得相关能力。

（2）引导毕业生发现身边善于创造的好榜样，也可以通过案例分析法介绍历史名人榜样。

（3）指导毕业生以切实可行的态度进行创新，力求可操作性强，目标不宜太大，可把大目标进行拆解，先小后大。

（4）鼓励毕业生积极创造，亲身体验创造，加深毕业生对创造方法、创造原理的运用。

阅读与思考

本章第四节“促进职业核心素养提升”既是高校毕业生就业帮助指导的一个重点，也是一个难点。其“重”在它对毕业生的职业生涯影响巨大且深远，其“难”在它往往使得人们的帮助指导无从下手，成为空谈，达不到真正的养成效果。尽管第四节文中已经介绍了诸多策略、方法、原则并给出了职业核心素养构成，使其本来空洞的概念具象化，但显然因篇幅所限，提供的信息还是没有完全解决问题，尤其是对那些没有受过专门训练的职业指导人员来说，如何开展教学、如何开展指导、如何开展训练等都存在一定难度。为此，下面专门以“促进责任意识养成”中“帮助做到诚信”为题，提供一份课程设计以供借鉴参考，望读者做到举一反三。

课程 1：诚信，信守承诺最受器重

1. 目标

澄清“诚信”与责任意识养成之间的关系，了解诚信的内涵，帮助高校毕业生熟悉诚信在专业学习和未来职业发展中的具体体现，教导高校毕业生做人做事要以诚为本，培养其诚信意识，为顺利进入职场做准备。

2. 结合课程与活动

结合德育课程进行教学训练。

3. 内容

(1) 澄清"诚信"与责任意识养成之间的关系。

(2) 结合诚信在专业和职业过程中的具体体现，解读诚信的内涵。

(3) 分析典型案例，帮助高校毕业生认识和理解诚信在现实生活中的具体体现。

4. 教学方式参考

教学方式主要有：①讲授与互动；②小组讨论；③典型案例分析；④视频和图片演示。

5. 学时

建议2学时。

6. 重点与要求

(1) 认识诚信的本质内涵，培养高校毕业生的诚信意识，重点要结合本专业、本职业岗位进行。

(2) 了解和熟悉诚信在专业和职业发展过程中的具体体现，重点通过典型案例进行说明。

7. 必要的准备

(1) 应事先梳理诚信在本专业、本职业岗位的具体体现。

（2）应做好案例、图片和视频材料收集、整理的准备工作。

课程2：守承诺，学榜样

1. 目标

提高高校毕业生对承诺的进一步理解和认识，引导高校毕业生主动发现身边的诚信榜样，并树立积极向榜样学习的自觉意识，帮助高校毕业生建立一种要想成功必须讲诚信的个人理念，并用这种理念指导自己的日常行为和现实生活。

2. 结合课程与活动

结合职业指导课进行教学训练。

3. 内容

（1）寻找身边的典型诚信榜样，并主动与榜样进行交流互动。

（2）学习榜样的诚信品质，并归纳自己在生活和学习中的诚信点，与榜样进行对比。

（3）归纳讲诚信的典型行为，并进行实践体验。

4. 教学方式参考

教学方式主要有：①讲授与互动；②头脑风暴；③小组讨论；④典型案例分析。

5. 学时

建议2学时。

6. 重点与要求

(1) 寻找个人学习的榜样是本课程的重中之重，让每位高校毕业生都找到身边的榜样，这样更具有现实意义。

(2) 归纳自己在生活和学习中的诚信点要客观，案例要具有说服力。

(3) 实践体验重点应让高校毕业生总结自己的切身体会和感悟。

7. 必要的准备

(1) 做好活动分组及活动环节设计。

(2) 做好案例收集、整理的准备。

课程3：强化诚信意识，提出具体期望

1. 目标

梳理“诚信”在本课程（活动）中的联结点，围绕联结点展开教学，将“诚信”贯穿于本课程（活动）中，进一步强化高校毕业生的诚信意识。

2. 结合的课程与活动

结合公共基础课、专业课、社团活动进行教学训练。

3. 内容

(1) 结合本课程（活动）的主要内容，围绕真诚、老实、讲信誉等核心概念与本课程（活动）的联结点展开教学。

（2）结合本课程内容，在本课程的学习过程中对高校毕业生提出诚信方面的具体期望和要求。

4. 教学方式参考

教学方式主要有：①讲授与互动；②小组讨论。

5. 学时

建议6学时。

6. 重点与要求

（1）建立诚信与本课程（活动）的联结点，应从真诚、老实、讲信誉等关键词入手，巧妙地与诚信建立关联。

（2）教师对高校毕业生提出的期望与要求，应可执行、可检验。

7. 必要的准备

（1）教师进行集中备课，梳理各课程与诚信的联结点。

（2）做好对高校毕业生的期望与要求清单。

04 章

城镇失业人员就业的帮助指导

城镇失业人员的就业帮扶是依据他们的就业特征而决定的。例如，这些人比其他就业群体更容易遇到挫折，更加害怕挫折，这决定了为他们提供帮助指导应当以稳定情绪、分析自我优势及帮助建立自信为主要内容和指导方向。又如，他们年龄偏大，身体状况往往不好，这又给职业指导人员提出了如何根据其年龄及身体特点，为其开发更适于这种特征的就业岗位的难题。再如，这一群体就业资源匮乏，不论在数量上，还是在性质上都缺少竞争力，这又决定了应采用市场就业和托底就业相结合的帮扶策略。实践表明，城镇失业人员就业是有其特定规律的，应当更加深入研究和掌握这些规律，才能取得更好的帮助成效。

帮助指导城镇失业人员就业需要解决两个关键问题：第一，要立足当下，针对大多数失业人员就业特点，使他们尽快摆脱失业所带来的一系列负面影响，例如心理负担、家庭经济窘境等；第二，要考虑长远，针对就业困难人员职业发展，帮助指导他们走出困境，重新融入到工作和社会中而不被边缘化。

本章分四节。第一节，开展城镇失业人员就业的分类指导，主要介绍城镇失业人员就业的基本特征、帮助指导的基本原则和主要模式、对就业困难群体帮助指导的主要做法。这一节将重点介绍就业困难群体的帮助指导，提供思路，提供做法，便于学习借鉴。第二节，指导城镇失业人员选择就业出路，重点说明如何使人们了解就业优惠政策和如何选择适合他们的就业出路问题，以通过这两个环节帮助失业人员尽快看到希望，走出失业困境。第三节、第四节，指导城镇失业人员参加职业培训和创业。在这两节中，文章高度概括地提出了帮助指导的四项重点，即帮助了解政策、指导推介项目、开展小规模培训、指导初期创业，所介绍的内容虽然简单，但都是帮助人们解困脱贫的重要手段。希望通过这些简明扼要的介绍，可以使职业指导人员抓住要领，能够引领其更加深入地实施操作。

第一节　开展城镇失业人员就业的分类指导

一、理解城镇失业人员就业基本特征

（一）分析人格特征

城镇失业人员在人格方面一般缺乏自信、害怕挫折、情绪急躁，存在一定程度的人际沟通障碍。他们一方面就业要求迫切，另一方面又不相信自己还会实现再就业，很少能够意识到自己的优势或长处。由于自身的局限性，这些人比其他就业群体更容易遇到挫折，因此也更加害怕挫折；当其遇到挫折时，常缺乏理性分析能力，易情绪化。由于大部分城镇失业人员家庭经济比较困难，要求重新就业，获得收入的愿望很急

切，就更易急躁，产生对社会的不满和抱怨，甚至出现过激行为。针对这些情况，应重点帮助指导人们稳定情绪，分析自我优势，帮助建立自信等。

（二）分析能力特征

在职业能力方面，城镇失业人员能力普遍较低，拥有的职业技能单一，大部分已经不适应现在以及将来的职业发展要求，更缺乏社会所需的综合职业技能。分析这些人适于做哪些职业和岗位，在心理上要做好什么准备，接受什么培训更有助于他们转岗转业，如何更好发挥自身特长适应新的职业要求等，都是帮助指导的主要内容。

（三）分析生理特征

城镇失业人员在生理条件方面，一般年龄偏大，主要集中在 35 岁到 55 岁之间，身体状况不好。帮助指导的任务主要是根据这一典型特征，开发适于他们年龄特征的就业岗位。

（四）分析经济特征

在家庭经济状况方面，城镇失业人员多数家庭比较困难，负担比较重，经济压力比较大。帮助指导这些失业人员树立先就业后择业的意识，逐步改善工作期望就显得格外重要。

（五）分析求职能力

在求职技能方面，城镇失业人员绝大多数没有求职经历，不懂得如何求职，缺乏求职面试等基本知识和训练；在求职动力方面，他们要求就业的愿望比较迫切，但是求职频率不高。针对这些情况，帮助指导时要鼓励他们多求职，求职频率越高，求职成功率也越高；要针对适应新岗位的要求，指导他们参加求职技巧的培训，采取多种就业形式实现再就业，如非正规就业、弹性就业、劳务派遣、自由职业、自谋职业等。

（六）分析就业竞争力

在资源方面，城镇失业人员个人拥有或者可以自我挖掘的用于就业的资源很少，其往往感到身单力孤，力不从心。指导时，要把市场就业和托底就业相结合。由于下岗失业人员一般年龄较大，大多数具有一定的就业经历并已经积累了一些就业经验和社会生活经验，能够通过劳动力市场就业的，要指导他们到市场中自主选择，竞争上岗。在市场中不能在较短的时间内实现就业的，可以通过主动挖掘社区就业岗位、政府安置的途径实现就业。

二、城镇失业人员帮助指导基本原则和主要模式

（一）基本原则

1. 具体性原则。针对城镇失业人员所遇到的各种困难，要保障不论事情大小，提出的建议或措施都应具体化，要落地、可操作，要切实可以帮助解决问题。例如，一位下岗女工因为头发已经花白，看上去感觉比较老，几次面试都失败了。职业指导人员后来建议她把头发染成了黑色，很快就被一家保洁公司录用了。具体化原则是使帮助指导落在实处的基本要求。

2. 针对性原则。针对城镇失业人员遇到的困难，要对症下药想方设法解决。例如，一位女性下岗失业人员在找打字员工作时要求工资一定要在 1 000 元以上，职业指导人员为她推荐了几个类似工作，月薪 800 元，环境好又不太累，但是她都谢绝了。经了解得知她的家庭生活十分困难，月薪 1 000 元也只能勉强度日。针对她的经济情况，职业指导人员又为她推荐了一家私人打字室，虽然工作条件较差，工作量很大，每天还要加班，但是每月可以挣到 1 200 元以上，她高兴地应聘了。针对性原则是使帮助指导实现问题解决的重要保障。

3. 及时性原则。发现下岗失业人员存在问题时，要在最短时间内给予解决。例如，职业指导人员在陪同一名失业人员到用人单位面试时，发现这名失业人员烟瘾很大，职业指导人员马上告诉他面试时一定不能吸烟，最好在面试之前先吃一块口香糖，去去嘴里的烟味，还嘱咐

他进门前一定要敲门，经过同意再进门面试。及时的指导使得这位失业人员顺利应聘。及时性原则可以使帮助指导达到事半功倍的效果。

4. 跟踪性原则。解决下岗失业人员问题，应持之以恒，即便其再就业后，为保障就业稳定性，除上岗前的指导外，还需要进行跟踪指导。通过连续深入的跟踪指导，可以大大增强他们就业的稳定性，防止半途而废。跟踪性原则不仅在稳定就业方面具有重要意义，同时体现了以人为本的服务精神。

（二）主要模式

主要可以概括为递进式帮助指导、系统结构化帮助指导、辐射性帮助指导和多元化帮助指导四种模式。

1. 递进式帮助指导。其主要体现了普及、粗筛和分类的思想，实现了帮助指导由集中到分散、由普及到针对、从大范围指导再到分类个别咨询和干预。例如，北京市原崇文区的情景效能“八平台”和原宣武区的“塔型”模式。

（1）情景效能“八平台”，它通过大课堂讲座，面向广大的下岗失业人员集中进行就业知识、就业形势方面的指导；然后再采取小组互动谈心，对一部分失业人员进行筛选，针对其求职心理等问题进行指导，借助个人典型事迹启迪、党员和青年教育、心理测评、职业培训来开展职业指导。“八平台”具体是指谈心会、政策课堂、流动党员之家、心理测评、职业培训、用工指导、职业供求信息传递、青年职业生涯策略这八个平台，采取递进式的帮助指导。

（2）“塔型”模式也称“多维”模式，即将“大群体授课式法规政策指导教育（塔底）”“小群体互动式成功求职策略培训（塔中）”“个体多维模式的分类指导（塔尖）”三者结合形成“塔型”，建立求职指导、跟踪指导、特殊指导、专家指导的四级分类指导体系，并以视听、资料、素质测评等为辅助手段，从社会、心理、职业与素质构成等方面，多角度、连贯性地对不同求职者进行指导。

2. 系统结构化帮助指导。这种模式主要体现在将失业人员的问题和困难分层、分类，建立结构化系统，提供整体布局和应对解决方案，全方位、无死角，分别应对、分头处理，建立相对完整的帮助指导运作态势。例如，北京市顺义区“595”就业援助法，即按照社区（村）、街（镇）、区级三级公共就业服务机构，针对就业困难人员开展的系统结构化的帮助指导方法。

第一个数字“5”是指，社区（村）级按照“入户调查走访、指派援助人员、开展入门指导、实施岗位推荐、进行跟踪回访”五步援助法，对就业困难人员进行社区（村）级就业援助，重在一个“便”字。

第二个数字“9”是指，街（镇）级按照“认定登记申请、组织会商研讨、指派助理专员、开展一般指导、进行技能培训、实施岗位推荐、办理就业登记、提供稳岗指导、组织持续培训”九步援助法，对社区（村）未能成功帮扶实现就业的就业困难人员进行街（镇）级就业援助，重在一个“全”字。

第三个数字“5”是指，区级按照“专家会诊研讨、指派服务专家、开展专业指导、实施岗位推荐、公益岗位安置”五步援助法，对街（镇）级未能成功帮扶实现就业的就业困难人员进行区级就业援助，重在一个“专”字。

3. 辐射性帮助指导。其主要体现了服务进企业、进街道、进社区、进家庭的主动服务理念，强调服务覆盖全域，在最大程度上发挥了帮助指导的作用，扩大帮助指导的影响。例如大连戚秀玉的职业指导、南昌“职业大篷车”和“就业小钥匙”的职业指导，通过把岗位、政策、技能、服务送到社区和失业人员家中，把服务送到企业和街道，形成了家庭与个人、企业与个人的互动，在互动中，帮助指导也收到良好的效果。

4. 多元化帮助指导。这是目前最具影响力、最具人性化、最具个性化的帮助指导服务方式。这种服务方式围绕不同的服务对象采取不同的服务形式并开展不同的服务内容，充分尊重个性因素，把帮助指导的作用发挥到最佳程度。多元化帮助指导将失业人员细分成就业特困人员、残疾人、“4050”人员和其他人员，根据他们的特征和情况，提供更有针对性的帮助指导。目前北京市“四精准①”中的“精准指导”就体现了多元化帮助指导的思想。在“精准指导”方面，针对精准识别后不同服务对象的不同需求，提供一般性指导、专门指导和分类指导。特别针对需要提供专门指导的求职者，从求职目标是否清晰、求职技巧是否具备等五个方面进行“画像”，结合科学的测评工具，从知识、技能、兴趣等方面对求职者提供更具有针对性、更加精准的职业指导帮扶。

三、城镇就业困难群体帮助指导主要做法

（一）围绕困难群体开展帮助指导的主要思路

1. 要对困难群体开展分类指导。要根据困难群体的就业条件进行调查摸底，建立特困指导档案，合理分类、逐一分析，挖掘特困人员自身特点和可利用的就业资源，结合就业政策制订指导计划，提出具有针对性的援助措施和办法，要选派工作责任心强、具有丰富经验的职业指导人员负责，明确援助对象，明确援助的目标和任务，用爱心和诚心实施职业指导的全程服务。

2. 要帮助特困人员树立积极的就业意识和生活信念，克服自身弱点，宣传再就业政策，要结合每个人的具体情况，积极主动拓宽就业渠道，实施即时服务，想方设法排忧解难，推荐就业，指导就业。

3. 要将困难群体的帮助指导做深做细，做到共性问题共同解决，个性问题个别指导，特殊问题特别对待。

---

① “四精准”是指北京市 2018 年出台的《北京市精细化公共就业服务实施细则》文件中，提出的精准识别、精准指导、精准匹配和精准支持的全方位公共就业服务模式。

4. 要针对特困人员实施一对一的入户跟踪服务，开展多种形式的沟通，了解困难，建立信赖感，动员全社会各方面的力量献上一份爱心，献上一份力量，尽到一份责任。

5. 要采取安排专门职业指导人员、建立专门服务窗口、召开专场招聘会、树立先进典型等多种形式，将就业政策、劳动力市场信息、求职计划、就业指导和训练送上门。对重点人员要提供应急措施，多方面引导，多渠道推荐就业，多层次提供就业援助。

（二）帮助指导前更加精准的分类识别

根据就业困难人员的就业愿望和服务需求对其进行分类，有的放矢投入资源，实现更加精准的帮扶效果。以无锡市对就业困难人员进行精准分类的做法为例。

1. 街道（镇）人社所负责在受理就业困难人员认定时，通过了解申请人的个人基本情况、就业意愿和服务需求等情况，帮助分析就业困难原因，给出个人诊断评估，进行分类打分并将其分为 A 类（重点帮扶）、B 类（需要帮助）、C 类（及时关注）三类人员。

2. A 类人员得分为 0~40 分，指有就业意愿和服务需求，但就业能力较差或很差，难以实现市场化就业的就业困难人员；B 类人员得分为 41~80 分，指有就业意愿和服务需求，具有一定的就业能力，通过帮扶和个人努力能够实现市场化就业的就业困难人员；C 类人员得分为 81~100 分，指有就业意愿和服务需求，具有极强自主就业能力，或是暂无就业创业愿望及服务需求的就业困难人员。

3. 结合精准分类，综合运用职业指导、职业介绍、职业培训、社会保险补贴、创业服务、公益性岗位等就业服务方式，与 A、B、C 三类人员签订就业援助协议，实施“一人一策”重点帮扶。A 类人员作为就业援助的重点群体，通过政府购买社会组织就业服务成果，给予企业社保补贴鼓励用人单位吸纳就业，给予社保补贴鼓励灵活就业或自主创业，实施公益性岗位托底安置等服务方式进行重点援助；B 类人员通过鼓励提供有针对性的就业创业政策咨询、职业介绍、职业指导、职业培训等就业服务方式进行援助；C 类人员仅需适时进行跟踪和关注。

（三）处理接待工作中的疑难问题和突发事件

做好就业困难人员的接待工作是帮助指导的首要工作，这个环节决定着帮助指导工作是否可以顺利进行，对防止事件激化，营造良好指导氛围都有非常重要的实际意义。职业指导人员要具有娴熟的咨询技巧和高度的责任感，坚持在尊重来访者人格的基础上满足来访者的合理要求，为服务对象解决实际问题。处理接待工作主要分四个步骤。

1. 诚恳接待来访者。职业指导人员要耐心诚恳地接待来访者，尤其是对那些有疑难问题者，更要冷静对待、耐心倾听、真诚安抚，先缓和气氛，再因势利导。要注意随来访者的不同、咨询问题的不同、问题严重性的不同而选择不同的指导方法和指导次数。不论情况如何，都要充分尊重来访者的人格，争取建立平等和谐的帮助指导关系，力争创造和谐气氛，使来访者放松下来，感到安全，建立彼此信任，开展深入沟通。

2. 分析问题或事件性质。疑难问题和突发事件是常见的现象，疑难问题一般都是体现在一些就业条件较差的求职群体身上，例如本地区长期失业人员、残疾人等。还有问题反映在团体来访者人员数量太多、不易接待，并且他们的问题大多涉及政策落实层面上。还有一些突发事件，例如来访者突然一味地沉默，突然产生的不信任、敌视的态度等。遇到这些情况都应当分析问题症结，认清疑难问题或突发事件的问题性质，即问题在哪里，是否在权限可解决的范围之内，是否有章可循，从而寻求问题解决办法。

3. 确定解决策略。根据政策确定解决问题的方案，即为来访者找到解决办法。但要注意，既然是疑难问题、突发事件，就需要更加全面地考虑周边背景，做更深入的调查，解决问题，需要多方面的干预方可。

4. 沟通解决方法。耐心地向来访者解释国家政策，这是解决问题的重中之重，一方面要对国家政策详细解读，另一方面要与来访者具体情况进行实际对照，让对方看到政策对他们的关注和倾斜，感受到政府的温暖，使对方在理解国家政策的基础上能够接受进一步的指导和建议。要特别考虑国家政策的落实问题，千方百计帮助就业困难人员解决政策落实。对于过于固执者，可以通过推荐给另外的职业指导人员等方式来解决。

（四）开展群体指导

对就业困难人员开展群体指导是最普遍的做法，其内容主要包括就业政策和形势的咨询指导、劳动力市场供求状况介绍、岗位用工的技能要求指导、市场薪酬价位介绍、自信心建立与调适、求职择业指导、创业咨询指导、职业技能培训指导、帮助制订再就业计划等。开展群体指导主要把握四个环节。

1. 划分群体。根据不同的划分依据，合理划分出不同的群体。如是失业人员还是在职人员，是弱势群体还是强势群体，是技能问题还是心理问题，是单纯咨询还是咨询加训练，是健全人还是残障人员等，要求划分准确。

2. 确定主题。根据不同群体的具体情况，确定指导内容。如讲解政策，介绍本地的就业形势，讲解劳动力市场供求状况和求职择业的一般常识，介绍培训信息，介绍就业服务内容和机构等。要求主题贴近求职者、贴近用人单位、贴近实际。

3. 安排时间和场所。根据主题，安排指导的时间。一般定为半天到两天，要根据实际需要安排时间，要根据主题和一次接受指导的最大人员数量选定适当的场所。要求场所面积适宜、环境适宜、交通便利、易于寻找。

4. 组织报名。根据上述安排，由专人负责接待和报名，填写职业指导登记表，内容包括姓名、性别、年龄、学历、婚姻状况、家庭经济状况、职业现状、失业时间、接受培训情况、持有的职业资格证书、工作经历、咨询问题、身份证号码等。人数达到标准后，即可宣布开始，未成功报名的人员可安排其参加下一期的指导。

5. 组织实施。由专人对每一位要求参加指导的人员逐一通知和落实，在指定的时间内，按指导的主题要求对求职者进行指导。

（五）专家会诊指导

接受专门服务的就业困难人员已具备上岗条件，但经 3 次及以上匹配推荐仍未实现就业的，职业指导人员可向上一级公共就业服务机构申请专家会诊指导服务。

1. 由就业援助服务专员提出申请，其负责的就业困难人员的个人服务台账可流转到上一级公共就业服务机构。两级机构的职业指导人员共同组成专家小组对该就业困难人员进行会诊，研讨处理疑难问题，提出咨询意见和建议，并会同其对原就业援助方案和行动计划进行相应修改完善。

2. 根据调整后的就业援助方案和行动计划，由本级专门服务团队继续为该就业困难人员进行相关就业指导、匹配推荐及跟踪回访等服务。

3. 就业援助服务专员定期向职业指导专家小组反馈相关就业指导、匹配推荐及跟踪回访等情况，根据专家小组的意见和建议，在 5 个工作日内会同该就业困难人员相应调整就业援助方案和行动计划。

4. 循环执行第 2、第 3 项，直至该就业困难人员实现就业或因其出现就业援助服务协议中约定的终止服务情形而终止就业援助服务。

（六）就业困难人员的跟踪指导服务

以电话、邮件或入户走访等为主要形式，针对已接受帮助指导的就业困难人员所提供的后续咨询和指导服务。

1. 基本要求。应明确工作职责，建立市、区（县）、街道（乡镇）、社区（村）联动机制；应选派优秀职业指导人员，主动为就业困难人员提供职业指导服务；应细化就业困难人员分类，为其提供针对性的职业指导服务；应建立就业困难人员职业指导服务档案的流转制度，保证社区（村）、街道（乡镇）、区（县）职业指导服务的延续性。

2. 服务流程，主要有以下五个环节。

（1）对辖区内就业困难人员开展情况摸查。

（2）按照就业困难人员的就业困难程度确定援助等级。

（3）按照就业困难人员的援助等级启动援助机制。

（4）开展咨询与指导。

（5）记录咨询档案并归档。

3. 服务内容，主要有以下六项基本服务。

（1）宣传、讲解、协办就业援助的相关政策。根据个人实际情况宣传介绍就业优惠政策，对符合享受促进就业优惠政策相关条件的，协助其按规定办理有关手续。例如，失业人员决定从事个体经营时，应告知当地工商管理登记、税收等手续的办理常识；对具备创业条件的，介绍创业优惠政策；提示领取失业保险金的失业人员失业保险金领取期限等。

（2）提供空岗、工作环境等相关职业信息。根据个人意愿提供与就业困难人员个人职业能力相匹配的岗位信息并予以推荐，帮助其择业和实现就业，并向其介绍合法中介机构发布的用工信息和近期主要用人行业、工种的工资水平，为具备上岗条件的求职者提供职业信息支持服务。

（3）提供匹配推荐。提供标准化职业测评服务，进行职业匹配；提供求职、应聘技巧训练，根据所应聘行业的特点，提示其应注意的仪表言行等，并陪同就业困难人员参加招聘洽谈。

（4）帮助就业困难人员调适就业心态。对因就业择业观念等原因导致就业准备不足的，为其开展针对性的心理调适等服务。重点是指导其消除不现实的焦躁情绪和幻想，扬长避短地选择职业。

（5）提供培训推荐。对因知识、技能等原因导致就业准备不足，尚不具备上岗条件或创业条件的，根据其自身特点和人力资源市场的供需状况，动员推荐其参加适合的职业技能培训或创业培训、就业见习等项目。

（6）提供跟踪指导。跟踪指导服务的目的是帮助就业困难人员快速适应目标岗位要求，主要涉及五个方面：一是在提供就业指导服务的5个工作日内，主动了解其问题解决情况，并进行有针对性的指导，评估其是否做好就业准备，是否具备上岗条件；二是对参加职业技能培训或创业培训、就业见习等项目的，与相关部门密切配合，及时（一般为其培训或见习期的初期、中期、末期的3个工作日内）了解其培训或见习进展情况，培训、见习后应及时评估其就业准备的改善情况，评估其是否已具备上岗条件或创业条件；三是在提供匹配推荐服务5个工作日内，主动了解其是否应聘成功，并进行相应的面试技巧等方面的就业指导和帮助；四是在其应聘上岗10个工作日内主动了解其上岗情况，并继续进行适应性指导和帮助；五是在其上岗后1个月、3个月、6个月左右，主动了解其岗位适应和就业稳定性等情况，进行针对性稳岗指导。

（七）利用网站、短信及时发送用工信息

通过网站、短信向就业困难人员发送用工信息，目的就是要利用现代化信息技术手段，为他们提供快捷、便利、个性化的信息服务。利用网站、短信及时发送用工信息主要应把握以下四个重点环节。

1. 帮助了解网站的信息获取类型。要专门帮助就业困难人员了解各职介网站的信息获取类型，因为网站的开放程度不同，获得信息的方

式也会有很大差异。一般网站都会根据会员的信誉等级设定信息项的开放程度。在推荐网站时要尽量保证其便于就业困难人员查询、操作。

2. 帮助了解手机订制方式。手机订制方式有四种。一是通过微信、短信订制。运用该方式时应为就业困难人员详细介绍职业介绍服务机构预先设定的订制格式（如招聘岗位类型、月薪等）要求，向“特服号”输入订制信息。二是通过到公共就业服务机构或短信平台支持商的前台窗口登记订制。三是开通微信、短信订制热线，进行电话订制。四是在网站注册订制短信。无论使用哪一种订制方式，都要保证就业困难人员能够及时便捷地获取相关信息。

3. 帮助了解订制发送信息的内容。其一般包括招聘单位的基本情况、招聘要求、相关待遇等。

4. 提供检索发送信息。根据就业困难人员的具体要求，职业指导人员为其检索并发送相应的用工信息。这里有两种情况，一是订制者有明确的订制要求。这种情况下，不用输入订制者的基本情况，只需要输入订制要求，比如“社会服务业”，网站和短信就只会发送“社会服务业”类的招聘信息给订制者。二是需要与订制者相匹配的信息。这种情况下，职业指导人员需要先将订制者的基本信息输入系统中，再利用业务信息系统查询与订制者背景相匹配的招聘信息，筛选后，通过网站系统或短信业务系统向订制者发送。在信息获取方式上，职业指导人员可以为订制者主动发送，如短信、电子邮件，同时也可以让订制者登录网站主动查询。

除此之外，还需要注意五点：一是招聘信息必须先存于电脑信息系统之中；二是遵守职业道德，不能发送或散播与订制要求无关的信息；三是严把发送信息的质量关，不向订制者发送无效信息；四是向订制者发布的招聘信息要征得用人单位的同意；五是信息发送周期应满足订制者的要求。

第二节　指导城镇失业人员选择就业出路

一、指导了解城镇失业人员就业优惠政策

（一）了解就业优惠政策主要构成

1. 减免政策。

（1）概念。国家通过税收减免和行政事业性收费减免，鼓励企业增加就业岗位，吸纳劳动者就业；鼓励个人自主创业，带动就业。如将企业吸纳就业税收优惠的人员范围，由失业一年以上人员调整为失业半年以上人员；对招用农村贫困人口、城镇登记失业半年以上人员的各类企业，三年内给予定额税费减免；对吸纳失业人员就业的劳动组织在经营场所的租金、水电费、物管费、卫生费、治安费、环保费等方面给予了减免优惠。

（2）适用条件。对吸纳符合国家规定条件的失业人员达到规定要求的企业、失业人员创办的中小企业及从事个体经营的符合国家规定条件的失业人员，可依法享受税收减免政策。

（3）违规操作的处理。全面清理涉企行政事业性收费、政府性基金、具有强制垄断性的经营服务性收费、行业协会商会涉企收费，落实涉企收费清单管理制度和创业负担举报反馈机制。

2. 补贴政策。

（1）概念。补贴政策主要是指就业补助资金对个人和单位的各项补贴政策，包括职业培训补贴、职业技能鉴定补贴、社会保险补贴、公益性岗位补贴、创业补贴等。就业补助资金中对个人和单位的补贴资金具体标准由省级财政、人社部门结合当地实际情况确定。

（2）适用条件。职业培训补贴用于城镇失业人员的就业技能培训和创业培训、企业职工岗位技能培训及符合条件人员项目制培训。对通

过初次职业技能鉴定并取得职业资格证书（不含培训合格证）的城镇失业人员，给予职业技能鉴定补贴；城镇失业人员中符合《就业促进法》规定的就业困难人员，享受社会保险补贴；对公益性岗位安置的就业困难人员，给予岗位补贴；对首次创业的就业困难人员，各地根据实际情况可给予一次性创业补贴。

3. 小额贷款政策。

（1）概念。符合规定条件的失业人员都可以享受小额担保贷款，各省均有具体规定。一是享受额度。目前符合创业担保贷款申请条件自主创业的人员，可申请最高不超过 15 万元的创业担保贷款。小微企业当年新招用符合创业担保贷款申请条件的人员数量达到企业现有在职职工人数 25%（超过 100 人的企业达到 15%）并与其签订 1 年以上劳动合同的，可申请最高不超过 300 万元的创业担保贷款。二是贷款程序。申请小额担保贷款由贷款申请人首先向街道、社区劳动保障工作平台或小额贷款担保机构提出申请，经担保机构审核并同意担保后，经办银行按规定及时审核并办理贷款手续。三是为保障资金安全，普遍采取反担保措施。

（2）适用条件。持有就业失业登记证的失业人员，都可以享受小额担保贷款。同时，符合规定条件的小额担保贷款给予财政贴息。更具体讲，发放小额担保贷款有三个重要条件。一是借款人用于从事微利项目；二是符合规定条件的劳动密集型小企业；三是要注意贴息方面的规定：贴息资金由中央财政预算和地方财政预算安排，各地适当放宽创业担保贷款申请条件后产生的贴息资金由地方财政承担，所有展期、逾期的贷款不予贴息。

4. 帮扶政策。

（1）概念。帮扶政策主要是指就业援助制度，即对就业困难人员实行优先扶持和重点帮助，拓宽公益性岗位的范围，保障“零就业”家庭实现至少一人就业。例如，实行失业登记常住地服务、落实失业保险待遇、保障困难群众基本生活等。通过综合施策，帮助困难群众解困脱困。

（2）适用条件。主要介绍三个方面。一是享受对象。在法定劳动年龄内、有劳动能力和就业要求、处于无业状态的城镇常住人员，可以到常住地的公共就业服务机构进行失业登记，申请享受当地就业创业服务、就业扶持政策、重点群体就业创业税收优惠政策。其中，大龄、残疾、低保家庭等劳动者可在常住地申请认定为就业困难人员，享受就业援助。二是资金列支。符合条件的失业人员从失业保险基金中发放失业保险金，其个人应缴纳的基本医疗保险费从失业保险基金中列支。三是综合救助。对符合条件的生活困难下岗失业人员，给予临时生活补助，补助标准根据家庭困难程度、地区消费水平等综合确定；对符合最低生活保障条件的家庭，将其及时纳入最低生活保障范围；对符合临时救助条件的，给予临时救助。

5. 失业保险制度。

（1）概念。失业保险制度在促进就业、维护稳定、保障和改善民生方面发挥着“安全网”作用。根据《社会保险法》第四十六条的规定，失业人员失业前用人单位和本人累计缴费满一年不足五年的，领取失业保险金的期限最长为十二个月；累计缴费满五年不足十年的，领取失业保险金的期限最长为十八个月；累计缴费十年以上的，领取失业保险金的期限最长为二十四个月。重新就业后，再次失业的，缴费时间重新计算，领取失业保险金的期限与前次失业应当领取而尚未领取的失业保险金的期限合并计算，最长不超过二十四个月。《社会保险法》对领取失业保险金的期限只作了原则性规定，各省、自治区、直辖市还需做具体规定。

（2）适用条件。根据《社会保险法》第四十五条的规定，失业人员符合下列条件的，从失业保险基金中领取失业保险金：一是失业前用人单位和本人已经缴纳失业保险费满一年的；二是非因本人意愿中断就业的；三是已经进行失业登记，并有求职要求的。

除了对上述就业优惠政策的了解，还应注意三个要点。一是重点指导城镇失业人员了解其在所在地能够享受到的具体就业优惠政策，突出实用性、时效性和针对性，不能太泛、太杂、太多。各地区普遍制订了具有地方特色的就业政策体系，是对国家政策的贯彻落实和进一步细化，对劳动者和用人单位更具有实用性和可操作性。二是减免政策、补贴政策都具有较强的时效性，要注意享受政策的时限。各地财力不同，减免和补贴力度也不同，要具体对待。三是要对优惠政策落实情况进行跟踪调查，收集用人单位和失业人员的意见和建议，不断提高指导的有效性。

（二）帮助了解就业政策的主要方法

城镇失业人员来自各行各业，文化程度参差不齐，多数失业人员对就业优惠政策有所了解，但不精准。职业指导人员应利用各种方法，帮助人们尽快掌握自己需要的就业优惠政策。

1. 利用宣传资料。可以对各类就业政策进行梳理归整，针对不同服务对象印制宣传单或宣传册，在求职者或用人单位前来咨询时，将其发放给服务对象。也可通过公共就业服务机构、社区、学校等平台，散发给失业人员。对小额担保贷款、税收减免等比较复杂的政策问题，失业人员和用人单位单看政策条文很难理解精神实质并掌握经办要点，可以通过编写一些典型案例进行宣传，使其把握政策关键点，用好用活政策。

2. 利用政策宣讲。做好宣讲要做到以下四个“熟练掌握”。

（1）熟练掌握政策精髓。职业指导人员自身必须吃透政策精神，掌握政策实质，将政策精神了然于胸。这就要及时跟进学习政策，研读政策，融会贯通。面对服务对象时，传达应准确无误，不出现偏差，不产生误会。

（2）熟练掌握宣讲方法。职业指导人员必须考虑对象素质，变换宣讲方法，使政策宣讲通俗易懂。面对下岗失业人员，若采取直接宣讲条款的办法服务对象一般会难以理解，必须换位思考，站到对方立场，思考如何讲对方才听得懂、讲什么对方才乐意听，才能使宣讲收到实效。

（3）熟练掌握宣讲内容。职业指导人员必须要有明确的宣讲目的，贴近实际需要，能够抓住人心；要力求讲出新意，避免平铺直叙、堆砌素材；要坚持讲听结合，在宣讲中虚心倾听服务对象的意见和诉求。并应组织座谈讨论，在讨论中互相启发、提高水平、完善方法、及时调整补充内容，使服务对象听得懂、愿意听，符合服务对象的期望。

（4）熟练掌握宣讲要领。讲解地区积极就业政策，要根据劳动者和用人单位的实际需要，把国家政策和各地政策结合起来一并讲解，重点讲清楚以下三点：一是把国家政策没有明确而地方明确了的政策讲清楚，二是把国家政策没有涉及而地方增加了的政策讲清楚，三是把国家政策有规定而地方取消或调整了的政策讲清楚。

3. 利用网络自助查询。这是指帮助指导失业人员运用互联网来搜索就业政策的方法。这其中最重要的是指导人们通过以下三种主要途径搜索信息。

（1）登录政府机构门户网站查询。失业人员就业优惠政策一般都是以地方性法规或政府规范性文件的形式发布，都会通过政府机构门户网站向社会公开。失业人员可以直接登录发布机关的门户网站，如“人力资源社会保障部官网”“××市人民政府官网”查阅公告的政策文件。

（2）登录专业网站查询。失业人员在查询就业政策时，也要考虑会不会有专业的网站专门提供这些信息，如“中国就业网”、地方政务服务网等。在专业网站查询政策会大大减少信息阅读量，提高查询效率。

（3）掌握关键词查询技巧。网页上的大部分内容都不具针对性，要从海量的信息里筛选出想要的内容就要掌握“关键词”查询技巧。该技巧有三个要点。一是指导提炼关键词。在直接搜索“失业人员”

"就业政策"等关键词的同时，还要加上就业政策可能包含的关键词，如减免税、小额贷款、培训等，这样搜索出来的内容才会更有实用性。二是帮助提供精准信息。例如为服务对象提供文件名、文号、发文单位、发文时间等精准信息，便于快速查询。三是指导组合式搜索。失业人员就业政策具有较强的时效性和地域性，查询时把年份、地区、发文单位、政策内容等信息组合起来搜索，搜索出来的内容会与搜索目标更贴近。

4. 利用新媒体宣传。以 QQ、微博、微信等作为载体的新媒体，对广大劳动者的生活方式、工作方式、思维方式等产生了深刻影响，职业指导人员可以利用这个手段进行政策宣传。应重点做好三个方面的工作。

（1）利用新媒体传递文件。利用新媒体传递文件资料快捷便利，职业指导人员只需要在平时把政策文件收集整理并存储好，待到服务对象需要时，就可以做到快速个性化推送。

（2）利用新媒体讲解政策。运用新媒体技术把就业政策归纳整理制作成通俗易懂的文稿或视频可以供服务对象学习了解政策。这就要求职业指导人员具有较强的学习能力，不仅要学习就业政策，还要学习 PPT 制作、摄影等方面的技术。

（3）利用新媒体交流沟通。通过 QQ、微信直接与服务对象"面对面"交流沟通，解决服务对象提出的实际问题，可大大节省时间和费用。

5. 利用各种媒介形式。可通过电子显示屏、宣传栏、墙报、黑板报、公交车广告等媒介形式宣传就业政策，扩大就业政策影响力，营造良好的就业舆论氛围。利用这种方法进行宣传应注意三点。一是要提炼主题，精选内容。这些媒介形式信息承载量十分有限，宣传的政策内容需要短小精悍、重点突出、表述精准。二是选择的内容还要适时更新。例如：新出台的政策、群众关注度高的政策、政府大力倡导实施的政策、对就业环境产生积极影响的政策等。三是积极协调各方面的关系。

这些媒介形式都是一些特殊资源，相对比较稀缺。一般来说，需要主动沟通协调，主动上门劝导，积极作为，制定切实可行的工作策略以获取媒介资源。

二、指导城镇失业人员多种形式就业

（一）帮助指导新形态就业

1. 帮助了解新就业形态的概念。主要应从两方面加以介绍。一是介绍产生背景。新就业形态是伴随着互联网、大数据、云计算等网络信息技术的迅猛发展、迭代更新和相互融合，以及新产业、新业态、新模式（“三新”经济）的蓬勃发展而出现的各种新就业方式。二是介绍基本特征。可以从生产力和生产关系两个不同的角度加以理解。从生产力角度来讲，新形态就业是在新一轮工业革命带动的生产资料智能化、数字化、信息化条件下，实现虚拟与实体生产体系灵活协作的工作模式；从生产关系角度来讲，新形态就业是指伴随着互联网技术发展的去雇主化、平台化的就业模式。

2. 帮助了解新就业形态下的典型企业和典型岗位。一是介绍典型平台企业。如国际上优步等平台型企业，又如中国的滴滴出行、58 同城、饿了么、美团等平台型企业。二是介绍新就业形态典型岗位，例如快递小哥、网约车司机、外卖小哥、淘宝上的网店老板等。

3. 帮助积累和收集新就业形态市场动态、未来趋势的数据和文章。依据人力资源市场供求动态分析报告，为失业群体提供新就业形态形势解读、工种分析、现场观摩，强化“体验环节”，不断提高失业群体对市场变化的敏感程度，避免就业信息不对称导致定位不准确、就业不充分等现象。

（二）帮助指导灵活就业

1. 帮助了解灵活就业的概念。主要应从三个方面进行介绍。一是介绍灵活就业的优势特点。例如，灵活就业虽然在收入报酬、保险福利方面显得不确定，但是在劳动时间、工作场所、劳动关系等方面都具有更加灵活自由的优势。二是介绍如何避免灵活就业的不确定性因素。例如具体到社保来说，灵活就业人员可以在职业介绍机构或人力资源服务机构以个体身份缴费参保；很多省份对灵活就业人员采取了社保补贴的形式来减轻其社保负担。通过介绍这些内容，鼓励失业人员灵活就业。三是介绍灵活就业既做到了工作生活两不误，还可以在很大程度上改善家庭生活质量。

2. 帮助了解灵活就业类型和典型岗位。灵活就业主要有三种类型。一是自营劳动者，包括自我雇佣者（自谋职业）和以个人身份从事职业活动的自由职业者等。二是家庭帮工，即那些帮助家庭成员从事生产经营活动的人员。三是其他灵活就业人员，主要是指非全时工、季节工、劳务承包工、劳务派遣工、家庭小时工等一般劳动者。灵活就业的典型岗位主要有社区便民服务、家政服务、企事业单位后勤服务等各种临时性劳务的岗位。

3. 帮助详细介绍相关岗位情况。这主要从三个角度进行介绍。一是介绍背景。以北京某智能化居家养老服务公司为例：他们自主研发养老服务智能化网络平台，采取“互联网+”的经营模式，线上搜集整合养老资源，线下运作经营养老服务业务，即客户通过手机发送家政服务预约定单，培训在册的家政服务人员通过手机选单接单。二是介绍工作内容。例如，平台接单主要是小时工，如洗衣、做饭、打扫卫生、看护老人等，许多家政服务人员通过尽职尽责的服务得到客户的信任，成为固定雇佣关系，收入稳定。三是介绍收入情况。如每天工作 4 小时，每小时 25~40 元，每月平均收入 3 000~4 800 元。很多表现出色的小时工每月可以获取 6 000~8 000 元报酬。

4. 帮助协调有关方面为灵活就业人员解决具体困难。主要做好三方面工作。一是要对灵活就业人员工作进行经常性检查和指导，如发现其遇到困难应及时帮助解决。二是指导灵活就业人员服从社区管理，遵守相关规章制度。三是帮助申请社保。灵活就业人员享受社会保险补贴，必须按规定进行就业登记并以个体身份参加社会保险，按规定缴费基数按时足额缴纳社会保险费。

5. 帮助开发灵活就业岗位。要结合失业群体的供求特点和难点，注重挖掘和创造潜在的灵活就业岗位。例如，某社区考虑到女性失业群体为了接送孩子、照顾家庭，无法实现外出就业，从而导致难以就业。在社区某服装厂招工时，增设了一条女性专线招收本地女性职工，以缓解社区妇女的待业状况。在工作时间上，采取早上早下的方式，即早上送孩子上学后 8:30 上班，中午 10:30 下班接孩子做午饭，下午 2:00 至 4:00 上班，一天 4 个小时工作，按计件发工资，实现了女性失业群体更高质量更充分就业。

（三）帮助指导公益性岗位就业

1. 帮助了解公益性就业岗位的概念。其主要应介绍四个方面。一是说明公益性就业岗位的性质。公益性就业岗位是指面向社区居民生活服务、机关企事业单位后勤保障和社区公共管理服务的就业岗位，以及清洁、绿化、社区保安、公共设施养护等就业岗位，是对就业困难人员的一项托底安置政策，其最大特点是失业人员能够“就近就地”实现就业。二是说明享受对象。这项优惠政策的对象主要针对大龄下岗失业困难人员，即“4050”困难群体。三是说明经办程序。例如，要经县级以上劳动保障部门审核认定，并在领取的再就业优惠证上予以注明方可。四是介绍其他细节。例如，在社区开发的公益性岗位，要优先安排原属国有和县以上集体企业大龄就业困难对象就业，从再就业资金中给予社会保险补贴和岗位补贴。又如，财政拨款的事业单位要拿出一部分空缺和新增的后勤服务岗位，优先安置大龄就业困难对象等。

2. 帮助了解由政府设置的非营利性公共管理和社会公益性服务岗位。这些岗位一般分为三类。一是政府投资开发的社会公共管理类岗位，如劳动保障协管员、交通协管员等。二是社区公益性岗位，如社区开发的保洁员、保安等。三是机关事业单位的后勤保障及公共管理服务岗位，如门卫、收发员、打印员（办公文员）等。

3. 帮助开发辖区内公益性就业岗位。职业指导人员要根据辖区内就业困难人员的整体现状和困难类型，积极开发辖区内公益性就业岗位资源。例如，以开发劳动保障协管员岗位为例，可招用“4050”人员，这些失业人员家庭负担较重，失业时间较长，迫切要求实现就业，经区（县）级就业部门认定后，参加相关培训和考试就可以进入。吸纳本辖区失业人员作为劳动保障协管员的最大优点是他们对居住地的风土人情更了解，容易获得街坊邻里的信赖，沟通联络更及时、更顺畅。

（四）帮助指导劳务派遣就业

1. 帮助了解劳务派遣的概念。主要应介绍以下两个方面。

（1）介绍基本形式。劳务派遣是主要由劳务派遣机构与派遣劳工订立劳动合同，把劳动者派向其他用工单位，再由其用工单位向派遣机构支付服务费用的用工形式。

（2）介绍主要特点。一是劳务派遣就业一般从事低技术含量工作，如保洁员、保安员、营业员等辅助性、易替代性的岗位，对于失业人员来讲，面试成功率较高。二是经劳务派遣就业的个人，其人事关系建立在劳务派遣公司，在合同期满后，能够在不同职位的流动和比较中找到合适的工作，促进了体制内就业机制的转换和职业生涯持续发展。三是劳务派遣就业的用人主体是劳务派遣公司，在劳务派遣合同期内，在对个人的报酬、待遇的执行中，能够严格按国家的法律、政策进行操作，最大限度地保护受雇员工的各项合法权益。四是各地政府为了促进失业人员再就业，对劳务派遣企业招用“3545”“4050”失业人员就业时，给予一定的岗位补贴和社会保险补贴，鼓励劳务派遣公司与其签订长期稳定的劳动合同，促进失业人员就业和稳定就业。

2. 帮助失业人员选择劳务派遣就业。主要把握三点。一是考察劳务派遣公司的资质是否完备，通过工商网站查看该公司的营业执照和经营范围，了解劳务派遣公司的正规性，谨慎推荐。二是考察劳务派遣公司的实力，并上门走访，确保劳务派遣公司的办公地址真实存在。三是通过询问、识别劳务派遣公司的组织架构等方式，判断公司的实力和规模。

3. 帮助指导失业人员规划职业目标。结合区域未来发展定位，帮助指导城镇失业人员树立先就业后择业意识；要善于捕捉失业人员最基本（刚性）的就业需求，引导其合理设置短期和长期的就业目标；要有针对性地推荐技能培训方向，通过技能的提高拓宽出路，提升就业质量和就业稳定性。

第三节　指导城镇失业人员参加职业培训

一、帮助了解职业培训补贴政策要点

（一）介绍职业培训补贴政策要点

1. 说明政策依据。例如，财政部、人社部印发《就业补助资金管理办法》（财社〔2017〕164 号）第五条提出“五类人员[①]”享受职业培训补贴。

2. 说明政策细则。例如，《就业补助资金管理办法》明确规定符合相关条件的城镇失业人员参加职业培训，根据项目不同、级别不同，分别给予一定的职业培训费补贴，在一个自然年中可申请一次职业培训补贴，最高补贴为 2 000 元。

---

① 五类人员包括贫困家庭子女、毕业年度高校毕业生（含技师学院高级工班、预备技师班和特殊教育院校职业教育类毕业生）、城乡未继续升学的应届初高中毕业生、农村转移就业劳动者、城镇登记失业人员。

3. 说明地方政策细则和特点。根据国家相关职业培训费补贴政策，各省市地区会结合本地区实际情况颁布相应的城镇失业人员参加职业培训补贴政策。例如，许多城市按照国家规定，允许城镇失业人员失业期间在一个自然年中可享受一次由政府补贴学费的职业技能培训，同时有个别城市根据自身实际情况，推出二次职业培训费补贴政策。

（二）介绍职业培训补贴发放办理流程

根据国家职业培训“先垫后补”相关政策规定，参加职业技能培训的城镇失业人员可按照如下流程享受培训补贴。

1. 在本地人社局网站自行选定，由人社局通过招标而取得职业培训资质的培训机构和培训项目。

2. 在选好培训项目后，个人先行垫付培训费用，待学习完毕，参加职业资格鉴定合格，取得职业资格证书或职业技能鉴定证书。

3. 取得证书后，向当地人社部门提供以下材料：就业创业证、社会保障卡、复印件、职业资格证书复印件、培训机构开具的行政事业性收费票据等；职业培训机构为城镇失业人员代为申请职业培训补贴的，还应提供身份证复印件（城镇登记失业人员凭就业创业证复印件）。申请职业技能鉴定补贴应向当地人社部门提供以下材料：就业创业证复印件、职业资格证书复印件、职业技能鉴定机构开具的行政事业性收费票据（或税务发票）等。

4. 经人社部门审核后，按规定将补贴资金直接支付到申请者本人个人银行账户。

二、推介培训教育项目

（一）推介培训教育项目的主要形式

1. 利用问卷进行推介。实际工作中可以通过设计调查问卷，征求城镇失业人员所需要的培训需求，或通过问卷星、问卷网、腾讯问卷等工具进行问卷调研，达到项目推介的目的。需要注意的是：一是要说明培训教育项目的主要类型和主要学习内容；二是要说明培训教育项目的形式，如是线上还是线下，是集中教学还是分散教学等；三是说明培训教育项目的时间，如是白天还是晚上等；四是要征求学员对培训的要求。只有把握好这些内容，才可达到项目推介的实际效果。

2. 利用新媒体进行推介。新媒体推介包括视频平台推介、社交平台推介、自媒体平台推介等。视频平台推介可以通过直播、短视频、长视频、音频等形式进行推介；社交平台主要通过微信、微博、抖音等渠道进行推介。充分运用这些数字媒体推广培训项目可以起到良好的效果，职业指导人员可根据实际需要进行选择，也可搭配组合使用。

3. 通过咨询进行推介。在为城镇失业人员提供咨询服务时，可以结合城镇失业人员自身特点、个人能力、兴趣爱好、岗位设置、市场需求等相关特性，把培训项目推介给他们，与其共同分析培训内容，阐明通过培训所获取的相应职业技能对其择业就业带来的帮助等，以达到更好的推介效果。

（二）科学推介培训教育项目

1. 说明参加教育培训活动的作用和意义。这主要从外界环境变化和个人能力提升两方面加以引导。例如，从外界环境的变化的角度，由于新旧动能转换，传统产业的改造升级，新型产业如“互联网+”、人工智能等业态的不断涌现，对拥有新技能的劳动者需求有着大幅的增长，而具备新岗位技能水平的劳动者又非常的缺乏，此问题导致劳动力市场供需极不平衡。又如，从个人能力的提升需要角度，城镇失业人员中的大龄人员和国企改制、搬迁等导致的下岗失业职工受教育水平普遍不高、学历偏低、自身素质亟待提高，即便有人已获得职业资格等级证书，大多数也为初中级水平。若想快速提升再就业竞争力，最有效、最直接的方式就是参加有针对性的职业技能培训，以提升专业素质，提高就业成功率。

2. 详细了解培训需求。科学推介培训教育项目，就必须要深入了解培训需求和培训对象的全面信息，要充分了解和调查学员状况，仔细确定培训对象的实际需求，以需求为导向，在培训课程、培训方式、培训时间和培训地点等多方面，为城镇失业人员提供多样化的选择，适应新岗位需求，进而提升他们的就业竞争能力。同时要说明职业培训工作主要由技工学校、就业训练中心、咨询公司、社会力量办学等各类职业培训机构承担。

3. 详细介绍职业培训和职业技能鉴定等级制度。一是门槛。具有初中以上文化水平的城镇失业人员均可报名参加职业技能培训，按职业技能、职业水平分类学习，需要注意的是初学者参加学习要依据职业技能标准。二是培训的层次。一般分为初级、中级、高级、技师、高级技师职业五个层次的培训和其他适应性培训。三是培训的晋级。初次参加职业技能培训必须从五级（初级）开始学习，学完教学大纲内容、达到规定的学习课时，即可参加职业资格鉴定。鉴定合格者颁发国家承认的职业资格等级证书，取得证书后，在满足一定条件的前提下可以再次学习报考高一等级（四级/中级）职业资格，个别培训项目可以从四级（中级）开始学习。

4. 要与城镇失业人员进行有效的沟通。要利用各种方法，如访谈法、问卷法、观察法、测评法、自我分析法等，保持与失业人员的有效沟通；要共同分析他们的培训需求；要鼓励其积极参加职业培训，掌握新岗位所需的新职业技能；要帮助他们充分认识到在不断发展的新变革时代，必须通过参加培训才能发挥自己新的作用，更快更好地实现就业再就业。

三、开展小规模职业培训项目

（一）开展就业指导培训

就业指导培训主要课程有就业政策、就业形势、择业指导、法律常识、劳动维权等，具体应做好以下四项工作。

1. 设计培训内容。培训内容要根据失业人员就业特征和主要问题进行灵活调整，针对性要强，内容要实，主要涉及以下六个方面。

（1）国家和地方相关劳动保障政策法规。例如，各项劳动保障优惠政策，即大龄就业困难人员的社保补助金、企业稳岗补贴、创业扶持政策、由政府贴息的担保贷款申领等。

（2）当前就业形势分析。

（3）本地区相关劳动用工政策。

（4）社会保障常识。如失业登记及失业保险待遇和失业保险金的计算与领取条件、手续，社会养老保险的缴纳及计算和办理流程等。

（5）就业指导。如求职技巧与对策、就业岗位选择、职业技能培训项目选择等。

（6）人际交往。如沟通技巧等。

2. 设计培训形式。设计培训主要分为线下和线上两种形式。

（1）线下。通常地点选择在街道社区，室内光线充足、环境较好的场地进行，时间2~4个小时，每班次不超过30人为宜，以讲座的形式为主，一般以讲授法、案例分析法、角色扮演法等多种多样的方法进行授课，授课完毕发放调查问卷及意见反馈表以供填写并及时回收。

（2）线上。运用自助终端、网上服务平台、移动客户端等信息化平台，上传就业指导音频与微视频并将其放入专项频道与图文专页，打造24小时就业指导课堂，提高就业指导的可达性、覆盖面与便利度。同时将相关政策培训内容，以PPT（PowerPoint，演示文稿文件）形式放在人社局官网“我要办事”菜单下，标注“就业指导”，使服务对象可以随时登录人社局官网学习，登录网站可自行查阅PPT、有问题可留言，并应指派值班老师定时解答问题。

3. 选择师资。可由1~2名相关专业的老师组合完成。通常邀请人社部门各处室负责人、业务骨干、公共服务机构业务熟练的工作人员与职业指导人员一起来对相应课程进行讲解并解答问题。

4. 注意事项。宣讲中涉及政策应严格遵照相关政策文件内容进行；针对政策讲解，一定避免使用大概、或许、可能等不确定用词、用语；在现场接受城镇失业人员咨询和回答问题环节中，切忌替服务对象做决定。

（二）组织开展技能培训

1. 帮助了解技能培训内容。专业技能培训内容一般包括专业理论、专业技能和专业实习。学员在专业理论的指导下，掌握一定的专业技能，并通过在企业的实习，提高解决实际问题的能力，为就业打好基础。

2. 帮助组织技能培训。技能培训主要通过三种形式开展，职业指导人员可根据实际情况组织开展。一是技工学校培训。技工学校致力于培养技术型人才，同时关注多元化、多功能的技能人才培养。二是就业训练培训。就业训练的学制非常灵活，可根据学员实际需要自由选择培训时间、培训项目。三是社会力量办学。社会力量办学培训多为职业技能方面的培训。

3. 帮助了解培训形式。培训形式可采取订单式培训、项目式培训、自主式培训、送课登门培训等多种方式。职业技能培训重在技能的传授与掌握，而非为通过考试而教学，日常培训中要多关注学员上课出勤率，以保障授课质量。教学过程中忌走过场，忌重理论、轻实践。

4. 帮助介绍师资情况。职业技能培训的教师资质要求，所聘用的培训教师至少应拥有所授课专业职业资格高级（三级证书）以上，或者是相关专业高级技术职务任职资格的授课老师来进行授课。

第四节　指导城镇失业人员创业

一、帮助了解自主创业优惠政策

（一）了解自主创业优惠政策依据

帮助服务对象了解这方面的情况，可以更好地帮助他们坚定创业的信念和决心。例如，《国务院关于进一步做好新形势下就业创业工作的意见》（国发〔2017〕23 号）指出，把创业和就业结合起来，以创业创新带动就业，催生经济社会发展新动力，为促进民生改善、经济结构调整和社会和谐稳定提供新动能；又如，《国务院关于推行终身职业技能培训制度的意见》（国发〔2018〕11 号）全面提高劳动者素质，推动大众创业万众创新，促进就业创业和经济社会发展。

（二）介绍自主创业优惠政策

1. 介绍小额贷款的政策。一是说明享受对象。例如，针对有创业要求、具备一定创业条件，但缺乏创业资金的就业重点群体和困难人员。二是贷款额度。一般为 10 万元。三是地方的规定。许多地区加大创业担保贷款支持，如将个人创业担保贷款最高贷款额度由 10 万元提高至 15 万元；小微企业当年新招用符合创业担保贷款申请条件的人员数量达到企业现有在职职工人数的 25%（超过 100 人的企业达到 15%）并与其签订 1 年以上劳动合同的，可申请最高不超过 300 万元的创业担保贷款。

2. 介绍税费减免的政策。一是说明享受对象。例如，《国务院关于进一步做好新形势下就业创业工作的意见》提出加大减税降费力度，将企业吸纳就业税收优惠的人员范围由失业 1 年以上人员调整为失业半年以上人员。高校毕业生、登记失业人员等重点群体创办个体工商户、个人独资企业的，可依法享受税收减免政策。二是说明享受标准。例如，根据《财政部　国家税务总局　人力资源社会保障部关于继续实施支持和促进重点群体创业就业有关税收政策的通知》（财税〔2017〕49 号）文件第一条规定：对持就业创业证（注明“自主创业税收政策”或“毕业年度内自主创业税收政策”）或就业失业登记证（注明“自主创业税收政策”或附着高校毕业生自主创业证）的人员从事个体经营的，在 3 年内按每户每年 8 000 元为限额依次扣减其当年实际应缴纳的增值税、城市维护建设税、教育费附加、地方教育附加和个人所得税。限额标准最高可上浮 20%，各省、自治区、直辖市人民政府可根据本地区实际情况在此幅度内确定具体限额标准，并报财政部和税务总局备案。三是说明地方的规定。例如，某省对从事个体经营的自主就业退役士兵和持就业创业证（或就业失业登记证）人员，按规定在 3 年内按每户每年 9 600 元为限额依次扣减当年实际应缴纳的增值税、城市维护建设税、教育费附加、地方教育附加和个人所得税。到期未享受满 3 年的，可继续享受至 3 年期满为止。

3. 介绍创业孵化的政策。一是创业孵化的类型。如创客空间、创业咖啡、创新工场、创业孵化基地等新型孵化模式。二是本地创业基地的推荐。力争推荐省、市级创业创新示范综合体，这些孵化基地在人才链、资金链、产业链、创新链等方面集聚力相对较强，可为创业者提供低成本场地支持、指导服务和政策扶持，在稳定就业压力较大地区，免费为失业人员自主创业提供经营场地。

（三）帮助指导如何享受政策

1. 基本条件。例如，登记失业人员可按规定，每年参加 1 次享受政府补贴的培训。

2. 享受标准。例如，符合创业担保贷款政策扶持的，给予贷款额度最高不超过 15 万元、期限最长 3 年的创业担保贷款，按规定给予政府贴息。

3. 经办流程。例如，凭创业培训合格证和新创办企业认定证明办理。

4. 补充说明。例如，给予 3 年的创业扶持期下岗职工创业政策，在扶持期内，行政性事业性收费全部减免。

5. 说明注意事项。一是说明政府出台的相关创业扶持政策要求严谨、审核严格，所需条件缺一不可。这就要求创业者特别注意在准备相关资料时，应做到提前列出申请创业扶持政策所需资料明细，然后根据相关要求逐条准备好，做到一步到位。二是告知创业者在经营企业过程中，应时刻关注政府网站、广播电视、移动客户端等媒介，以便及时获取新的优惠政策信息。

二、推介创业项目

推介创业项目是创业者成功创业的关键，是创建企业的基础。职业指导人员推介创业项目应注意做好以下三个方面。

（一）遵循创业项目推介原则

1. 市场性原则。以满足市场需求为前提，重点发展需求量大、发展前景广阔的产业或项目。

2. 营利性原则。讲求投资项目有较高的投入产出比，即投资要讲究一定的回报率。

3. 优势性原则。充分利用当地资源优势和创业者自身优势，选择自己熟悉的行业。

4. 创新性原则。创造新、奇、特的事物，这是创新最主要的特点。

5. 前瞻性原则。一个人成功的前提是能够走一步看两步，要不断开阔眼界求发展。

6. 渐进性原则。起步不要贪大求全，以较少的资本进行创业。应先了解市场、积累资本，等待时机成熟再创出自己的特色，从而发展壮大。

（二）掌握创业项目选择方法

1. 利用创业项目选择表（见表 4-1）选择创业项目，主要分为以下六个步骤：

（1）确定创业项目选择标准。

（2）为每个标准赋予相应权重（各标准权重之和为 1）。

（3）列出备选项目。

（4）为每个项目打分。

（5）计算各个项目得分。

（6）选出得分最高项目。

表 4-1　　创业项目选择表

选择标准	权重	创业项目甲	创业项目乙	……
1. 经营亏本风险	0. 1			
2. 投入资本规模	0. 05			
3. 目前投资回报率	0. 05			
4. 预期未来的投资回报率	0. 1			
5. 现金流转情况	0. 2			
6. 项目所处行业的竞争状况	0. 05			
7. 市场增长潜力	0. 05			
8. 未来市场定位	0. 2			
9. 竞争对手优势	0. 1			
10. 创业者个人偏好	0. 1			
合计	1			

填表说明：

1. 每项标准满分为 100 分。

2. 每项标准数据越好，分数越高。例如，经营亏本风险越低，得分越高；创业者越是偏好，得分越高。

2. 利用 SWOT 分析法选择创业项目。SWOT 分析法主要是基于内外部竞争环境和竞争条件下的态势分析。SWOT 分别代表的含义是 S（strengths）优势、W（weaknesses）劣势、O（opportunities）机会、

T（threats）威胁。通过列举出与研究对象密切相关的各种主要内部优势、劣势和外部的机会、威胁等，将其排列成矩阵形式，然后把各种因素相互匹配，并且加以分析，从中得出一系列相应的决策性结论，见表4–2。

表4–2　利用SWOT分析法选择创业项目

内部分析 / 外部分析	优势S 列出优势	劣势W 列出劣势
机会O 列出机会	SO战略 利用优势 利用机会	WO战略 克服劣势 利用机会
威胁T 列出威胁	ST战略 利用优势 回避威胁	WT战略 减少劣势 回避威胁

三、评估创业可行性[①]

（一）帮助评估创业者的个人因素

评估创业者个人品质关键的因素是创业人格特质和创业能力，即要求创业者在人格上，应当具备成就动机、自我控制、风险承担倾向、问题解决意识、善于合作的精神、创新性等；在能力上应当具有一定的创业知识、创业经验和创业技能等。

（二）帮助评估创业的环境因素

创业环境一般可分为硬环境和软环境。硬环境是指有形的环境因素，包括物质环境和区位环境，如基础设施、交通条件等；软环境是指无形的环境因素，如政治法律环境、经济环境、文化环境等。

（三）帮助评估创业的市场因素

创业要捕捉市场机会，而这种机会常常来源于三种情况。一是现有

① 此部分所涉及的1、2、3项内容的评估诊断，可以参照《职业指导核心技能训练手册（诊断篇）》。

的市场机会，即源于现有的产品和服务，通过寻找尚未满足的顾客需求，开发新市场或者产品新功能。二是潜在的市场机会，即通过创造性开发、设计现有市场缺少的新产品，满足人们不断变化的新需求。三是衍生的市场机会，即社会分工的演进、经济活动的多样化为创业拓展的新途径，以及产业结构的调整为创业提供的新契机。

（四）创业风险管理

创业风险管理就是新创企业对面临的各种风险进行识别、评估、分析，确定恰当的风险控制方法并予以实施。创业风险从内容来看，可以把风险分为资金风险、技术风险、管理风险、市场风险、生产风险、环境风险和政治风险等。

四、开业指导

（一）介绍与开业相关的基本知识

职业指导人员应当事先整理出与开业相关的必要常识，向创业人员简明扼要地进行介绍。例如，讲解法人、企业性质、经营模式等概念，使创业者对自己的创业行为建立起本质意义上的认识。

1. 讲解法人的概念。说明法人是具有民事权利能力和民事行为能力，依法独立享有民事权利和承担民事义务的组织。这种组织既可以是人的结合团体，也可以是依特殊目的所组织的财产。从根本上讲，法人与其他组织一样，是自然人实现自身特定目标的手段，它们是法律技术的产物，它的存在从根本上减轻了自然人在社会交往中的负担。法律确认法人为民事主体，意在为自然人充分实现自我提供有效的法律工具。

2. 讲解企业性质的概念。企业按性质一般分为有限责任公司、股份有限公司、个人独资企业、合伙企业（分为普通合伙和有限合伙）、全民所有制企业、集体所有制企业和农民专业合作社等。

3. 讲解经营模式的概念。经营模式是企业根据企业的经营宗旨，为实现企业所确认的价值定位所采取某一类方式方法的总称。根据业务范围可以划分为两类经营模式：单一化经营模式和多元化经营模式。

（二）开业需要注意的事项

在开业指导过程中，还有一些应特别引起注意的问题要与创业者进行详细的论证和分析，例如商业模式、产品价格、促销策略、财务分析等问题。

1. 创建商业模式。一般而言，商业模式是企业创造营收与利润的手段和方法。设计商业模式需要遵循五项原则：标准化原则、创新性原则、可复制原则、可持续原则和客户转化原则。正是在遵循这些原则的基础上，人们利用互联网创建了几种典型的商业模式，即平台模式、免费入口模式、储值卡模式、共享经济模式和自主经营体模式等，创业者在创业策划阶段应当重点研讨这个问题。

2. 制定产品价格。制定最优的产品价格是一个挑战，企业不但要对成本进行核算、分析、控制和预测，而且要根据市场结构、市场供应、消费者心理价位以及竞争状况等因素做出正确判断与选择。初创企业多数是提供新产品或新服务，与其他产品相比，新产品可能具有竞争程度低、技术领先的优势，但会有不被消费者认同和成本高的缺点。定价时可参考以下几种：撇脂定价法、渗透定价法和试销定价法等，其中撇脂定价法通常是一个较好的选择。

3. 制定促销策略。销售促进是指创业者以满足消费者需求为前提，将企业及其产品的信息通过各种促销方式传递给消费者，进而唤起需求、采取购买行为的营销活动。成功的促销策略一般包括人员推销、广告、营业推广和公共关系等。

4. 开展财务分析。财务分析是以企业的财务报表等资料为基础，对企业的财务状况和经营成果进行分析和评价，主要包括偿债能力分析、营运能力分析、盈利能力分析、发展能力分析和财务趋势分析五个方面。

阅读与思考

对城镇失业人员就业的帮助指导考验着公共就业服务人员的基本素质和能力，也反映了职业指导人员的专业化水平，涉及职业指导活动的方方面面，即便是用了一整章的篇幅，也不足以解决所有的问题。在这方面，尚需基层同志坚定确立以人民为中心的理念，充分发挥主观能动性，不断地探索和实践，创造性地开展工作。下面专门就“建立多种多样的信息采集和发布渠道”“典型个案跟踪服务”“开辟各种帮助指导服务方式”这三项工作给出工作思路，请根据这三个例子，举一反三，结合其他具体工作开展研讨。

工作思路1：建立多种多样的信息采集和发布渠道

就业服务的核心内容之一就是信息服务。解决这个问题的基本前提是要抓好“两头”，即信息的采集和发布。采集不到位，信息服务就无从谈起；信息采集到位，但却发布不畅，也等于前功尽弃。建立多种多样的信息采集和发布渠道，形成规模化、系统化，有针对性地进行信息采集和发布等都是做好此项工作的基本原则。

做好这项工作的核心是利用互联网、媒体等建立多种多样的信息采集和发布渠道，在就业信息服务方面做深、做活、做广，提高信息服务质量，满足服务对象的现实需求。具体做法是将互联网搜索、社会新闻媒体采集、新媒体信息推送、信息员队伍建设等作为信息采集和发布的形式和手段，不断总结各种形式、手段的特点，有组织、有计划、有目的地广泛采集各类就业信息，力求做到信息具有一定规模并真实有效；应按照信息的种类进行归类整理，再通过多种渠道予以发布。努力提高信息服务的规模和质量，满足服务对象的根本需求。

工作思路2：典型个案跟踪服务

跟踪服务是各类服务行业为了吸引顾客、提高顾客满意度所使用的一种最经典的附加服务，深受服务对象欢迎。城镇失业人员之所以需要这样的服务，是因为在许多情况下，提供一次服务并不能彻底解决问题，人们往往都会需要进一步的帮助。对有特殊困难的求职人员提供跟踪服务对他们无疑是非常宝贵的，相信在这样一种实践探索和引领下，人们还会为跟踪服务赋予更加深刻的内涵。

做好这项工作的核心是对特殊个案在上岗后仍然予以跟踪，以帮助其解决并克服上岗后所遇到的问题和困难，促进其就业稳定和发展，体现了服务的周到和全面性。具体做法是针对多次应聘未成、长期失业或有特殊困难的人员，在其上岗后的一段时间里，根据个人的问题指定专人制订跟踪计划，并予以跟踪指导，以保证及时解决个人遇到的困难和问题。跟踪服务的对象常涉及求职者本人和用工单位。跟踪的内容主要是个人上岗后的适应情况以及劳动权益保护问题。跟踪服务的形式多种多样，如通过电话、探访等。通过跟踪服务可有效解决个人的职业适应性问题，促进就业稳定，促进职业生涯发展。

工作思路3：开辟各种帮助指导服务方式

一句宣传口号、一个典型案例、一本宣传资料、一幅宣传画、一个指导光盘，都有可能对求职者、劳动者产生帮助指导作用。帮助指导应当根据服务对象的实际问题，结合他们的特点，以各种方式，尤其是自助的方式开展进行；服务过程应抓好五个立足：立足深入浅出、立足耳濡目染、立足滴水穿石、立足解决问题、立足广泛影响，这五个立足的核心仍然是以人为本。

做好这项工作的方式包括设立网上职业指导室，在更大的范围内为人们提供职业指导服务，体现了现代帮助指导服务手段；设立职业指导角，开展自助式职业指导，体现了为了在最大程度上帮助服务对象，对帮助指导服务形式的不懈追求。具体做法是在网站上开辟职业指导专栏，并建立专门的职业指导室，由各个职业指导工作人员负责，在网上为服务对象提供职业指导服务；在职业指导角中放置职业指导、求职指南、职场指南等书籍，供服务对象自助查询；用电视、显示屏等播放成功求职、就业的事例，让求职者从这些典型事例中吸取经验，增强就业信念；在职业指导角里，求职者之间还可以相互进行交流，交换经验心得。

05 章

进城务工人员就业的帮助指导

帮助指导进城务工人员就业是公共就业服务的重要任务，是实现国家经济发展战略的重要一环。在推进城市、小城镇建设和加快县域经济发展的同时，引导进城务工人员就地就近转移就业、有序向城市异地转移就业，为进城务工人员免费提供政策咨询、就业信息、就业指导和职业介绍等服务，鼓励发展各类就业服务组织，逐步改善进城务工人员就业环境和条件，依法规范职业中介、劳务派遣和企业招用工行为等是职业指导人员义不容辞的责任。总之，职业指导人员应全面贯彻落实国家的积极就业政策，为进城务工人员提供“一站式”的就业服务、有针对性的就业指导帮助、及时有效的信息服务，为就业转移过程中的每一个必要环节提供就业帮助和支持，形成精准化就业服务支持系统；尤其是面对新生代农民工、返乡创业农民工、农村贫困劳动力的就业扶贫等重大问题，做好这些工作就显得更加重要。

不难看出，面对进城务工人员这一就业群体，帮助指导他们实现就业，与指导高校毕业生、城镇失业人员就业存在着明显的不同。这一群体具有职业素质参差不齐、流动性很强、所适合的就业岗位存在局限等特殊性，这些特殊性都为帮助指导其就业提出了更加专业化的要求。

本章分四节。第一节，新生代农民工就业的帮助指导。这一节主要介绍新生代农民工就业典型特征、帮助就业的基本思路、就业服务帮扶的实践做法、职业发展的基本考虑，为新生代农民工就业的帮助指导提供了基本参照。第二节，指导进城务工人员做好就业准备。在这一节中针对做准备、找工作、防骗局三个最基本的帮助指导环节进行了重点说明，简明实用。第三节，指导进城务工人员稳定就业。这一节从进城务工人员初到城市，防范风险角度出发，将劳动权益保护作为重点，详细介绍了相关要点，为这方面的帮助指导提供了较翔实具体的参照，同时对进城务工人员融入城市提出了建议。第四节，解决典型问题。重点分析了进城务工人员返乡创业和农村贫困劳动力就业两个典型的问题，提出解决问题的思路和措施，也希望引导读者更加深入地开展探索和实践。

第一节　新生代农民工就业的帮助指导

国家统计局发布的《2019 年农民工监测调查报告》显示，2019 年农民工总量达到 2.9 亿人，新生代农民工占全国农民工总量的 50.6%。帮助指导新生代农民工顺利实现就业，融入城市社会，已经成为当前帮助指导工作中不可忽视的一项重要任务。

一、指导新生代农民工就业

（一）分析新生代农民工就业典型特征

新生代农民工主要是指“80 后”“90 后”和“00 后”，他们上完学就进城打工，相对来讲对农业、农村、土地、农民等方面的问题其实并不是那么熟悉，与老一代农民工相比，呈现出明显不同的就业特征。

1. 新业态从业者增加。随着创新驱动发展战略、经济结构调整、新旧动能转换、乡村振兴等重大战略的深入实施，以大数据、“互联网+”、人工智能等新技术、新产业、新模式为代表的新经济逐渐成为新常态，而这正为受教育程度相对较高的新生代农民工拓展了广阔的就业新空间。他们从业所涉行业既包括餐饮、建筑、环卫等传统行业，又更多地开始涉足于物流仓储、家政服务、乡村旅游和文化创意、电子商务、数字产业等新兴业态。

2. 兼业化趋势明显。由于新生代农民工的“互联网原住民”属性，他们通过互联网等新一代信息技术接受多方面技能学习和训练的机会较多、成本较低，因此，其更容易具备多方面的工作技能。其中一些人在完成本职工作的同时，利用业余时间在其他岗位或平台上从事兼职工作，这种同时从事多种工作、获取多项薪酬，且自身价值得以充分发挥的兼业化就业现象的出现，在为新生代农民工带来额外薪酬的同时，也让爱好和兴趣变成了他们的职业追求。

3. 市民意识强烈。对于新生代农民工来说，外出就业的经历让他们深刻地体会到城乡之间的巨大差异。他们出生于农村，却对农村缺少情感认同和社会记忆；城市工作与生活给他们带来的熏陶和感染，让他们向往着被城市彻底接纳、在城市长久生活。他们希望通过进城务工或经商，告别祖祖辈辈“面朝黄土背朝天”的生活，使自己和后代真正成为城市新市民。

4. 维权意识增强。与老一代农民工相比，新生代农民工受教育水平较高，重视社会保障，维权意识更强。由于他们长期在城市生活、发展，直接或间接接受先进思想理念和丰富资讯的机会较多，并且大多接受了初高中或中职（技工）以上教育，他们对劳动法律制度也更为熟悉。在建立劳动关系前，他们更关注的是企业对工作时间、工作环境，以及休息休假的执行是否符合相关法律规定。合法权益一旦受到侵害，他们更敢于为主张公平的社会待遇而进行抗争，而不会像父辈一样选择忍气吞声、得过且过。

5. 就业稳定性不强。由于新生代农民工有着强烈的市民意识和维权意识，他们找工作时也往往更“挑剔”。相对于上一代，新生代农民工平均每人每年换工作 0.45 次，其“跳槽”频率是其父辈的近 6 倍。随着局部地区用工荒的加剧，新生代农民工与用人单位的博弈筹码增加，他们在对工资待遇提出新要求的同时，对工作环境、福利待遇、职业前景乃至业余生活等方面的诉求也在增加，如一些行业推行的“996 工作制”引发社会关注并遭到员工集体抵制。他们一方面看重物质生活，同时对精神生活的要求也较高，更加看重用工单位的软环境，许多时候宁愿少赚点钱也不愿加班太长时间。如果不能改变“白加黑”“五加二”工作模式，他们会“炒老板鱿鱼”“摔门而走”，缺少对就业岗位的黏度，呈现出较差的就业稳定性。

（二）帮助新生代农民工就业的思路

1. 开展职业指导服务。新生代农民工作为新时代劳动者大军的主力人员，对产业转型升级、经济中高速增长起着至关重要的作用，促进他们更加充分和更高质量就业，是增进社会和谐的压舱石和稳定器，因此加强对他们的职业指导和服务，是政府和社会各界义不容辞的责任和义务。在职业指导中，要充分考虑新生代农民工的文化水平、技能背景和性格特点，可以重点围绕农民工的就业形势与政策、就业观念、职业心理、生涯规划、求职技巧、就业培训、兼业选择和再就业咨询等方面开展个性化、多角度、全过程的指导帮助工作。

2. 加强职业技能培训。技能是就业的“敲门砖”“护身符”，加强职业技能培训是促进就业创业的“先手棋”“当头炮”。为有效解决人力资源市场“有岗无技”“岗多技少”等就业新困局，大力化解结构性就业矛盾，各级公共就业服务机构应该按照《关于推行终身职业技能培训制度的意见》（国发〔2018〕11 号）、《新生代农民工职业技能提升计划（2019—2022 年）》（人社部发〔2019〕5 号）部署要求，围绕国家经济社会发展对高素质劳动者需求和农民工技能就业、高质量就业需要，聚焦新生代农民工群体和时代特点，按照大规模、多层次、高质量的原则，积极开展就业技能培训、岗位技能提升培训、技能扶贫培训和创业创新培训，将其培养成为高素质的技能劳动者和稳定就业的产业工人，促进多渠道就业，提高就业质量。

3. 促进就地就近转移就业。党的十九大报告明确提出有效推进农村劳动力转移就业是实现新时代背景下新型城镇化的有效途径。促进新生代农民工就地就近转移就业，既可减少异地转移就业的成本支出，增加转移就业人口的人均收入，避免留守儿童和空巢老人群体的再次形成，真正做到打工和照顾家庭两不误；又可满足新时代农业信息化和机械化生产作业的快速发展对富有现代知识和信息化技能的年轻农民工的需求，提高农业生产的规模效益，助力农村第二产业和第三产业的有效发展。因此，借助乡村振兴战略实施和新型工业化、城镇化进程加快，统筹发展县域经济、镇街企业和乡村产业，促进农村一二三产业融合发展，可创造更多就地、就近就业机会，带动新生代农民工就地就近转移就业。

4. 引导平台型就业。近年来，随着大数据、“互联网+”、共享经济、数字经济的发展，商业逐渐由有界到跨界再到无界，就业方式由单一的传统工厂型就业逐渐向工厂型就业、平台型就业、创业式就业等多元并存方向发展。在新技术、新业态、新模式的带动下出现了在以“互联网+”为核心的平台上进行劳动力要素组织、资源聚集整合、雇佣模式重构而形成的就业模式，这种就业模式可以称之为平台型就业。2019 年 3 月 25 日，中国人民大学劳动人事学院课题组发布的报告显示，2018 年，阿里巴巴中国零售平台创造就业岗位 4 082 万个，同比增长

10.89%，其中包括1 558万个直接就业岗位和2 524万个上下游的生产制造、加工、物流等环节的带动型就业机会。中国新就业形态研究中心、首都经济贸易大学劳动经济学院发布的《新就业，高质量——中国新就业形态就业质量研究报告》称，据统计，2017年6月至2018年6月，共有3 066万人在滴滴平台获得收入，比上年同期增加958万人。高质量的新就业形态成为越来越多人的就业选择，也成为他们维持生计、补贴家用、改善生活的重要收入来源。未来，随着产业结构转型升级步伐加快和机器人、人工智能对低技能劳动者的替代，未来传统制造业可能会转移出大量劳动者，平台型就业形式可以大量吸纳这部分劳动者，形成新的就业大容器，促进新生代农民工实现规模型就业。

5. 鼓励返乡创业。创业是就业的特殊形式，可以实现带动就业的倍增效应。创业主管部门应当健全体制机制，整合创业资源，完善扶持政策，优化创业环境，加快建立多渠道网络化的返乡创业格局，全面激发新生代农民工返乡创业热情。如今，农民工返乡创业有三点利好。一是政策文件有支持。党的十九大报告提出“促进农民工多渠道就业创业”，《国务院关于推动创新创业高质量发展打造“双创”升级版的意见》（国发〔2018〕32号）提出健全农民工返乡创业服务体系。《国务院办公厅关于支持农民工等人员返乡创业的意见》（国办发〔2015〕47号）、《国务院办公厅关于支持返乡下乡人员创业创新促进农村一二三产业融合发展的意见》（国办发〔2016〕84号）等系列文件均为鼓励新生代农民工返乡创业、促进农民就业增收提供了政策依据。二是产业发展有需求。随着新型城镇化、乡村振兴战略、脱贫攻坚等重大战略部署的深入实施，农民合作社、家庭农场、农业产业化龙头企业、林场等新型农业经营主体日益成型完善。在农村劳动力红利减少、“空心村”现象严重等紧迫形势下，急需大量年轻农民工返乡合伙创业，以促进乡村产业振兴，带动更多农民实现增收致富。三是新生代农民工自身有独特优势。新生代农民工在城市就业时间较长，学习更多现代信息并养成了良好行为习惯，具备了一定创新思维、创业知识和抵抗风险能力，积累了一定资金、技术和管理经验，返乡创业成功率相对较高。

二、帮助指导新生代农民工就业的主要做法

（一）打造“互联网+职业指导”信息化平台，推进线上指导与线下服务一体化融合

1. 充分运用网上服务平台、移动客户端、自助终端等信息化平台，开辟新生代农民工就业指导音频与微视频等专项频道和图文专页，打造“24 小时不打烊”就业指导课堂，提高就业指导的覆盖面、可及性与便利性。

2. 依据国家公共就业服务标准建立健全就业指导服务窗口、咨询工作室和就业“门诊”等线下实体服务网点，以简化优化服务流程，使用预约服务、上门服务、集中服务、代理服务等便民措施，提供个性化、面对面、心交心指导服务。

（二）扩充扶贫车间功能，提升吸纳就业能力，助力就地就近转移就业

1. 按照“工厂下乡、车间到村、岗位到人”工作模式建设的就业扶贫车间，日益成为农民工实现就地就近转移就业的主渠道。为进一步激发市场活力、提升就业吸纳能力，应当及时扩充扶贫车间功能，建设就业服务综合体，打造“扶贫车间升级版”。

2. 建设学习岛，强化技能培训。扶贫车间作为就业扶贫的重要载体，不仅要为入驻企业创造经济效益，更要带动农民工学会一技之长，才能持续发力，实现双赢。在车间规划建设学习岛，通过邀请工厂技术骨干现场授课的方式，开办专题技能培训，筑牢就业之本，使其既可外出务工，又可继续留在扶贫车间就业。

3. 打造创客平台，促进就业创业融合。探索建设实体虚拟创业服务平台，发挥车间人力资源优势，充分挖掘新生代农民工“创业能

人”，帮助他们将创意转化为创业项目，提供样品设计、产品试制、小批量生产、试销和咨询等服务，逐步将扶贫车间由单一就业功能向就业大集+创客工厂综合体转变，促进就业创业融合，打造“扶贫车间升级版”。

（三）紧密对接市场与产业发展需求，精准实施就业技能培训，提升就业能力

1. 组织规模性外地转移就业前，摸清转移输入地制造业重点领域、现代服务业和乡村振兴等对技能人才的需求情况，列出企业岗位需求清单，明确定向订单定岗培训内容。

2. 对初次到城镇就业的新生代农民工开展必要的引导性培训。对失业和转岗人员应引导其组织参加新技能培训，帮助其尽快返岗转岗。

3. 对在岗农民工开展技能提升培训和工匠精神培育，促进岗位成才。充分发挥政府补贴和职工教育经费的技能支撑作用，对新生代农民工开展企业新型学徒制培训、岗位技能提升培训、劳模精神和工匠精神培育等，进一步提高其就业稳定性和职业荣誉感。

（四）适应新经济快速发展要求，引导平台型就业

由腾讯微信、中国信通院、数字中国研究中心共同发布的《微信就业影响力报告》显示，2018 年微信带动就业机会达 2 235 万个，同比增长 10%。以微信为代表的互联网平台建立了新的就业形态，同时降低了创业就业的门槛，并惠及了众多的小微企业和个人创业者，推动了就业结构的多元化，助推了智力创业时代的到来。因此，积极引导新生代农民工选择平台型就业，不失为促进就地就近转移就业的一剂良策。

1. 转变就业观念，正确认识“平台型就业”不仅属于未来就业新趋势，而且能够实现创业带动就业。

2. 参加相关“互联网+”平台知识技能培训和法律法规学习，提高职业适应力和合法权益自保能力。

3. 选择从业者多、美誉度高的平台就业，避免陷入“就业陷阱”。鼓励返乡创业，促进创业式就业，实现创业带动就业倍增效应。

（五）顺应新形势下的城乡建设，鼓励返乡创业

当前，国家、地方支持和鼓励农民工等重点群体返乡下乡创业的政策文件红利不断释放，催生出一批又一批新“城归”，群体创业正在异军突起。例如，山东省西南某市正在大力推进“归雁兴市”行动，截至 2019 年一季度，共有 17.5 万人返乡创业就业，领办创办经济实体 6.5 万个，带动就业近 45 万人。

1. 对具备一定条件的农民工开展以创办个体工商户和创办小微企业为中心的创业技能培训，提供开业指导和创业孵化、创业政策支持，提高返乡创业成功率。

2. 鼓励自身拥有手艺、绝活等专项技能的农民工返乡开设小门面、小作坊，持续开展改善或扩大企业经营的创业能力提升培训和企业经营指导，逐步升级为特色店、品牌店、连锁店，带动更多人就业创业。

3. 吸引优秀农民工返乡共创农民合作社、家庭农场、农业产业化龙头企业等新型农业经营主体，利用自身信息和渠道优势，合作打造特色品牌，形成创业共同体。

三、促进新生代农民工实现职业发展

促进新生代农民工实现职业发展，需要抓住以下三个关键点。

（一）帮助树立积极的职业意识

对于尚未步入职场或初入职场的新生代农民工，重点把握三个方面内容。一是引导他们了解职业。通过考察客观环境，了解职业分类、职业性质及组织情况，意识到不同职业是由不同的人来从事的。二是帮助他们了解自己。借助测评工具、沟通技术，帮助其了解自身的职业性格、职业兴趣和职业技能等，相信自己的独特性，认知自己的能力与特长。三是引导他们尝试做一些与职业有关的事情，感受自己的能力和性

格与职业相关的匹配性。

（二）引导经验积累和技能提升

为满足处在见习期、试用期，或者刚刚步入基础岗位的新生代农民工长期发展的需要，重点把握以下两个方面的内容。

1. 引导其根据自身特点和现实条件，确立阶段性职业发展目标与相应的学习计划，主要通过四点做法。

（1）引导学历较低的应届初高中毕业生接受学历再教育。

（2）引导经验不足的新生代农民工树立“以工代训”的意识，从力所能及的工作做起，不断进行职业探索、积累经验，引导技能不足的新生代农民工接受相应的专项技能培训。

（3）引导有一定创业愿望和创业能力的新生代农民工开展创业培训，提高他们在经营管理、专项技能方面的能力水平。

（4）引导就业后提出更高目标要求的新生代农民工，明确所在行业的发展方向与空间，建立就业信心，树立长期发展的目标。

2. 引导其提升职业能力。根据不同职业的特征，引导新生代农民工依照设定的职业目标塑造和提升职业能力，实现人-职最大限度的合理匹配。同时，引导其建立健全心态，使其能够采取有效的调节减压技术，促进职业生涯发展各环节的执行与落实。

（三）提供职业发展的途径和方法

1. 介绍职业发展的途径。主要包括企业内部晋升、本岗位提升、向其他职能岗位转换、寻求职业外发展。这四种途径都要依托对自身，对内、外部资源的客观了解和认识。从自身来讲，必须具有与职业岗位相适应的理论学识和操作技能；从内外部资源来讲，必须具有与自身特点相适应的职业平台。同时，还要有与职业能力提升相适应的工作环境和发展空间等。

2. 调整职业发展计划。引导其根据个人需要和现实的不断变化，对职业发展目标与计划进行评估和调整，并及时根据变化因素对职业发展计划进行完善。

3. 提供职业发展的跟踪指导。采用座谈、问卷、短信、电话等多种方式，了解新生代农民工的工作状况以及需要的帮助，有针对性地为其提供更好的信息、资讯、机会，适时为他们解决困难。

第二节 指导进城务工人员做好就业准备

一、指导进城务工人员做好“出门前”的准备

（一）帮助了解国家就业政策

重点介绍以下四条。①

1. 各地区、各部门都在清理和取消各种针对农民工进城就业的歧视性规定和不合理限制，清理对企业使用农民工的行政审批和行政收费，并申明不得以解决城镇劳动力就业为由清退和排斥农民工。通过介绍这些改变让进城务工人员了解大的政策环境。

2. 城市公共职业介绍机构对农民工就业服务实行“四免费”，即免费政策咨询、免费提供就业信息、免费就业指导和免费职业介绍。同时，实施农村劳动力转移培训阳光工程；完善农民工培训补贴办法，对参加培训的农民工给予适当培训费补贴；把农民工岗位技能纳入当地职业培训计划；制定鼓励农民工参加职业技能鉴定、获取国家职业资格证书的政策。通过介绍这些政策让进城务工人员了解可享受的公共就业服务项目。

3. 各城市都在依法规范职业中介、劳务派遣和企业用工行为。严厉打击以职业介绍或以招工为名坑害农民工的违法犯罪活动。通过介绍这些政策让进城务工人员树立维权意识。

① 依据国务院《关于解决农民工问题的若干意见》精神。

4. 强化用人单位对农民工的岗位培训责任，对不履行培训义务的用人单位，应按国家规定强制提取职工教育培训费，用于政府组织的培训。通过介绍这些政策让进城务工人员了解企业应当实施岗位培训的义务。

（二）外出务工心理及相关知识准备

乡村和城市在工作、生活、社会习俗等各个方面都有很大差异，进城务工者在城市难免会遇到各种各样的困难和挫折。这些问题如果不解决，则很难在城市立足。因此，进城务工之前必须做好充分的精神准备。

1. 帮助指导做好五项心理准备（见图5-1）。

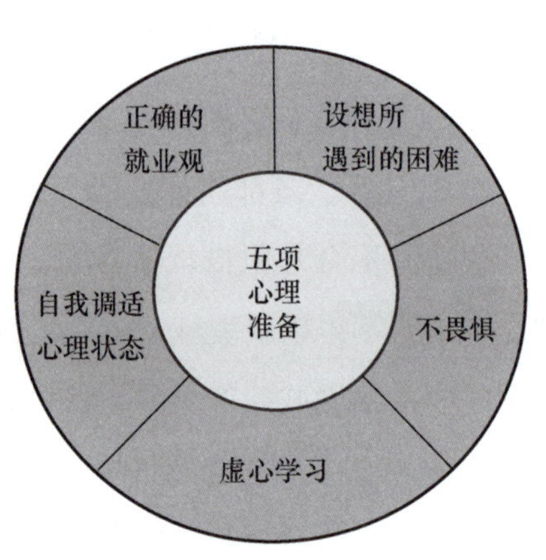

图5-1　进城务工人员五项心理准备

（1）帮助树立正确的就业观。任何事情都有两面性，外出务工并非像有些人想象得那样美好，得到较高收入的同时，也要承受各种压力和辛苦，不要以太浪漫的态度对待外出务工。进城务工人员要把自己的职业期望值调整得合乎实际，切不可把自己追求的职业目标制定得太高、太理想。进城务工人员在迈出家门前，必须学会自我评价，判断自己是否适合到城市工作，是否能够适应城市生活。

（2）帮助分析可能遇到的困难。外出务工是依靠自己的劳动和智慧改善自己的经济收入和生活条件。在进城前，必须认清楚城市打工存在激烈的竞争，应该考虑自己面对的各种挑战。在家乡种地要日出而作，受风吹雨打，遇到灾年会收成减少，导致经济拮据；而进城务工会常常遇到食无定时、居无定所的情况，劳动强度、精神压力大，有时还会受到欺侮、孤立无援。面对城市的这些困难，是否会因此放弃在外工作而返乡？因此，外出务工前必须做好吃苦耐劳、能够承受艰难生活磨炼的准备。

（3）帮助强化无所畏惧的胆量。初来乍到走进城市的务工人员，在生活或工作上遇到挫折应该是意料之中的事情。其实人的一生谁都不会不遇到挫折，要想战胜挫折，最基本的要素是有无所畏惧的胆量。任何问题都有解决的办法，所以不要怨天尤人，埋怨自己命苦，要拿出不服输的韧劲儿，开动自己的脑子或者咨询他人，寻求帮助，要在坚持中找到新的出路，做好战胜困难的心理准备。

（4）帮助做好虚心学习的准备。在进城之前，进城务工人员要做好“活到老、学到老”的心理准备，虚心地向所有人学习，才能以更快的速度融入城市的工作和生活之中。因为进入城镇，不仅需要学习和掌握工作岗位所需要的操作技能，遵守用人单位制定的规章制度，同时要了解和适应城镇里的生活方式和行为规范。

（5）帮助学会自我调适心理状态。在繁华的城市中，由于社会群体心理因素，会有很多对农民工的歧视和不公，这往往会给进城务工人员造成巨大的心理冲击，导致务工人员气愤不平或妒忌他人。如果不进行心理调适，很容易使务工人员走向犯罪的道路，或者不敢抬头做人。在遇到歧视的时候，务工人员千万不能认为自己不如人，因为人人都是平等的。因此，对自身、他人和周围环境保持平常心是很必要的。

2. 敦促外出务工前必须办理好证件。

（1）第二代居民身份证和户口本。进城务工离不开身份证，办理证件或业务，例如暂住证、银行卡、子女入学手续等都需要。因此，务工人员必须在进城务工前到当地派出所办理第二代居民身份证。如果需携带子女进城，要带上户口簿，以备子女入学使用。

（2）16~49 周岁的育龄妇女还必须办理流动人口婚育证明，持本人身份证，以及1寸照片2张（如果已经结婚，需携带结婚证），向户口所在地的村委会申请办理婚育证明。

（3）毕业证或学历证明。如果在进城前具备学历，应携带毕业证书或可以证明学历的证明，它会成为工作的“敲门砖”。

（4）有关证书。有相关证书，在应聘时可以增加就业机会。

（5）能证明自己特殊身份的证件，如复员军人证等。

二、指导进城务工人员寻找工作

（一）帮助指导根据自己的特长寻找工作

主要指导三点。一是依据自己的能力和特长选择擅长的工作。例如：做饭非常好吃，可以做出各式花样的可口菜肴，那么就可以应聘厨师；拥有装修、装潢的经验和手艺，可以到装修公司应聘；手很灵巧，而且非常有耐心，可以选择制作手工艺品等工作。二是可以通过心理测试来了解自己的兴趣、性格和能力，判断自己是否适合某类工作。例如对某个工作感兴趣，那么做起该项工作来就会感到其乐无穷；再如性格内向、少言寡语的人从事商品推销工作就不合适，一个脾气急躁的人也难以胜任诸如校对、售货等工作。三是找工作不能眼高手低，若是明明自己不能做的工作却偏要做，结果必然遇到挫折。

（二）帮助掌握寻找工作的主要途径

在进城务工人员学会自我评价以后，下一步就是学会选择找工作的途径，这样可以避免漫无目的地求职，提高效率。在这个信息发达、现代化日益加速的时代，找工作的途径是多种多样的，而且各有各的优势和不足。因此，进城务工人员要积极主动地合理利用各种途径，减少成本，提高成功率。表5-1提供了7种进城务工人员寻找工作的常用途径。

表 5-1　　进城务工人员寻找工作的 7 种常用途径

寻找工作的途径	主要特点
亲友、同乡	能够提供直接有用的信息，借鉴他们成功的经验，少走弯路
职业介绍机构	政府人社部门所属就业服务机构、职业介绍中心提供就业信息
报刊	报纸招聘广告的真实性、有效性强，量多面广
劳动市场	务工者可以委托劳力市场方帮忙与用人单位联系
招聘会	可与招聘企业面对面地谈工作要求和薪金待遇，觅得理想的工作
互联网	在网上求职是适应时代、提高效率的一种便捷方式
自行外出	具有一定的盲目性，应正确鉴别工作内容与性质

三、指导进城务工人员防范工作骗局

（一）帮助了解求职常见骗局

重点介绍 6 种常见的求职骗局，提醒务工人员做好防范，保护自己。

1. 谨防违规职介所。大大小小的职业中介机构良莠不齐，一些职业中介为了牟取暴利，设置了很多陷阱，扰乱了人才市场的正常秩序。例如，有些不法分子打着职业介绍所的牌子，以介绍工作为由虚编就业信息，骗取钱财；有些求职者在交了介绍费后，工作人员给其开介绍信，让其直接去找单位，结果不是单位不存在，就是所介绍的工作条件差、工资低让人无法接受，迫使求职者自己放弃工作。

2. 识别无限期的试用期。一些不法者为了给打工者少付工资，便一直在试用期内用人。工人招来以后，有的是好话说尽，骗人安心工作，并口头承诺待遇如何好，却不与劳动者签订劳动合同书，同时一直不给劳动者支付试用期的工资。针对这种情况，求职者应了解《劳动合同法》相关规定：劳动合同期限 3 个月以上不满 1 年的，试用期不得超过 1 个月；劳动合同期限 1 年以上不满 3 年的，试用期不得超过 2 个月；3 年以上固定期限和无固定期限的劳动合同，试用期不得超过 6 个月。

3. 严防非法传销。一些非法企业通常给招聘职位套上一个美丽的外衣，声称工作条件多么好，薪酬多么丰厚，只要劳动者一上当，他们就会逼迫其从事非法活动。有些非法企业名义上招聘业务经理，实际上是进行非法传销，更有甚者在传销组织内会限制劳动者的人身自由，并要求其联系家人来拿钱“买”产品。

4. 留心被扣押证件。有些用工单位会要打工者交出身份证、毕业证当作抵押物品。只要证件一到手，主动权就在他们手中，从而迫使劳动者接受各种不平等的待遇，如克扣工资、非法延长工作时间等。

5. 规避违规培训，收取报名费。有些“皮包”公司专以骗取报名费为目的，他们招工时把公司情况讲得天花乱坠，让劳动者交纳一定的培训费后上岗。但是到了公司，不仅培训项目名不副实，还要收取制服费、集体宿舍费等不合理费用，等劳动者交完费后，马上就将其辞退。

6. 小心路边招聘。不要轻易相信街边、电线杆、车站站台等地方张贴的小广告。这类小广告多标明高薪待遇、包食宿等优厚条件，但在内容上面除了标明职位，没有中介单位地址，又没有确定的单位，只有联系电话和联系人。这种招聘往往是非法勾当，包括卖淫、传销等。

（二）帮助掌握破解骗局的方法

由于劳务诈骗往往涉及公安、工商、劳动、人事等部门的职能范围，求职者还应根据情况来选择有效的投诉部门。

1. 如果遇到要求抵押证件的情况，求职者要坚持拒绝交付证件原件，只能将证件的复印件交给用工方存档。如果已经将现金或者证件交给单位，应先要求用工方退还押金或证件。此时，如果用工方拒不退还的，应及时向人社部门或者公安部门投诉请求查处，要回押金和证件。

2. 如果遇到无证经营的中介机构、发布虚假招工信息、待遇报酬与实际情况不符的，应及时向人社部门、公安部门或工商部门反映，要求将所收中介费退还自己。如果给求职者造成损失的，可按照有关规定要求赔偿。

3. 如果遇到传销集团或者是卖淫集团并被其控制人身自由的，应沉着应对，不要直接对抗，以确保自身安全为前提，寻机报警或向家人、朋友报信，让他们及时通知公安部门。

第三节　指导进城务工人员稳定就业

一、强化指导进城务工人员做好劳动权益保护

（一）帮助了解就业各项权利和义务

要主动向外来务工人员介绍个人和用人单位各自需要承担的权利和义务，使其懂得如何保护自己合法权益。

1. 了解个人需要承担的权利和义务，主要涵盖以下九条。

（1）要求获得劳动保护的权利。

（2）知情权。

（3）获得职业健康防治的权利。

（4）工伤保险和民事索赔权。

（5）提请劳动争议的权利。

（6）遵守安全生产规章制度和操作规程的义务。

（7）服从管理的义务。

（8）正确佩戴和使用劳动防护用品的义务。

（9）接受安全生产培训教育的义务。

2. 了解用人单位需要承担的权利和义务，主要涉及以下三条。

（1）用人单位必须建立、健全劳动安全卫生制度，严格执行国家劳动安全卫生规程和标准，对劳动者进行劳动安全卫生教育，防止劳动过程中发生事故，减少职业危害。

（2）劳动安全卫生设施必须符合国家规定的标准，新建、改建、扩建工程的劳动安全卫生设施必须与主体工程同时设计、同时施工、同时投入生产和使用。

（3）用人单位必须为劳动者提供符合国家规定的劳动安全卫生条件和必要的劳动防护用品，从事有职业危害作业的劳动者应当定期进行健康检查。

（二）帮助了解常见劳动权益问题的规避

1. 指导掌握劳动合同签订要点。劳动合同的内容主要分两部分：必备条款和补充条款，应特别强调熟悉必备条款的内容。

（1）用人单位的名称、住所和法定代表人或者主要负责人。

（2）劳动者的姓名、住址和居民身份证或者其他有效身份证件号码。

（3）劳动合同的期限，就是合同开始的时间和结束的时间。

（4）工作内容和工作地点，规定劳动者在该单位从事的工作岗位和工作地址、场所。

（5）工作时间和休息休假。即劳动者工作时间的长短、休息休假安排等。

（6）劳动报酬。即劳动者的工资、奖金、津贴等。

（7）社会保险。即用人单位为劳动者依法参加和缴纳的社会保险。

（8）劳动保护和劳动条件，如建筑工人应该发放安全帽等。

（9）劳动合同终止的条件，规定合同终止的条件。

（10）违反劳动合同时，双方应负的责任。

（11）特殊条款，由于某些劳动合同的特殊性，法律要求某一种或某几种劳动合同必须具备的条款。例如，中外合资经营企业和私营企业的劳动合同中应包括工时和休假的条款。如果因为用人单位的原因签订了不平等的劳动合同，之后对劳动者的权益造成了侵害，用人单位也应当承担法律责任。

2. 帮助指导谨防劳动合同陷阱。劳动合同就像是劳动者的护身符。然而，在现实生活中还是有不少用人单位在与劳动者签订劳动合同时，采取欺诈或胁迫等手段设置种种职业陷阱，严重侵犯了劳动者的合法权益。对此，劳动者一定要提高警惕，以免上当受骗。表 5-2 显示了各种陷阱合同及其特点。

表 5-2 常见陷阱合同及其特点

不能签的陷阱合同	合同的特点
口头合同	这类合同一般由朋友、亲戚、熟人介绍到用人单位，双方只有口头意向承诺，碍于情面或觉得麻烦，没有正式的书面合同文件，没有签字认可。一旦发生纠纷，空口无凭，无据可查
简单合同	虽然用人单位与劳动者签订了劳动合同，但内容过于简单，基本要素残缺，没有必要的细节约束
“暗箱”合同或“一边倒”合同	这类合同的内容往往明显偏向用人单位方，多数是用人单位事先根据自身利益拟定，只强调用人单位的权利和务工者的义务，对务工者利益涉及很少，且不征求务工者意见。这类合同往往内容模糊，滥用所谓的解释权
抵押合同	少数用人单位要求务工者把自己的一些证件、财产抵押之后才能上班。当用人单位随意辞退务工者时，就以种种理由不退还抵押财物
生死合同	一些提供带有风险工作的用人单位为了逃避责任，不按劳动法有关规定提供劳动保护，并提出“工伤自己负责”等条款。劳动者如果签下这类协议，无疑是拿自己的生命当儿戏
卖身合同	具体表现在一些用人单位与劳动者在合同中约定，劳动者一切行动听从用人单位安排，一旦签订合同，劳动者就如同卖身一样完全失去行动自由。在工作中加班加点，被强迫劳动，有的单位连吃饭、穿衣、上厕所都规定了严格的时间，剥夺了劳动者的休息权、休假权，甚至任意侮辱、体罚、殴打和拘禁劳动者
双面合同/阴阳合同	一些用人单位为了应付劳动保障部门检查准备了两份合同，一份是合法、规范的假合同，仅由用人单位保管，应付检查，实际上并不执行；另一份不规范、不合法的真合同则双方持有，实际执行

3. 帮助指导提防试用期陷阱。试用期是用人单位和劳动者为相互了解和选择而约定的一定期限的考察期。劳动合同期限 3 个月以上不满 1 年的，试用期不得超过 1 个月；劳动合同期限 1 年以上不满 3 年的，试用期不得超过 2 个月；3 年以上固定期限和无固定期限的劳动合同，试用期不得超过 6 个月。

4. 帮助熟悉用人单位拖欠工资的处理方法。

（1）用人单位克扣或者无故拖欠劳动者工资的，以及拒不支付劳动者延长工作时间工资报酬的，劳动者可以随时通知用人单位解除劳动合同并要求其赔偿。用人单位除在规定的时间内全额支付劳动者工资报酬外，还需加发相当于工资报酬 25% 的经济补偿金。

（2）用人单位无故拖欠职工工资，劳动者可以举报到人力资源社会保障行政部门，其会承担相应行政责任：人力资源社会保障行政部门应责令用人单位支付劳动者的工资报酬、经济补偿，并可责令其按相当于支付劳动者工资报酬、经济补偿总和的 1~5 倍支付赔偿金。

5. 介绍女职工“四期”保护。

（1）经期保护。女职工在月经期间，不得安排其从事高空、低温、冷水和国家规定的第三级体力劳动强度的劳动，如食品冷库内低温作业。

（2）孕期保护。已孕待产女职工禁忌从事铅、汞、苯、镉等属于《有毒作业分级》（GB/T 12331—1990）国家标准中的三、四级的作业。

（3）产期保护。产期保护包括正产，也包括小产（流产）。女职工产假为 98 天，包括产前休假 15 天，产后 83 天。难产的增加产假 15 天。多胞胎生育的，每多生育一个婴儿，增加产假 15 天。女职工怀孕流产的，其所在单位应当根据医务部门的证明，给予一定时间的产假。女职工产假期间工资照发。

（4）哺乳期保护。有不满一周岁婴儿的女职工，其所在单位应当在每班劳动时间内给予两次哺乳（含人工喂养）时间，每次 30 分钟。

多胞胎生育的，每多哺乳一个婴儿，每次哺乳时间增加 30 分钟。女职工每班劳动时间内的两次哺乳时间可以合并使用。哺乳时间和在本单位内哺乳往返途中的时间，算作劳动时间。

6. 劳动争议解决途径。重点介绍四个程序。一是协商程序，是劳动者与用人单位就争议的问题直接进行协商，寻找纠纷解决的具体方案。二是调解程序，是劳动纠纷的一方当事人就已经发生的劳动纠纷向劳动争议调解委员会申请调解的程序。三是仲裁程序，是劳动纠纷的一方当事人将纠纷提交劳动争议仲裁委员会进行处理的程序。四是诉讼程序。根据《劳动法》第 83 条规定：劳动争议当事人对仲裁裁决不服的，可以自收到仲裁裁决书之日起 15 日内向人民法院提起诉讼。一方当事人在法定期限内不起诉又不履行仲裁裁决的，另一方当事人可以申请人民法院强制执行。

二、帮助指导进城务工人员融入城市

（一）积极鼓励参加职业培训

主要做好两项工作。一是介绍技能培训类型。说明接受一定的职业技能培训，提高岗位工作能力，增强就业竞争力是顺利走向岗位的必备条件。二是积极推荐参加技能培训。重点帮助两点：第一点，帮助选择服务好的、正规的办学机构，根据务工人员实际情况为其推荐学校、学习方式、专业等；第二点，介绍各种学历、证书的性质，例如网络学历、国家开放大学学历、成考学历等。

（二）强调养成良好的职业行为习惯

重点强调两个方面：一是做事先做人，用实例向务工人员宣传爱岗敬业、诚实守信、办事公道等重要的社会道德观念；二是敦促务工人员养成良好的职业道德和行为。

（三）帮助了解城市，了解社会保障

主要强调两个方面。一是了解城市生活礼仪及习惯。遵守礼仪规

范，注重塑造良好的自我形象，会给他人留下良好的第一印象，对个人、对群体都能起到良好的宣传作用。要指导其如何塑造自己的良好形象，针对自己的年龄、职业、性别、身材、脸型、肤色和经济状况等特点，恰到好处地进行自我设计和外在修饰；要强调不断提高自身的素质，培养良好的道德情操，建立积极健康心态的重要性等。二是了解社会保障政策。要介绍养老保险、医疗保险、工伤保险、生育保险等各项政策，帮助建立防范风险意识，防患于未然。

第四节　解决典型问题

一、指导返乡自主创业

（一）帮助了解创业相关政策

重点是帮助返乡创业人员及时跟踪了解国家政策，充分运用好国家的创业优惠政策，实现“政策为我服务”的目标。

1. 指导申请农村青年创业小额贷款所需资料。申请农村青年创业小额贷款要按照当地团组织和银行业金融机构的具体要求提供相关材料，一般包括借款申请人及其家庭主要成员基本情况资料，包括居民身份证、户口簿、其他有效身份证明等；从事个体经营的还需要营业执照、税务登记证、组织机构代码证、特殊行业经营许可证、开户证明、收入证明、承包合同或合作协议等证明材料；需要提供担保的，还要提供担保资料，以及银行认为需要提供的其他资料。

2. 指导了解创业小额贷款“绿色通道”的条件。农村青年创业小额贷款“绿色通道”的适用对象需要具备以下条件。

（1）必须经团组织推荐。

（2）必须信誉良好，无不良信用记录。

（3）拥有一定比例自有资金。

（4）拥有第一还款来源。

（5）拥有较强的还款意识。

（6）创业项目有市场、有订单、有成效。

（7）符合银行规定的其他条件。

3. 指导熟悉贷款程序。办理农村青年创业小额贷款的主要流程如下。

（1）申请。符合条件的农村青年因创业需要贷款的，可向当地基层团组织提出申请。

（2）初审。基层团组织接到农村青年创业借款申请人申请后，应及时对申请人的基本条件、创业项目等内容进行审查，并提出初审意见。

（3）推荐。经基层团组织初审符合贷款条件的，基层团组织要及时推荐给当地涉农银行业金融机构。

（4）调查。涉农银行业金融机构接到基层团组织推荐的申请人名单后，应及时落实信贷人员进行调查，其中对经调查不符合贷款条件或不能全额满足农村青年资金需求的，要及时反馈给借款申请人。

（5）评级。涉农银行业金融机构根据调查情况，按照有关评级规定对申请人进行评级，其中对经调查、评级不符合贷款条件或不能全额满足农村青年资金需求的，要及时反馈给借款申请人。

（6）授信。涉农银行业金融机构经调查、评级符合贷款条件的，及时按贷款程序对申请人进行审查、审批、授信。

（7）发放。涉农银行业金融机构根据调查、审查、审批、授信情况，按有关贷款程序及时向申请人发放贷款。

（8）反馈。涉农银行业金融机构要及时将创业贷款的发放情况反馈给基层团组织，并定期将受理情况、授信额度、信用额度、贷款实际发放量等情况报当地团组织备案。

（二）帮助评估自主创业的可行性

帮助指导进城务工人员从自律、自强、识人能力、管理技能、想象力、口才、毅力、乐观精神、奉献精神、积极人生观、产品推销（服务）能力、独立作业能力等多方面进行分析论证，仔细评估自己的创业计划是否可行。

小贴士：

创业者自我评估小测试

1. 你知道哪些力量在影响着市场行情吗？具体地说，你对经济指标有多少了解？

2. 你做计划和预算的能力怎样？

3. 你对财务管理及控制有何了解？

4. 你是否能亲自进行日常管理工作？

5. 你对进货和存货控制的了解程度如何？

6. 你对市场分析、预测是否在行？

7. 你认为自己对市场需要哪些产品（或服务）有没有敏锐的感觉？

8. 你对促销术、广告常识的了解怎样？

9. 你对与员工建立良好互助关系有没有把握？

10. 你对定价有多少把握？这需要对客户需求、进料价格、竞争状况有较全面的考虑。

（三）解决进城务工人员的几个常见问题

1. 能否用语言清晰地描述出创业构想？

想法必须明确，应该能用很少的文字将想法描述出来。根据成功者的经验，不能将这创业构想变成自己语言的原因大概是因为尚未对该构想进行构思。

2. 真正了解所从事的行业吗？

许多行业都要求选用从事过这个行业的人，并要求其对行业内的方方面面有所了解。否则，你就得花费很多时间和精力去调查诸如价格、销售、管理费用、行业标准、竞争优势等信息。

3. 看到过别人使用过这种方法成功的案例吗？

一般来说，一些经营红火的公司的经营方法比那些特殊的想法更具有现实性。有经验的企业家中流行这样一句名言：还没有被实施的好主意往往可能实施不了。

4. 想法经得起时间考验吗？

当进城务工人员的某项构想真正得以实施时，会感到由衷的兴奋。但过了一个星期、一个月甚至半年之后将是什么情况？它还那么令人兴奋吗？或已经有了完全不同的另外一个想法来代替它。

5. 设想是否有足够的动力？

创业的目的是什么？是否打算在今后 5 年或更长时间内，全身心地投入到这个计划的实施中去？

6. 有没有一个好的社交网络？

开办企业的过程，实际上就是一个组织诸如供应商、承包商、咨询专家、雇员等人选的过程。为了找到合适的人选，应该有一个服务于个人的社交关系网，否则，就有可能在一群不知底细的人选中疲于挑选。

二、帮助农村贫困劳动力就业

（一）了解农村贫困劳动力就业典型特征

贫困劳动力外出转移就业的突出问题是组织化程度不高，大多是通过亲戚朋友“传帮带”的方式，在外从事制造业、建筑业、批发零售业、住宿餐饮业、社会服务业等技能要求低的基础性、体力型工作，普遍面临工资水平低、就业环境差、就业不稳定、个人合法权益难保障等问题。

（二）精准化职业技能培训

重点实施四项帮扶。一是提高对农民工职业技能培训重要性的认识，将就业培训的重要性作为农民工培训第一课，引导农民工增强培训的主动性，强化职业培训意识。二是着眼市场需求设置培训科目，强化就业针对性，优化实训条件，提高实训课程质量。三是以提升培训质量为着力点，优化资源配置。统筹调配现有多个部门的农民工培训资金，结合本地支柱产业及产业结构调整需求，根据市场用工情况制定阶段性重点培训技术工种，分工合作形成合力，打造技术工种品牌培训项目。四是在脱贫攻坚背景下，积极探索做好精准化职业技能培训的新方法、新路子，帮助农村贫困劳动力就业。积极开展精准化职业技能培训，将订单、订岗、定向的菜单式培训送到农村贫困劳动力身边。

（三）帮助就地就近就业

针对贫困劳动力更愿意在家门口就业的实际情况，要求各地因地制宜，多渠道促进贫困劳动力就地就近就业；要积极行动起来，结合本地自身实际，通过扶贫车间等载体吸纳贫困劳动力就业，大力支持返乡创业带动就业，开发公益性岗位托底安置贫困劳动力就业。

（四）积极开发就业岗位，拓宽贫困劳动力就地就近就业渠道

重点实施四点帮扶。一是东部省份、中西部省份经济发达地区，要依托对口协作机制，结合产业梯度转移，着力帮扶贫困县发展产业，引导劳动密集型行业企业到贫困县投资办厂或实施生产加工项目分包。二是各地要积极支持贫困县承接和发展劳动密集型产业，支持企业在乡镇（村）创建扶贫车间、加工点，积极组织贫困劳动力从事居家就业和灵活就业。三是鼓励农民工返乡创业、当地能人就地创业、贫困劳动力自主创业，支持发展农村电商、乡村旅游等创业项目，切实落实各项创业扶持政策，优先提供创业服务。四是对大龄、有就业意愿和能力、确实

难以通过市场渠道实现就业的贫困劳动力，可通过以工代扶等方式提供就业帮扶。

（五）组织劳务输出

重点实施四点帮扶。一是积极加强与输出企业单位之间的交流合作，坚持多渠道、多措并举开拓劳务市场。二是对农村贫困劳动力资源情况进行调查登记，摸清贫困劳动力资源状况，建立台账和贫困劳动力个人信息数据库，实行动态管理。三是同时多渠道搜集沿海经济发达地区的用工信息，建立用工信息台账。四是通过电话联系、设立联络员等形式认真做好组织劳务输出工作的后续跟踪服务。

下文是《人口与劳动绿皮书：中国人口与劳动问题报告No. 19》节选，请结合文章节选段落所阐述的观点和结论，针对在数字化时代就业方式越来越弹性化、互联网所带来的技术偏向等现实变化，根据进城务工人员遇到的就业服务方面问题，研讨如何提供更加具体、实惠的帮助指导服务，并列出10个具体做法。

《人口与劳动绿皮书：中国人口与劳动问题报告 No. 19》节选

数字化技术使得个体和企业只需要宽带连接就可以在在线平台上交易商品和服务，在数字经济时代，企业的边界变得模糊化，企业组织的平台化成为数字经济的典型特征之一。

2018 年科技部发布的《2017 中国独角兽企业发展报告》显示，2017 年中国独角兽企业榜中，估值位于前 10 名的企业（蚂蚁金服、滴滴出行、小米、阿里云、美团点评、宁德时代、今日头条、菜鸟网络、陆金所、借贷宝）中有 9 家采用平台模式运营。

企业组织的平台化打破了传统的稳定捆绑式的雇佣关系，劳动者的工作时间、工作地点、工作内容、雇佣期限等更加弹性化，人力资源市场的供求关系更加富有弹性，择业和创业更加自主灵活。数字化使劳动者可以跨越时空限制，远距离获得工作机会，就业创业边界逐渐被消弭，形成了基于平台的就业和创业的新途径。大量个体和创业团队能够借助平台模式以较低的成本跨越门槛，借“平台”出海，完成“按需聚散”的契约履行与价值实现行为。例如：个体或组织在众包平台上可以异地接单甚至全球接单；企业可以通过互联网平台在全球招揽人才，但这些人才依托网络平台，依旧在本地办公，可以兼职也可以全职。平台化也会催生产业链上下游的内部就业和创业机会，比如网络运维、在线营销、地面推广、快递物流、第三方支付等。从劳动者人口特征来看，平台模式具有极大的包容性，为已婚女性、流动人口等就业困难群体也提供了公平、灵活、获得更高收入的就业机会，拓宽了劳动力市场半径，降低了失业概率，稳定了社会基础。

绿皮书研究表明，互联网为高技能劳动者提供更加丰富的就业机会和灵活的就业选择，并在一定程度上恶化了低技能劳动者的就业空间。互联网加剧了不同技能劳动者间的结构性失衡，随着互联网规模的扩大、个体互联网使用和数字人力资本的提高，中高技能劳动者在劳动力市场上获得更高的劳动收益，而互联网的发展对于低技能劳动者的劳动收入提高并不显著。考虑到低技能劳动者更可能被技术偏向型的互联网所替代，无论是对于没有进入劳动力市场的低学历潜在就业者还是低技能劳动者来说，互联网时代的劳动力格局都不利于他们的就业前景。

绿皮书研究发现，在工作满意度、就业收入水平、工作时间、工会会员代表和社会保险的参与等方面，非标准就业与标准就业均存在较为明显的差距。非标准就业呈现出以下特征：工作满意度低、工资水平低、超时工作严重、社会保险覆盖率低、工资权益保障差。非标准就业群体的整体就业质量较差，在劳动力市场中处于相对弱势的地位。

06 章

残疾人就业的帮助指导

由于自身残疾的影响和难以适应外界环境，残疾人在劳动力市场竞争中处于相对劣势的地位，就业和职业发展较其他群体存在更多的困难和问题。残疾人群体的残疾类别、残疾程度、教育背景、劳动能力和职业技能等也都存在着巨大的差异，更需要开展有针对性的个性化就业服务。识别判断残疾人典型就业特征，充分了解残疾人的职业能力和性格，最大限度地拓展残疾人的职业发展空间，帮助残疾人建立自信走出心理阴霾，帮助推荐适宜的就业岗位，说服用人单位雇佣残疾人，提供持续的支持性就业服务，帮助残疾人顺利度过就业适应期等，都是帮助残疾人实现高质量、稳定性就业，实现职业成长和发展的重要的工作内容。

本章分四节。第一节讲述不同类别残疾人就业的针对性指导。第二节讲述残疾人的职业重建。第三节主要是针对残疾人就业岗位开发的相关内容进行介绍。第四节介绍残疾人的创业与创业服务的内容。

第一节　不同类别残疾人就业的针对性指导

一、帮助视力残疾人就业

（一）了解视力残疾人典型职业特征

视力残疾人是指由于各种原因导致双眼视力障碍或双眼视野缩小，通过各种药物、手术及其他疗法治疗而不能恢复视功能（或暂时不能通过上述疗法恢复视功能），以致影响其日常生活和社会参与的人。视力残疾包括全盲和低视力两个类别，每个类别各有一级残疾和二级残疾两个等级，一级残疾程度重于二级残疾。因为视力残疾，这一群体形成了其独特的职业特征，主要反映在以下四个方面。

1. 听觉和触觉较发达。这主要是因为视觉缺失使其他感觉器官产生补偿的自我生理保护。

2. 抽象思维和逻辑思维能力较强。因为语言听觉能力的相对发达、记忆力的延伸能力强、词汇量比较丰富，因此，大部分的视力残疾人都会给他人留下言语生动、逻辑充分、热衷于深度思考、善于探索分析的印象。

3. 群体性格偏内向。由于不能直观地看到外部环境，视力残疾人情感体验更为细腻、深沉和含蓄，内心情感世界往往更为丰富，极少会爆发式地将自身的情感表露出来。

4. 自我意识相对孤立封闭。视力障碍造成活动范围的局限，导致视力残疾人不自觉地将自己与外界隔离，从而往往形成相对孤立封闭的自我意识，与人交往往往处于相对被动的一方。

（二）视力残疾人就业针对性指导

主要从两个方面提供帮助指导。

1. 提供基本的帮助指导服务。例如，帮助低视力残疾人实现清晰的自我认知，确定职业方向，建立职场信心，并通过职业介绍和支持性就业服务，积极帮助他们实现就业。

2. 提供生活适应能力训练。例如，帮助视力残疾人熟练掌握盲杖的使用，熟悉上下班路程；帮助视力残疾人熟练使用音频软件，基本实现交流无障碍；帮助视力残疾人尽快融入工作环境，如熟悉办公室环境，使用办公设备，与同事、部门领导和单位职业导师有效沟通等。

（三）重新认识视力残疾人职业发展的可能性

不断地认识、发现视力残疾人职业发展的可能性及其特点，总结其中特有的规律，对有效实现就业具有重要的实用价值。例如，低视力残疾人通过助视器等设备的使用，完全可以达到健全人的生活和工作状态；利用触觉和听觉上的优势，帮助指导一级、二级的视力残疾人开发就业岗位；紧密结合互联网的发展，通过音频软件的应用，使盲人与外界沟通基本实现无障碍交流，工作范围随之拓宽，诸如互联网播音员、配音员、乐器演奏、作家、话务员、售后员、销售员、用品体验员等，都可能成为视力残疾就业人员职业选择，盲人就业渠道会不断拓宽，从传统的“我能做什么”向“我喜欢做什么”演变。

二、帮助听力/言语残疾人就业

（一）了解听力/言语残疾人典型职业特征

听力/言语残疾人是指因各种原因导致听力受损或语言表述障碍的永久性残疾，不能或难以进行正常的言语交流，以致影响其日常生活和社会参与的人。听力和言语残疾各分为四个等级，其中一级残疾最重，四级残疾最轻。因为听力残疾，这一群体形成了其独特的职业特征，主要反映在以下三个方面。

1. 沟通困难。听力/言语残疾人是沟通最困难的残疾人群体。听力/言语残疾人由于听不到外界的声音，许多认知方式都是通过观察一些表面现象，加上自我的想象形成的，认知方式的局限性造成认知上的偏差。

2. 个性单纯，爱憎分明，好恶明显，极少拐弯抹角。这种性格特征会使他们只看到问题或事件的表面状况，而难以注意其问题、事件的内在缘由或联系。而且，听力残疾人和言语残疾人的逻辑思维一旦形成便较难改变。

3. 直抒己见的表达方式。听力/言语残疾人不知如何表达心中所想，担心自己讲出的话无法被人理解，往往采取直抒己见的表达方式。因此，听力/言语残疾人实现就业首先要解决的问题就是人际沟通和信息滞后。

（二）听力/言语残疾人就业针对性指导

实现听力/言语残疾人就业，并使其融入工作环境中，宜从以下两个方面提供帮助指导。

1. 帮助提升信息交流的质量。在帮助听力残疾人提高就业能力和岗位技能的同时，通过着重帮助他们加强沟通渠道的建设，实现真正的无障碍信息交流。例如，要帮助听力/言语残疾人学会进行有效的沟通，了解听力/言语残疾人的听力残疾程度，积极采取有效方法帮助听力/言语残疾人与入职单位的同事进行交流。

2. 帮助主动分享个人经验。帮助指导听力/言语残疾人与他人分享个人经验，分享自己在工作中发现的、解决的问题。掌握适当的方法，不仅可以促进他们融入工作情境，而且可以大大增强他们的自信心。在这方面，应建议入职单位为听力/言语残疾人配备岗位职业导师，采取循序渐进的指导方式开展指导。导师可以是团队负责人，也可以是有经验的老员工。通过从进入单位初期的密集支持到适应期的定期指导，逐步帮助听力/言语残疾人实现稳定性就业。

（三）重新认识听力/言语残疾人职业发展的可能性

随着信息技术的发展，通过运用专用软件，可以将人声翻译成文字，大大缩短了听力/言语残疾人与正常人交流的时间，这在一定程度上扩大了听力/言语残疾人的职业选择范围。根据调研统计，听力/言语残疾人可适应的职业有咖啡师、美甲师、插花员、动漫设计员、中西式面点师、服装设计人员、文字翻译、库管员、舞蹈演员、体验员等。这些都是对听力要求不高的职业，都可以适用于听力/言语残疾就业。

三、帮助肢体残疾人就业

（一）了解肢体残疾人典型职业特征

肢体残疾人是指因四肢残缺或四肢、躯干麻痹（瘫痪）、畸形等，导致人体运动功能不同程度丧失以及活动受限或有参与局限的人。肢体残疾分为四级，一级残疾最重，四级残疾最轻。因为肢体残疾，这一群体形成了其独特的职业特征，主要反映在以下三个方面。

1. 个性职业特征仍具有优势。肢体残疾人除了肢体上的残疾，在感知能力、注意力、记忆力、思维能力等认知方面与健全人不会有明显的区别，从这个角度来讲，他们是残疾人群体中最有就业优势的群体。

2. 肢体残疾程度影响就业稳定。肢体上的残疾程度决定个体在学习、生活、社会交往和就业中的融合效果，残疾程度越重融合越差，而轻度的肢体残疾人与健全人基本没有太大的差异。

3. 性格倔强和自我克制。肢体残疾人喜欢独立地观察、认识、判断事物，独立地思考和行动。渴望独立地安排自己的学习和生活，凡是他们认为自己有能力解决的问题，就不会希望他人进行过多的指导、干扰和控制。

（二）肢体残疾人就业针对性指导

帮助肢体残疾人实现融合就业的有效方法主要体现在以下两个方面。

1. 提供环境上的便利。为肢体残疾人设法解决无障碍的出行、合理便利的无障碍办公环境，往往是提供帮助的首要环节，如向用人单位建议设置办公室外部环境的无障碍坡道、电梯间里的低位控制按钮、无障碍卫生间、升降办公桌椅等。在无障碍办公环境中，肢体残疾人可以胜任任何不需要过度使用肢体的工作。

2. 做好入职前的心理准备。例如，因为肢体上的残疾，特别是明显的肢体残疾，一般要经受周围同事异样的眼光。在这种情况下应当向当事人说明，其实在大多数情况下，周围人表现出来的更多是好奇和关心而不是歧视或是猎奇。因此，肢体残疾人坦诚地和领导、同事交流自己生理上的残疾和需求，不仅会得到大家的理解，而且会得到必要的帮助。

（三）重新认识肢体残疾人职业发展的可能性

在无障碍环境和融合理念的社会环境中，肢体残疾人可以胜任不过度需要肢体功能的任何职业，如行政、会计、人力资源、计算机工程师、公务员、教师、肢体残疾人用品体验员等。在互联网科技迅猛发展的时代，肢体残疾人的就业渠道会逐步呈现更加多元化的趋势，例如，网上报税员、记账员、互联网主播等居家就业方式颇受这一群体的欢迎。

四、帮助智力残疾人就业

（一）了解智力残疾人典型职业特征

智力残疾是指人的智力明显低于一般人水平，并伴有适应性行为的残疾。此类残疾是由于神经系统结构、功能残疾，使个体活动和参与社会生活的能力受到限制，需要环境提供全面广泛的支持。智力残疾包括在智力发育期间，由于各种有害因素所导致的精神发育不全或智力迟滞，或者智力发育成熟以后，由于各种有害因素所导致的智力损害或智力明显衰退。智力残疾分为四个等级。其中，四级智力残疾人能与人交流，生活能够自理，可以参与社会活动。三级智力残疾人可以简单与人交流，生活自理，并且能做简单的家务，指令性较强，在支持环境下可以参与社会生活，实现就业。一级和二级智力残疾人的残疾程度较重，与人交往能力差，生活方面很难自理，运动能力较差，需要环境提供全面广泛的支持，大部分生活由他人照料。智力残疾人的职业特征体现在以下两个方面。

1. 情绪控制力差。智力残疾人情绪波动大，高级情感体验少。他们的情绪受环境影响大，不会用理智来调节自己的情绪，一旦低层次的需要能满足，就毫不掩饰地表现出来，并且表现出比较简单的情感体验，例如，好与坏、满意或不满意，高兴或不高兴。

2. 认知能力差。智力残疾人在观察问题的时候往往存在认知缺陷，且不够理性，带有一定的主观感情色彩，做出决定时无法深思熟虑。在一些复杂的事物前，他们难辨真伪，无法对周围事物进行合理的分析、综合、归纳、整理。智力残疾人处理问题方式简单，缺乏变通，会重复使用之前的经验。

（二）智力残疾人就业针对性指导

使智力残疾人最终实现就业，宜选择重复性强的劳动和指令性较强的工作，例如，流水线上的操作或者简单的重复性手工操作。在进行这类操作时，他们会严格按照流程，将其一一落实。帮助智力残疾人寻找简单重复性工作、将工作流程分解为若干环节、按照小步子训练法开展训练等措施都有助于智力残疾人实现就业并很快胜任。

（三）重新认识智力残疾人职业发展的可能性

智力残疾人在竞争性就业环境中很难实现融合就业，但在一定的环境支持下，通过职业指导人员持续的就业指导并密集到不定期地提供全方位的就业环境、交通出行、岗位适应、人际交往等支持服务，他们就能够从事简单、重复性的劳动。如日本的智力残疾人担任垃圾分类员，目前我国的智力残疾人从事服务业中的传菜员、摘菜员、酒店的布草员等。支持性就业的安置模式集职业训练、安置就业、持续的就业服务于一体，因此职业指导人员需要同时充当岗位开发者、职业能力训练导师和专业就业服务人员等不同角色。

五、帮助精神残疾人就业

（一）了解精神残疾人典型职业特征

各类精神障碍持续一年以上未痊愈，存在认知、情感和行为残疾，影响患者日常生活社会参与的状况称为精神残疾。精神残疾分为四级，其中一级最重，四级最轻。轻度精神残疾人在康复期并坚持服药的情况下，能与人交往，能表达自己的感情，能从事一般性的工作，但学习新事物的能力弱于健全人，承受压力的能力也相对较弱，需要社会环境的支持。精神残疾人的职业特征体现在以下两个方面。

1. 适应能力差。精神残疾人普遍敏感，这种情况一部分来自病情，另一部分则源于他们对即将面对纷繁复杂的社会关系和社会结构时所产生的不安全感。

2. 过度的焦虑。焦虑是精神残疾人在面对不确定性、不可控制的事件或情境时而引发的另一个心理特征。其可表现为在寻找工作频频受阻的情况下，对自我产生的质疑，引发委屈心态或者自怨自艾的情绪；有时也会表现为对社会的畏惧心理，从而引发紧张、警惕、懈怠、脆弱的情绪；有时甚至对外界的过度干预不满，产生暴躁的情绪，严重者还会产生一些对外界具有攻击性的行为。总之，诱因不同，所引发的情绪化表现也不同。

（二）精神残疾人就业针对性指导

精神残疾人是残疾人群体中就业最困难的群体，帮助这一类就业群体主要应从以下三个方面着手。

1. 说服用人单位。精神残疾人社会接纳度低，许多雇主对精神残疾人的行为缺乏认知，一提起精神残疾人就业就恐慌得直接拒绝，所以说服用人单位是一项重要的帮扶措施。例如，向用人单位详细介绍当事人实际康复情况、说明精神残疾人进入康复期后的典型特征，如对自己病情有一定认知，只要能够自主坚持服药控制病情，就可以稳定情绪，可以胜任工作等。

2. 规避竞争和复杂的人际纠葛。康复期的精神残疾人一旦感受到压力，往往担心因为职场压力过大导致疾病复发而立即退缩，因此很难在竞争岗位上实现稳定就业。职业指导人员要充分了解精神残疾人的病情起因、发病时长、服药情况和稳定期的行为等基本情况，根据当事人的自身情况和职业能力，建立就业服务档案，对规避竞争环境、规避复杂人际环境等方面，都要事先制定预案，防止问题恶化。

3. 加强跟踪性心理辅导。对精神残疾人的就业服务，既要提供专业的就业指导，还要提供更为专业的跟踪性心理辅导。残疾人入职后，帮扶人员通过不定期的就业辅导，帮助服务对象克服情绪和心理上的困难，适应岗位，适应环境，实现稳定就业。

（三）重新认识精神残疾人职业发展的可能性

精神残疾人由于病情的原因，实现竞争岗位上的就业有一定的难度，即便实现就业，由于其抗压能力弱，在与人沟通交往受挫后往往会反复失业。因此，辅助性就业是精神残疾人就业的重要渠道。辅助性就业是通过政府主导、社会参与，建立辅助性就业服务组织网络，依托职业康复劳动训练手段实现精神残疾人就业的一种特殊就业模式。如北京市 2018 年开始实施的政府实事项目——残疾人帮扶性就业基地就是典型的辅助性就业形式。该基地由政府主导，提供帮扶性就业基地场地，补贴基地运转资金，社会单位与基地里的精神和智力残疾人签订劳动合同，提供不低于社会最低工资标准的薪资和保险待遇，定期到帮扶性就业基地开展职业培训、岗位适应训练等就业互动，使精神和智力残疾人通过简单的劳动实现辅助性就业。

第二节　残疾人职业重建

一、理解职业重建

（一）了解职业重建的含义

根据1955年国际劳工局《身心障碍者职业训练案》第99号的条文规定，职业重建是指为了使身心障碍者获得就业并使其继续就业的职业性服务，包括职业指导。我国对残疾人职业重建还没有统一的说法，一般理解为，通过提供系统的辅导与支持资源，协助残疾人进入职场或重返职场，并提供可能必要的、持续的支持。残疾人职业重建是根据社会工作的理念，为残疾人提供系统的专业辅导及资源支持，协助他们进入或重返职场，让他们与社会产生互动，自力更生。

（二）理解职业重建服务的目的

职业重建服务针对因病因意外致残的人、有就业需求的残疾人和有转业需求的残疾人。职业重建服务有三大目的：一是促进残疾人稳定就业；二是促进残疾人独立生活；三是促进残疾人融入社会、参与社会生活。

（三）掌握职业重建服务类型

职业重建服务主要分三类。一是庇护性就业服务，主要是针对稳定期精神残疾人和重度智力残疾人的就业服务。庇护性就业服务的主要功能是通过提供简单的动手劳动，帮助这类残疾人进行职业康复训练。二是支持性就业服务，主要是指通过专业化的职业指导，对就业困难残疾人提供持续性的就业指导和服务，帮助他们在竞争性岗位上实现就业。支持性就业服务本质上就是针对残疾人就业过程中心理适应性和就业适应性，开展贯彻始终的帮助指导。三是竞争性就业服务，主要是指通过一系列的支持性服务，提升残疾人的岗位和环境适应性、就业岗位融合度等，提升残疾人就业竞争力，促进提高其就业质量的系统服务。

二、职业重建的主要手段

（一）开展就业能力状况评估

国际劳工组织指出，从职业与工作角度对残疾人进行评估，主要可以从四个方面进行。一是医学评定，确定残疾造成的身体机能障碍的情况。二是生理学评定，确定与活动相关的身体动作。三是心理学测定，确定残疾人的智力与职业活动兴趣等。四是职业活动测评，确定残疾人的技能水平、作业的适应性和作业能力等。在对残疾人进行就业能力状况评估的过程中，往往通过对普通的操作速度、无疲劳的持续工作能力和对噪声等各种外界因素的忍耐度等方面来评估个人的职业适应能力，帮助残疾人接受残疾事实，确定合理的职业方向。

（二）构建良好的就业心态

良好的就业心理状态是实现职业重建的基础。这一环节的实施主要从以下四个方面着手。

1. 认识理解个别差异。例如，不同的残疾类型、残疾等级、先天与后天致残等因素，都会对残疾人个体产生不同的影响。又如，从致残的时间来看，残疾人又分为后天残疾和先天性残疾两种。后天残疾比先天性残疾对残疾人的心理影响更大，从健全人到残疾人的心理认知是一个艰难的过程，因此后天致残的求职者，他们实现职业重建往往比后者更为困难，稍遇挫折就会对求职的信念产生动摇。

2. 帮助建立阳光心态。主要涉及两个方面。一是增加残疾人自信心和对社会的责任感，让他们了解自己的潜在能力，全面了解自己的职业性格和心理特征，做好职业重建前的准备，规划好职业技能培训、职业发展方向等。二是帮助指导残疾人学会压力管理和情绪调节，建立积极向上的阳光心态。例如，在日常学习、生活和工作中，随时觉察自己的心理状态，及时发现自己的不良情绪和消极心态，对自己的不良心理状态进行自我疏导和调整，快速从不好的心理状态中摆脱出来。

3. 及时指导干预。残疾人重新适应就业环境会遇到各种问题和困难，难免产生各种负面情绪，基于此，应当事先有预案，适时有干预，帮助他们及时调整心态。

4. 鼓励积极面对现实。鼓励残疾人职业重建人员坦然面对就业挫折，实现自我认知，发现自我优势潜能，增强自信，学会以积极角度看待问题，采取积极的应对策略，不逃避、不放弃重返社会就业的机会，找到适合的就业岗位，循序渐进实现就业，重返社会，参与生活。

（三）创建无障碍环境

创建“合理便利”和“通用设计”的无障碍环境是职业重建的重要保障。残疾人群体能否走出家门实现就业，取决于是否具有“合理便利”和“通用设计”的无障碍环境。哪怕是一级台阶，对于乘坐轮椅的重度肢体残疾人来说，都犹如一座不可逾越的山峰。因此，建立包容、无障碍的环境，是残疾人群体参与社会生活的重要基础。职业指导人员不仅要帮助雇主开发残疾人就业岗位，还要促进雇主为接纳残疾人员工就业，提供合理便利的无障碍办公环境。例如，为肢体残疾人提供升降桌椅、无障碍卫生间，为听力残疾人提供闪光提示器，为盲人提供语音提示器等。

（四）开展职业适应性训练

职业适应性训练主要涉及两个方面。一是帮助残疾人适应职业生活，激发他们的主动性，快速掌握岗位技能，帮助他们了解岗位职责，熟悉工作内容，规范每个工作细节。这对残疾人快速掌握工作要求、胜任工作岗位具有很大的帮助作用。二是职场的心理建设和人际交往，特别是人际交往是残疾人群体普遍较弱的环节，要不断鼓励他们以真诚踏实肯干的工作态度，尽快适应就业岗位，实现职业角色转变的顺利过渡。

第三节　残疾人就业岗位开发

国家对残疾人就业实行集中就业与分散就业相结合的方针。集中就业和分散就业是解决残疾人就业的重要形式，二者相辅相成、互为补充，共同构成了残疾人就业的主要渠道。集中就业有助于解决大部分视力残疾人、智力残疾人和精神残疾人以及一些残疾程度较重的其他类别的残疾人就业问题。这些残疾人不适宜通过劳动力市场的调节实现就业。分散就业是指机关、团体、企业事业组织按一定比例，相对分散地安排残疾人就业。随着经济结构调整，分散就业逐步成为残疾人群体就业的主要渠道。分散就业促进了残疾人充分参与社会生活，增强了残疾人与社会的交流融合，有利于帮助残疾人顺利融入社会主流。残疾人就业岗位开发重点在分散就业。

一、残疾人就业岗位开发的思路和原则

（一）残疾人岗位开发的思路

1. 充分利用政策资源。例如，按比例安排残疾人就业，促进残疾人自主创业，落实就业保险补贴、岗位补贴等政策，从而充分挖掘用人单位潜在的就业机会和工作岗位。

2. 利用互联网时代经济结构的调整，全面开发残疾人居家就业、互联网就业等多元化就业渠道，开发新的就业岗位，提升残疾人职业技能，促进残疾人群体适应新的就业形势，实现高水平稳定性就业。

3. 利用残疾人人力资源比较优势，开发适合残疾人的就业岗位。

（二）残疾人岗位开发的原则

1. 因人设岗。因人设岗具有个性化岗位特征，是残疾人就业服务精细化的具体体现。设置岗位时，要掌握用人单位的业务流程，更要着重于残疾人的就业能力。根据残疾人的残疾类别、等级、就业经历和就

业能力，设立适合残疾人的就业岗位。

2. 因岗设人。企业根据工作需要设立工作岗位，然后根据工作岗位的需要配置相应人员。岗位与人员是开发与配置的关系，应努力促进企业岗位和上岗残疾人的适配性。

3. 人岗匹配。根据岗位对人的素质要求，选聘相应的工作人员，并安置到合适的工作岗位上。例如，听力残疾人适合噪声大的工作场所，视力残疾人适合保健按摩或与听力相关的工作，智力残疾人适合流水线上简单重复性的操作。

二、残疾人就业岗位开发的类型和方法

（一）残疾人就业岗位开发的类型

从残疾人就业岗位的现状来看，以劳动能力和岗位匹配之间的关系进行划分，残疾人就业岗位可以分为以下两种类型。

1. 竞争性岗位。竞争性岗位通常是指用人单位依法按比例安置残疾人就业，其岗位准入基本是按正常岗位的技能要求进行考核筛选，工作职责与健全员工基本一致。从目前的安置情况来看，按比例就业是残疾人就业的主要渠道。按比例就业的残疾人群体，主要是以听力、言语、视力和肢体残疾人为主。随着残疾人支持性就业服务的开展，轻度智力残疾人和稳定期精神残疾人在竞争性岗位就业的人数也逐步增加。竞争性岗位是残疾人参与社会融合度最高的就业类型，是一种有利于残疾人实现平等、参与、融合的就业形式。

2. 庇护性岗位（辅助性就业岗位）。庇护性岗位是一种辅助性的就业形式，主要面向在就业年龄段内，有就业意愿，但难以进入竞争性劳动力市场的智力、精神和重度肢体残疾人。庇护性岗位具有相对稳定的劳动生产项目，具备包括精神残疾人服药管理在内的较为完善的劳动安全保护措施，配备相应的专业服务人员，并与残疾人或残疾人亲属签订相关协议；符合劳动合同法律法规规定的，应与残疾人依法签订劳动合

同，给残疾人支付适当的劳动报酬。这种类型的岗位是职业康复与身心康复相结合的。

（二）残疾人就业岗位开发的方法

岗位开发既是为残疾人挖掘岗位，也是为用人单位提供人力资源服务。这方面的服务主要表现在两个方面：一是发挥用人单位在安排残疾人就业方面的主体地位和作用；二是针对用人单位的地域特点、条件和需求，提供特色服务和支持服务。残疾人岗位开发主要采用访谈法、实地考察法、残疾人雇主培训和互联网就业服务。

1. 访谈法。即与用人单位进行访谈，了解用人单位的行业特点及职位分类情况，以便判断出其岗位是否适合残疾人就业。此种方法需要在访谈前做好充分准备，对用人单位的岗位环境、岗位工作内容和岗位所需人员的特征等进行全面调查，对岗位环境和岗位工作内容适合的残疾类别和残疾等级做出预估，为岗位分析提供充足的资料和信息。

2. 实地考察法。即到工作地点观察用人单位的实际用工情况，将标准时间内分类职位上发生的所有事情如实记录下来，并进行细致的分析。分析各个岗位的特点，开发的可行性，确定适合岗位需求的残疾人类别、等级、学历及工作经验等需求，从而为用人单位和残疾人员工进行合理的人岗匹配奠定基础。这是残疾人岗位开发中的重要手段之一。

3. 残疾人雇主培训。这是残疾人岗位开发的重要方法。公共就业服务机构和残疾人就业服务机构根据雇主的需求和促进残疾人就业工作的需要，有针对性地开展残疾人就业法律法规、残疾人人力资源开发与管理等知识培训，帮助雇主增强安排残疾人就业的法制意识，提高残疾人人力资源开发与管理的水平。残疾人雇主培训主要涉及宣传现代文明社会的残疾人观、介绍残疾人工作的基本知识、介绍安置残疾人就业政策、讲解残疾人群体进行沟通的技巧与办法等。

4. 互联网就业服务。随着科技发展，建立互联网残疾人就业服务平台，为残疾人和残疾人雇主提供便捷高效的就业服务。通过残疾人就业服务平台，方便用人单位查询残疾人就业优惠政策、残疾人就业专业知识、残疾人成功就业的案例等。利用智能算法根据不同行业、性质或规模以及企业所提出的特别岗位要求，推荐适合岗位需求的残疾人员工，将人岗匹配智能化、精细化。

三、残疾人支持性就业

支持性就业是指将残疾人安置在普通就业环境中，与健全人一起工作，并在工作中得到持续支持的就业方式。该方式最早源于 20 世纪 60 年代的美国，后在德国、日本、马来西亚等国家开展，主要针对智力残疾人就业。目前，我国北京、广东、山东、广西、湖南等地对支持性就业进行了一系列探索。从实施角度来看，支持性就业更具体地可以表述为一种持续性的就业服务模式。以北京为例，2017 年出台了残疾人支持性就业政策，覆盖全部就业困难的残疾人，提供为期 6 个月的支持性就业服务，其内容包括一对一的职业指导、心理支持、岗位适应等服务。支持性就业服务可帮助有就业愿望和有一定就业能力的残疾人，最终实现与健全人同岗就业和稳定性就业。

（一）影响支持性就业服务的三个关键因素

职业指导人员的专业化，持续开展支持服务和社会的支持被认为是支持性就业服务的关键。

1. 职业指导人员专业化。支持性就业服务最关键的保障是职业指导人员的专业化。这些人员既要具备丰富的残疾人服务经验，还要掌握职业指导技巧，能够有效开发适合残疾人就业的岗位，善于提供支持性的帮助等。从帮助指导残疾人的角度，职业指导人员除要具备一般工作训练者的技巧外，还需具备下列能力。

（1）有效应对服务对象遇到的各种问题的能力。

（2）熟练掌握各类残疾人的职业特性，制定切实可行的职业训练方案的能力。

（3）熟悉就业相关的法律法规，帮助服务对象和用人单位合理用工。

（4）协助服务对象在就业岗位环境中建立良好人际关系。

（5）帮助服务对象融入社会的能力。

2. 持续开展支持性服务。残疾人就业必须要实施持续的支持性服务。就业困难残疾人经过专业的职业技能训练和职业适应性训练后，虽然能够实现就业，但这不表示能够实现稳定就业。因此，职业指导人员必须持续开展支持性就业服务，从最初每天的职业陪伴，到每周或每月的定期就业辅导，随时帮扶残疾人解决工作中出现的问题，例如，工作适应、人际交往、心理压力等方面。通过持续性就业服务，职业指导人员关注服务对象在岗位中的细微变化情况，对发现的问题随时进行干预，帮助服务对象解决问题，帮助服务对象实现稳定就业。

3. 广泛的社会支持。加大支持性就业的正面宣传，积极报道和宣传残疾人成功就业的案例，消除企业对残疾人就业能力的质疑。只有得到更多企业的认可，才可能开发更多的、适合残疾人的就业岗位。同时，倡导树立文明的残疾人观，加强企业社会责任培育。要努力营造有利于残疾人就业的社会环境，使全社会认识到实现残疾人就业不仅是残疾人追求的目标，也是社会文明进步的标志。要讲好企业和谐用工、支持残疾人就业的中国故事，树立企业正确的就业社会责任观，鼓励企业加大适岗开发力度，采用以人设岗等灵活多样的方法开发残疾人的工作岗位，为残疾人支持性就业服务提供支撑。

（二）支持性就业服务的流程

支持性就业服务主要分三个步骤。一是职业能力测评。这是一个必不可少的重要环节，准确判断残疾人的实际工作能力是制定支持性就业服务方案、制订职业技能培训计划、岗前训练、岗位开发等后续服务的重要基础。二是适应性的服务支持。这主要是在实施阶段的初期，主要以为服务对象开发或匹配适合的就业岗位、通过每天陪伴式的密集型支持，帮助服务对象尽快适应就业岗位。三是稳定性的服务支持。这是在实施阶段中期，当服务对象进入职业稳定期后，可以从密集型支持转为每周或每月一次定期服务，帮助服务对象继续稳定就业岗位，直至服务对象完全适应岗位并被用人单位接纳。

第四节　残疾人创业与创业服务

残疾人群体创业与其他群体创业相比具有更多的困难和障碍。残疾人创业不仅受到学历、专业兴趣、个性、健康情况、语言障碍和心理状态的影响，还受到资金、家庭支持、社会环境和社会关系的制约。除此之外，政策等方面也是其重要影响因素。

一、残疾人创业的影响因素

（一）个人因素

由于生理障碍，残疾人群体普遍性格偏内向，不善于表达，往往因害怕受到伤害而选择自我封闭，这与创业所需要的自信、开朗的性格有一定差距。此外，残疾人群体受高等教育的机会相对匮乏，这就导致残疾人在创业理念、创业方向、创业能力和创业规划等方面受到一定的制约。同时，创业对残疾人个体的受挫抗压能力是非常严峻的考验。

（二）家庭因素

残疾人群体的家庭经济条件在医疗支出和康复支出的双重压力下，通常处于不富裕甚至贫困的状态，因此对于残疾人创业，家庭成员很难从经济方面给予更多的支持。

（三）社会因素

从社会状况来看，残疾人参与社会活动的机会有限，参与的社会活动层面不高。由于身体行动不便、交流不畅或存在心理障碍，社会的融合度相对较低。而创业是社会活动，需要广泛的社会资源和社会资本的支持，这就直接影响到残疾人创业的持续发展。

（四）政策因素

从政策支持来看，除了所得税、增值税、营业税减免（税务局确认）的支持外，公共就业服务机构和残疾人就业服务机构还为残疾人创业提供了运营补贴和房屋补贴，对残疾人创业招录的残疾人员工给予岗位补贴和保险补贴。有些地区针对残疾人创业，制定了持续三年提供运营和房屋补贴的政策，这些政策对残疾人创业具有很强的支撑作用。

二、残疾人创业指导的特殊原则

（一）理解尊重

应充分理解残疾人创业的行为初衷，尊重其创业的选择，不得因其残疾、资产的多少、规模的大小、选择的行业、项目的好坏而有所歧视。应在理解尊重残疾创业者的基础上给予专业指导。

（二）需求优先

残疾人创业指导的需求分析应针对残疾人的创业行为，而不是针对残疾人本人所提出的要求。职业指导人员应在残疾人提出的问题和困难的基础上，认真分析、科学诊断，以实事求是的态度发现残疾人在创业过程中存在问题的本质及相应的指导需求，然后提出针对性的指导意见与建议。

（三）重在引导

残疾人的创业指导服务基于残疾人有创业意愿和创业行为，职业指导人员提供的是服务而不是行政强制，对残疾创业者要进行有针对性的引导。

（四）实践为主

创业指导的过程是职业指导人员对残疾创业者，在创业过程中运用专业知识针对问题本身进行分析讨论，找到问题的症结所在，并开出药方，让残疾人创业者所面临的问题和困难得到解决的同时，创业能力和水平也得到提高。

三、残疾人创业准备

在残疾人的创业准备中，思想准备是最重要但也是最容易被忽视的一点。残疾人创业者要清楚地认识到创业有风险，并不是每个人都适合创业，也并不是每一次创业都能够获得成功。在真正开始创业前，其需要做好以下心理准备。

（一）理智地看待创业的成功和失败

虽然在创业时要抱着一定能成功的信念，但是首先一定要做好创业会失败的心理准备。要学习别人成功的经验，更要借鉴大多数人失败的教训。

（二）正确地应对挫折

即使做了万全的准备，创业仍然会面临各种各样意想不到的困难。对于残疾人创业者来说，要通过面对创业过程中的困难不断提升自我抗压能力和受挫能力，同时充分做好应对的心理准备。

（三）保持坚持和坚定

大多数创业企业在开始的 1～3 年处于起步阶段，很可能处于亏损状态，有的企业这种状态会持续数年。因此，坚持是创业最需要具备的素质。同时，要抵抗住各种负能量，用坚定的信念冷静地抓住时机，寻求发展。

四、残疾人创业的领域

（一）互联网领域

互联网创业是现今创业的热门领域，尤其随着“互联网+”、大数据、分享经济等产业的大力发展，残疾人群体通过互联网平台实现创业就业的例子越来越多。以淘宝为例，2016 年 8 月至 2019 年 5 月，有 17.41 万名残疾人通过淘宝、天猫平台注册网店实现创业。虽然互联网的创业门槛低，但是残疾人群体也应意识到机会与挑战是并存的，并非所有人都适合在互联网平台上创业。创业者除了对互联网经济这一领域有浓厚的兴趣外，也要具备一定的商业功底才有成功的把握。

（二）生态农业领域

相对于传统热门的创业行业，生态农业是近几年受到关注的重点领域。在国家大力扶持的推动下，绿色、环保的生态农业成为可供残疾人群体创业的优质项目。相对于互联网领域来说，生态农业门槛较低，残疾人群体可以利用的资源也较多，并且可以获得政府和社会较大扶持力度。但是，生态农业同样需要积累相关的专业知识，需要用先进、科学的农业知识加上灵活的市场和电商知识，根据实际情况走出一条特色的生态农业道路。

（三）连锁加盟领域

统计数据显示，在相同的经营领域，个人创业的成功率低于 20%，而加盟创业则高达 80%。对创业资源十分有限的残疾人群体来说，最好选择运营时间在 5 年以上、拥有 10 家以上加盟店的成熟品牌进行加盟创业，这样能够更快更好地获得相关资源以及管理经验。但选择加盟创业要深入考察，认真甄选，避免上当受骗。

（四）个体经营领域

开一家小店可能是残疾人群体最容易操作的创业模式了，一方面初期投入资金较少；另一方面由于熟悉居民的消费习惯，因此创业门槛较低。但是开店也会遇到很多问题，比如选择行业、选址、策划、营销等方方面面都需要专业的知识、细致的筹划以及大量的精力投入。在进行初期筹划时，残疾人群体需要专业的职业指导人员进行指导，在获得创业指导的同时，获取创业政策的详细信息，助力创业成功。

五、残疾人创业的风险与防范

（一）残疾人创业的主要风险

1. 项目选择的风险。残疾人创业初衷是各种各样的，有人经过深思熟虑，做好了充分的前期准备；有人则是看到就业困难，不得不选择创业。事实上创业并非易事，成功的人有，但失败的更多。如果没有对创业项目经过前期市场调研和论证，只是凭自己的兴趣和想象，甚至仅凭一时心血来潮来决定创业方向，一定会碰得头破血流。例如，听力残疾人小夏在参加残联组织的创新创业训练营后，对互联网创业产生了浓厚的兴趣，经过比较认为开办母婴类产品的互联网销售服务平台比较好，于是创办了“当妈了”电商平台。但是他前期没有做过任何的市场调研，仅仅和创业导师讨论了几次，就决定从家里筹措资金准备开业。当他搭建平台开始运作的时候，才发现自己对母婴行业并不了解，包括怎么设计平台内容、卖哪些母婴产品、如何拓展客源、怎么管理平台等都不是太清楚。平台的点击量始终上不来，6 个月后无法继续维持就倒闭了。这件事情对小夏的打击很大，但冷静之后，他也意识到自己在选择创业项目时的失误之处。

2. 缺乏创业技术的风险。残疾人选择创业之前，很多人已有一定的就业经验，通常是选择自己熟悉和了解的领域，但相对于创业的技术层面素质则相对缺乏。如果缺乏创业技能作为基础，那么当创业想法转变成实际操作时，创业就是纸上谈兵，注定失败。

3. 资金不足的风险。创业过程中，资金风险是时刻存在的。因为，资金是贯穿创业整个过程的血液，没有足够的流动资金，创业初期就会遭遇失败。而多数残疾人缺乏基本的财务分析能力，这就更加大了创业中的资金风险。例如，蔡女士是一名因乳腺癌手术致残的肢体三级残疾人，熟练掌握手工制作的她在参加创业训练后果断创业，成立了一家专门教授残疾人学习手工技能培训的公司。但公司成立之初因定位及业务资源等问题，始终难以发展起来，资金也逐步匮乏，后获得残联的扶持，通过政府购买服务获得了资金支持，并将定位转向社区服务才走出困境。所以，残疾人群体在考虑创业的时候，一定要想好前期资金从哪里筹集、后续如何融资等问题，提前预防资金风险。

4. 社会资源不足的风险。创业需要调动创业者的社会资源，残疾人由于多方面因素影响，与社会的接触并不广泛，大部分残疾人并没有广泛的社会资源，而这部分社会资源就包括技术、销售渠道、团队管理、融资渠道等，缺乏了这些，创业就会感到非常吃力。残疾人通常从封闭的家庭环境中走出来创业，其社会资源就仿佛一张白纸，缺乏丰富、有效的社会资源，不利于创业成功。

5. 创业伙伴意见分歧的风险。残疾人群体在创业时，选择伙伴、建立团队非常重要。然而，风险也就蕴含在其中，团队的力量越大，产生的风险也就越大。一旦创业团队的核心成员在某些问题上产生分歧不能达到统一时，极有可能会对创业造成强烈的负面影响。

6. 缺乏核心竞争力的风险。对于具有长远发展目标的创业者来说，他们的目标是不断地发展壮大企业。因此，企业是否具有自己的核心竞争力就是最主要的风险。残疾人准备创业时，也要充分考虑自己的核心竞争力。

7. 缺乏管理经验和市场经验带来的风险。一些残疾人创业者虽然技术出类拔萃，但理财、营销、沟通、管理方面的能力不强，特别是残疾人群体知识单一、经验不足、资金实力和心理素质明显较差，都会增加在管理上的风险。创业失败者基本上都是管理方面出了问题，其中包括：决策随意、信息不通、理念不清、患得患失、用人不当、忽视创新、急功近利、盲目跟风、意志薄弱等。同时，残疾人群体由于社会关系简单、人脉资源较弱、缺乏市场经验，如何做好市场营销、打开产品服务的销路就成了创业能否成功的关键。缺乏管理和市场经验都给残疾人群体创业带来了风险。

（二）残疾人创业风险防范

1. 提升自身素质，加强风险意识。残疾人在创业筹备过程中，因创业热情高涨，盲目自信和乐观，很容易造成自我定位就不准确，眼高手低，期望值过高；眼里看到成功人士的传奇经历，而忽视了自己的真正实力，以及创业背后的风险。因此，残疾人群体在创业之初应从实际出发，进行合理客观的自我评价，避免由于盲目自信而带来的管理、技术、市场、资金、人才等风险。

2. 完善“硬件”准备，详细了解相关政策。创业必备“硬件”主要有三方面：一是要有人，即团队；二是要有技术，即要清楚创业的手段、模式等信息；三是要有钱，即资金。这三者好比“天时地利人和”，缺一不可。同时，把握国家及地区为支持残疾人群体自主创业而出台的各项优惠政策也是非常关键的。

3. 对可能发生的重点问题做好预案。即便在创业之前有了一个看似完美的策划书，但在实际创业过程中，也会出现许多无法预期的难题，所以必须事先充分论证，不断进行项目评估，做好详细预案准备。

阅读与思考

下面列出了残疾人就业帮助指导的八项技能。请结合本章内容，围绕下文开展研讨，并做进一步深化和完善：一是根据实际情况进一步丰富每项技能的内容；二是根据实际需要进一步细化完善相关技能，使之更加系统、更加全面；三是重点围绕“促进雇主开发就业岗位”技能提出个人建议和措施。

残疾人就业帮助指导八项技能

一、充分沟通

针对残疾人（受助者）的就业意愿和耐心与其进行充分沟通交流，通过多次集中交流开展人物背景分析，掌握其残疾类别、等级、学历、就业经历等基础情况，尤其要深入了解其就业心理和就业愿望。

二、开展求职咨询

主要针对求职过程中的三个问题开展咨询：一是帮助受助者分析其求职过程中产生的困惑和职业心理问题，开展心理疏导；二是实施择业观念指导，改变认知，帮助受助者树立正确的就业观；三是帮助受助者发现自身优势，坚定求职信心，克服求职挫折，鼓励指导成功求职。

三、建立就业服务档案

残疾人就业服务档案应当包括三个部分：一是一般状况，即个人状况、家庭情况、就业经历、经济状况等；二是就业意愿；三是职业优势、局限性、典型就业特征等。

四、专门的职业适应性评估

根据岗位、工作环境要求重点评估两个方面。一是一般心理发展水平。例如，对受助者的情绪稳定性、注意力集中水平、手眼协调能力、空间感、短时记忆等方面进行测评诊断。二是社会环境适应度。例如，对受助者社会交往能力、抗压能力等方面进行细致分析评估。

五、推荐介绍适合的岗位

帮助受助者树立正确的就业观，实现自我认知，根据其求职意愿推荐、介绍适合的岗位，并鼓励受助者要将每一个岗位都视同实现自我人生价值的一次机会，全力以赴地做好职业准备。通过密集的岗位推荐，确保残疾人受助者实现就业。

六、求职技巧训练

帮助受助者提升求职技能，提高应聘成功率，如简历的撰写、面试的沟通技巧等。

七、促进雇主开发就业岗位

主要涉及四项内容。一是说服雇主雇佣残疾人。二是促进雇主从多个视角发现残疾员工的职业优势，最大限度地掌握残疾人员工的职业特性，开发适合残疾人职业特性的就业岗位。三是指导雇主创造无障碍办公环境，为残疾人员工提供合理便利的无障碍办公设施，帮助残疾人员工在岗位上实现无障碍办公，提升职业的适应性。四是促进雇主引导员工消除歧视，营造平等参与融合共享的职场氛围。科学规范管理残疾人员工，同工同酬，促进残疾人员工与健全员工的融合发展。

八、促进人职岗位融合

主要应结合三个方面开展：一是理解互联网给社会带来的变化，把握职业变化和发展；二是结合残疾人群体的职业特点和职业特性，促进开发不同的职业或实现居家就业；三是开展跟踪服务和指导，促进残疾人更快、更好适应工作环境。

07 章

用人单位招用工指导

用人单位招用工问题是职业指导的一项重要工作和难点。用人单位“招工难”“用工难”对人力资源市场常态运行有着重大影响，应当予以高度关注。之所以造成这一现象，既有经济环境条件和人力资源市场发生变化的原因，也有企业自身存在的问题。从本质上来看，企业招工用人的核心就是要“以员工为本”，就是要遵循四个基本规律。一是要随市场变化提高工资待遇水平。企业支付工资要根据效益和劳动生产率，但也必须考虑到社会平均工资水平。这是留人、用人的“压舱石”。二是要落实法律法规，保持员工就业稳定。与员工签订劳动合同和参加社会保险是保持劳动者就业稳定的基础。企业应依法保护员工劳动权益，按时缴纳社会保险，使员工在遇到养老、医疗、失业、工伤、生育等问题时均能享受到社会保险，这是给员工吃定心丸。三是要采取多种人性化措施增强企业吸引力。企业应在保证工资按时足额发放和工资水平相应提高的同时，为员工改善生产生活条件，提供相应劳动保护，如提供工作餐、文化娱乐设施，帮助解决住宿问题及配套生活设施，协调子女上学，免费体检，组织旅游，提供返乡探亲费用等。这些措施都会大大提高员工对企业的向心力和归属感，也会成为企业吸引新员工的重要因素。相反，则必然导致员工对企业的冷漠和离心。四是要提供学习、晋升机会和空间，增强招人留人后劲。新一代劳动者更追求平等，追求个人发展。企业如果能够为员工培训、学习和提高技术技能提供支持和帮助，不仅会大大提升员工的工作能力，而且会大幅提高企业的竞争力。特别是在企业内形成公平竞争和凭业绩晋升的机制，更能激发员工积极向上，使员工感到个人发展有奔头，个人价值能体现，从而增强对企业发展的认同感。

本章分两节。第一节针对用人单位招用工遇到的一般性问题，阐述如何开展帮助指导。这主要涉及薪酬待遇低、用人不规范、小微企业吸引力不够、信息发布渠道不畅四个问题。第二节专门针对用人单位招用工遇到的典型问题，介绍如何开展帮助指导。这方面主要涉及招用工专业性强、临时或季节性用工、偏远或经济欠发达地区招工、岗位劳动强度大和工作环境差四个问题。

对一般性问题和典型问题，本章都在介绍时坚持了三项原则：一是紧密结合用人单位的实际情况，提出解决办法；二是重点讲解具体措施，不做理论阐述，突出问题解决；三是提供帮助思路、帮助原则、帮助措施等重要的操作性内容，目的是使基层职业指导人员据此参考，能够结合本地实际更好地举一反三，广开思路，创新实践。

第一节　针对一般问题的指导

一、针对薪酬待遇较低进行指导

（一）帮助指导增加激励机制，科学合理设计薪酬

合理制定薪酬体系，切实体现岗位职责、岗位技能、劳动贡献等因素与薪酬的合理关系，按照“按劳分配，多劳多得”的分配原则，最大限度地调动员工的工作积极性和创造性，提升企业对求职者的吸引力。具体主要从以下四个方面开展指导。

1. 选用具有激励性的计酬方式。对数量容易计量、质量标准明晰的工作，可以采用计件薪酬的方式，多劳多得，少劳少得。针对其他性质的工作，可以设计其他具有激励性的计酬方式，使个人能力与付出能在薪酬中得到体现。如在 IT 行业，可采用按时计酬与按绩效计酬相结合的方式；对于高科技公司里的研发人员，则可以将研发人员的部分薪酬与产品的销售状况挂钩，增加加薪机会，使薪酬支付更加直接地体现员工的业绩。

2. 激励措施多样化。将现金性薪酬和非现金性薪酬结合起来运用，有时能取得意想不到的效果。前者包括工资、津贴、奖金和“红包”等，后者则包括企业为员工提供的保险福利项目、实物、文体娱乐、培训机会等。比如，UPS（联合包裹服务公司）承诺给员工提供深造所需的学费，这一做法就让它吸引到一大批年轻、有能力又有一定抱负的人才。

3. 完善福利体系。福利项目设计得好，不仅能给员工带来方便，解除其后顾之忧，增加其对公司的忠诚，而且可以节省在个人所得税上的支出，同时提高公司的社会声望。有些公司专门为员工的家属提供特别的福利，如在节日之际邀请家属参加联欢活动、赠送公司特制的礼

品、让员工和家属一起旅游、给员工子女提供生日礼物等。

4. 善用股票奖励形式。在高科技行业，股票期权是个非常诱人的字眼。很多员工特别是高层员工认为工资的高低不是主要的吸引力，最重要的是有没有实行“员工持股”制度。具体做法有三种。一是收入股份化，在考核的基础上，企业将部分收益转化为企业股份，员工按股份享受企业的股本分红。二是设置管理股，让员工以企业股份的形式享受企业经营收益，经营者离开企业，该股份也就自行消失。三是设置股份期权，让企业员工享有在未来某一时期，按照确定价格购买一定份额股份的权利。

注意事项。一是避免单一依赖工作业绩来评定薪酬所带来的负面作用。要注意底薪维稳和绩效激励相结合。如果只关注绩效，而工资、固定津贴、社会强制性福利等达不到员工期望，会使员工缺乏安全感，甚至出现员工士气下降、人员流失等现象，这样也会直接影响该企业的招聘效果。二是注意差异性。企业要根据自身实际情况，充分考虑自身的承受力，采取恰当、合理的薪酬体系。

（二）帮助指导到欠发达地区招工

指导企业通过与政府、学校和中介机构合作或者自主招聘的方式，到经济发展相对落后而劳动力密集的地区选拔员工，这样既提高了求职人员的匹配度，又节省了用工成本。

1. 自主招聘。依据企业需求，选择恰当的招聘渠道。例如，到贫困地区广泛宣传企业招聘信息，通过当地宣传栏或在群众较密集的地方张贴招聘海报等进行广泛宣传。企业招聘人员也可深入贫困地区进行现场招聘、面试，为求职者解答咨询，直接办理招工事宜。

2. 与政府合作招聘，主要有两种方式。一是联系当地人力资源社会保障局、就业服务中心、职业介绍服务中心等劳动就业服务机构，寻求当地政府部门帮助，由当地政府协调或牵线进行招聘。二是同当地政府部门建立长期稳定的劳务合作关系，长期定向地向某个落后地区提供岗位需求信息，保证稳定的用工来源。

3. 校企联合招聘，主要有两种方式。一是与当地学校就业指导中心联系，参加学校毕业季的双选会，或单独安排招聘。二是与当地对口的技校、职业学校建立委托培养机制，长期大批量地吸纳学校的人才输出，以满足企业对特定人才的需要。

4. 与中介机构合作招聘。与贫困的劳务市场、劳动中介机构、劳务派遣机构等合作，通过他们开辟新的招工渠道。

5. 注意事项。一是依据企业战略目标，做好到欠发达地区招聘的规划工作，着重规划出短期人力资源需求计划和长期人力资源储备计划。二是招聘人员的素质非常重要，应对本企业非常了解，要诚恳、热情、富有同情心。

（三）帮助指导放宽招工条件

指导用人单位在招录人员过程中，从实际出发，深入分析招工、岗位要求，灵活掌握约束招工条件，适当取消或放宽对求职者某些方面的限制，如年龄、性别、学历、专业、婚育状况及工作经验等，同时采取其他措施弥补招工条件放宽而带来的不足，如通过改变理念、改变自我运作模式、采取各种变通手段，以达到扩大求职人员备选范围、提高招聘成功率的目的。

1. 由“硬匹配”变为“软匹配”。招聘时要求学历、经验、专业等条件的做法就叫作“硬匹配”，这样的做法，常常使一些不具备这些条件但具有潜质的求职者被拒之门外，因此，建议可采取“软匹配”。即不去更多关注那些“死”的条件，而将一个人的职业胜任能力和潜力作为考察重点，也就是人们常说的“不论白猫还是黑猫，抓住老鼠就是好猫”。事实证明，这种做法不仅可以缓解招人难的问题，还可以使企业更多发现“千里马”，促进企业人力资源队伍建设健康良性发展。要使“软匹配”真正产生良好效果，要做好以下三项工作。

（1）事先要分析。要对所招聘的岗位进行工作分析，即看一看要胜任这个岗位，对人的能力、技能、人格特征等方面都有哪些重要要求。搞清楚这些内容，招人时就有了考核依据。

（2）测评和选拔。可以根据岗位的重要程度，制定相对严格的测评和选拔方案，简单的可以是一个十分钟的面试，复杂的可以是几个小时的无领导小组考核。但不论选择何种方法，都必须遵守一个原则：事先要有准备。在这方面，如果企业没有条件，可委托人力资源或公共就业服务部门进行。

（3）制订岗前培训计划。采取这个环节主要有两个意图：一是通过岗前培训使被招用人员迅速适应岗位需要，弥补条件放宽所带来的不足；二是提醒企业人力资源部门，不论采用何种招聘方案，对员工持续不断培训都是不可缺少的。

2. 放宽年龄限制，实现“老中青”三结合。年龄常常作为企业招用人的一个重要条件，企业也常常因为坚持己见而招不上人来。这里介绍的方法，实际上是一种逆向思维，也是一种顺势的做法。招不到年轻人怎么办？那就放宽招聘年龄限制。如保安，一般企业都希望招一些年轻人，其实，聘用一些具有丰富从业经验的退休老职工也未尝不可，老职工和年轻人在一起能够很好融合，也可以实现能力互补。招不到技术人员怎么办？可采取返聘方式，专门招用一些专业的退休人员，组建“老中青”三结合的工作团队，结果会意想不到的好。

3. 挖掘一技之长，不拘一格招用人才。人们常常有一种思维定式，即某种工作就必须由某一类人来干。如计算机程序员就必须由大学毕业专门学计算机的高才生才能干，网络专栏新闻编辑必须要由新闻系或中文系出来的大学生来干等。其实，对于很多职业岗位来说，招用人时这种死板的戒律并不是不能打破的。用招用残疾人说明这个道理最有说服力，如一个下肢残疾的、懂得编程的人，从某种意义上来讲，会比一个健全的大学生工作更加稳定。发掘人们的特长，使其各显神通、各展所长，古今中外都将其视为组建团队最为实际的做法。

4. 注意事项。一是理解招用人的本质特征。要对本企业的用人要求进行深入研究、反复考察，反复征求一线意见，真正做到理解企业岗位需求，理解招用人的本质特征，只有这样，在招用人时，才能做到敢收敢放。二是了解可享受的配套政策。按照国家相关政策规定，招用“4050”“两劳”释放人员等就业困难群体，企业可享受相应税费减免政策。这些政策在一定程度上可以为企业带来利益。

（四）帮助指导提供人文关怀

指导用人单位对求职者将来在企业中的生存状况，包括工资、劳动保护、食宿和文化娱乐等活动提供关怀，从而增加员工对企业的归属感，更好地创造员工个人与企业利益“一体化”的氛围。企业人文关怀是企业生存和发展中不可或缺的一部分，是企业管理的重要方式和手段，与企业的命运是紧密相连的。

1. 指导坚持两个“贴近”。一是要贴近员工实际需要，解决实际问题。即从员工的现实处境和切身利益出发，以实事求是的工作态度关注员工的权益和需求。关注员工的生活质量、发展潜能和幸福指数，有效缓解员工的思想矛盾、心理冲突和情感困惑，真诚倾听员工呼声，真实反映员工愿望，关心员工疾苦，努力满足员工需求。二是要贴近员工思想，讲求工作方法。现在的企业员工，其主要心理问题体现在自我意识与社会意识、集体观念与个性展示、自尊心与自卑感、广泛的兴趣与职业化、富有理想与讲求实际等一系列矛盾与冲突之中无所适从而衍生的焦虑、困惑、不安情绪，依靠简单的说教无法解决这类思想问题，必须创新工作方法，即从关爱和尊重员工的角度出发，根据不同对象的具体情况，讲究教育的层次性，注意工作的渐进性，增强其针对性和实效性并融入人情味和亲和力。

2. 全面关注员工的各种心理动态。准确了解和把握不同员工、员工不同时期的心理状态，正确地进行人力配置和优化。在关注的基础上更重要的是解决激烈的市场竞争带来的员工心理问题，帮助员工缓解心理压力，促进员工心理健康。这种充满人文关怀的员工心理管理能够减少员工对组织的抱怨，树立良好企业形象，增强员工对企业的认同，促进各部门、各层次员工间的沟通；以此提高员工士气，改善组织气氛，降低员工的缺勤、离职率，降低企业运营成本，提高企业经营绩效。

3. 及时掌握企业员工的各种具体诉求。一方面企业可以通过加强基层工会建设，增强工会的吸引力、凝聚力，开辟双向互动渠道，建立工会组织与会员之间的信任关系；另一方面企业可以充分利用互联网平台，处理好反映职工利益诉求与引导职工利益诉求行为的关系。抓住关键环节，切实发挥职工代表大会、平等协商集体合同等制度在职工利益诉求表达方面的主渠道作用，制定完善配套的机制，使职工的合理诉求得到切实落实。

4. 认真解决企业员工的各种实际困难。各个部门要注意关心员工及其家庭成员遇到的紧急医疗救治、婚丧嫁娶、助学帮困以及日常生活出现的紧急情况和突发事件等各种实际困难，要采取有效手段，及时提供各种帮助和服务，使员工感受到人与人之间的关爱，增加员工对企业的归属感、自豪感和责任感。

（五）帮助指导展现企业未来发展的蓝图，增强员工入职信心

帮助指导用人单位通过各种媒体手段、开宣讲会等方式对企业未来的发展趋势、远景规划和前景蓝图进行宣传和展示，提升企业知名度，打消求职者对企业发展的悲观顾虑，使其将自身发展期望与企业发展结合，形成“心理契约”。企业确定未来的发展蓝图既是自身发展的需要，也是引进人才、培养人才、稳定人才队伍的需要。

1. 举办校园宣讲会。帮助企业在校园招聘伊始，针对目标学校组

织专门讲座，通过企业高层、人力资源负责人以及在本公司工作的该校校友的现身说法来传达公司基本情况，通过情绪的感召与互动引导学生全面了解企业。校园宣讲会一般由五个部分组成：公司介绍、职位说明、校友经验谈、招聘计划、常见问题解答。但为了吸引优秀毕业生的眼球并同时起到宣传企业文化的作用，一些知名企业在校园宣讲会的方式手段、流程设置、校园行程、信息渠道等方面都有很多的创新，如视频宣讲会、在线宣讲等。

2. 设置企业开放日。可以安排对企业有意向的求职者到企业进行参观，了解公司的发展历程，“零距离”感受企业风貌，了解生产、管理和发展建设成果，让求职者真切感受到公司敞开胸怀展示自己的创新胆识和主动接纳新员工的热情，让求职者看到入职后职业发展的希望和信心。

3. 利用各种媒体手段。主要包括三种手段：第一，本企业媒体，包括宣传画、印刷品、张贴物；第二，公司外媒体，包括邮政广告、公开宣传、公众广告；第三，各种活动，包括冠以公司名称的会议、音乐会、时装表演、产品展示、社会公益活动、演讲会座谈会与专题讨论会等。

（六）帮助指导提供进步、晋升发展通道

指导用人单位制定企业员工的晋升、晋级工作流程以提供进步、晋升发展的机会，来吸引更多有自我发展要求的求职人员，充分调动求职者的主动性和积极性，并在公司内部营造公平、公正、公开的竞争机制。

1. 利用多种媒介，加大宣传力度。企业在通过网络、报纸、电视等媒体发布招聘信息时，应以提供进步、晋升机会为亮点，本着真实、公平、公开的原则着重宣传晋升的原则以及职务晋升的流程，让求职者准确、全面地了解企业晋升机制，增强求职者的动力。

2. 拓宽晋升渠道。第一，按工作表现晋升。应针对工作表现制定量化标准，人力资源经理可以依据员工工作表现是否合乎既定标准来决定其是否升迁。在这种情况下，能力即是员工的工作业绩能够达到预期的标准之一。第二，结合工作态度考核晋升。当一名员工能约法守时、服饰讲究、遵守企业的一切规章和制度，能配合上级将工作进行得井井有条，就理应受到上级的赏识。第三，按年资晋升。按年资晋升不能只看资历，而应将资历与能力相结合进行考量；在员工获得可晋升的资历之后，究竟能否晋升，应完全依据对其工作情况的考核。这种制度承认了员工经验的价值，给予了大家平等竞争的机会。

3. 通过老员工的榜样效应，提高求职者的积极性。让在职人员参与企业的招聘活动，与求职者交流经验，并利用自身的成功经历为求职者现身说法，增强求职者的信心。

4. 阶梯晋升和破格提拔相结合。阶梯晋升是对大多数员工而言的，这种晋升的方法可避免盲目性，准确度高，便于激励多数员工。但对非常之才、特殊之才则应破格提拔，使稀有的杰出人才不致流失。

二、针对用人不规范进行指导

（一）帮助指导规范撰写招聘广告

企业通过规范撰写招聘广告，一方面可以给求职者客观、真实地展示出用人单位的招聘岗位、条件、待遇，从而有针对性地引导求职人员应聘；另一方面也可通过规范撰写招聘广告，避免求职者因对招聘广告的猜疑、误解等原因放弃应聘。

1. 指导坚持“三性”。一是合法性。招聘广告要严格按照《劳动法》《劳动合同法》《就业促进法》《就业服务与就业管理规定》等法律法规的要求撰写，以确保广告的合法性，杜绝出现与法律法规相违背的内容。二是真实性。招聘广告要保证其内容真实有效，不能以虚假、夸大的方式欺骗误导求职者，保证招聘广告的真实性可以避免因此产生的劳动纠纷。三是具体性。招聘广告的内容要全面且具体，应详细、准确地描述出用人单位的基本信息、招聘的岗位信息、工资福利待遇、工作时间及地点等情况，以确保求职者能够正确、全面地了解招聘内容，提高招聘的有效性。

2. 帮助掌握规范撰写招聘广告。招聘广告应该具备以下内容并按照相应顺序撰写。

（1）标题（如×××单位或公司招聘广告）。

（2）单位基本情况（包括单位名称、单位类型、单位规模、单位宗旨等内容）。

（3）招聘岗位名称（要注意使用规范的行业岗位名称）。

（4）招聘人数（应明确标出招聘的人数或范围）。

（5）工作内容（包括工作职责、工作的形式、使用的工具、地点和时间等内容）。

（6）招录条件（包括性别、年龄、学历、专业或专业从业资格证书、素质品格等要求）。

（7）工资及福利待遇（包括基本工资、计时工资、计件工资、各类奖金、津贴补助等）。

（8）社会保险（应明确写出所缴险种名称）。

（9）其他约定事项（如试用期、劳动合同期限、培训期、面试及简历投放方式和招聘期限等）。

（10）联系方式（包括联系人、联系电话和联系地址等）。

3. 注意事项。

（1）在撰写劳动报酬时要注意以下事项。一要注意明确工资标准，切忌模糊化，避免出现“面议”“待定”等字眼。如果工资标准较高，一定要注明该工资标准是税前工资还是税后工资。例如，一家公司招聘业务员，在工资标准一栏中写明 5 000 元，这样的标准就会令求职者产生困惑，让他们拿不准是没有完成任何业务量的情况下也能挣到 5 000

元，还是必须要完成一定数额的任务后才可挣到 5 000 元。二要确保工资标准不低于当地执行的最低工资标准（试用期的工资标准也不得低于当地执行的最低工资标准）。三要注意指导用人单位在确定岗位工资标准时，要根据当地的工资指导价位标准和人力资源市场的供求状况，结合本单位的工资支付制度，合理确定招聘岗位的工资标准。

（2）在撰写招聘广告时，还要注意试用期和劳动合同期限的关系。《劳动合同法》中规定，劳动合同期限为三个月以上不满一年的，试用期不得超过一个月；劳动合同期限为一年以上不满三年的，试用期不得超过二个月；三年以上固定期限和无固定期限的劳动合同，试用期不得超过六个月。

（3）在撰写社会保险部分时要遵守法律法规的规定，明确标注所缴保险名称，避免出现“三险一金”“五险一金”的说法。

（二）帮助指导依法签订劳动合同

指导用人单位与员工建立劳动关系后，按照国家劳动法律、法规的相关规定，对工作内容、工作时间、劳动报酬、双方的权利和责任等进行合法约定，并依法签订劳动合同，正式确认劳动关系。

1. 指导签订劳动合同应遵循的两个原则。一是平等自愿，协商一致。在订立劳动合同时，当事人之间的法律地位完全平等，订立劳动合同应完全出自双方当事人的真实意志，是双方协商一致达成的，任何一方不得把自己的意志强加给另一方。二是诚实守信。用人单位招用劳动者时，应当如实告知劳动者工作内容、工作条件、工作地点、职业危害、安全生产状况、劳动报酬以及劳动者要求了解的其他情况。用人单位有权了解劳动者与劳动合同直接相关的基本情况，劳动者应当如实说明，双方都不得隐瞒真实情况。

2. 指导明确劳动合同期限。劳动合同分为固定期限劳动合同、无固定期限劳动合同和以完成一定工作任务为期限的劳动合同。固定期限劳动合同是指有明确具体的起始日期和结束日期的劳动合同。例如，合同期限为一年、两年这种期限明确的劳动合同。无固定期限劳动合同是指仅约定了起始日期，不约定终止日期的劳动合同。以完成一定工作任务为期限的劳动合同是指双方当事人将完成某项工作任务约定为终止条件的劳动合同，这种合同在工程建设方面比较多，工程结束合同也就结束了。用人单位应根据本单位情况制定合理的劳动合同期限。

3. 指导明确工作内容。在这一必备条款中，双方可以约定工作数量、质量、劳动者的工作岗位等内容。在约定工作岗位时可以约定较宽泛的岗位概念，也可以另外签一个短期的岗位协议作为劳动合同的附件，还可以约定在何种条件下可以变更岗位条款等。掌握这种订立劳动合同的技巧，可以避免工作岗位约定过死，因变更岗位条款协商不一致而发生的争议。

4. 指导明确劳动保障和劳动条件。在这方面可以约定工作时间和休息休假等事宜，各项劳动安全与卫生措施，对女工和未成年工的劳动保护措施与制度，用人单位为不同岗位劳动者提供的劳动、工作的必要条件等。

5. 指导明确劳动报酬。此必备条款可以约定劳动者的标准工资、加班加点工资、奖金、津贴、补贴的数额及支付时间、支付方式等。

6. 指导明确劳动纪律。此条款应当将用人单位制定的规章制度约定进来，可采取将内部规章制度印制成册，作为合同附件的形式加以简要约定。

7. 指导明确劳动合同终止的条件。尤其针对无固定期限的劳动合同，此类条款更是不可缺少。

8. 指导明确违反劳动合同的责任。一般可约定两种形式的违约责任：一是由于一方违约给对方造成经济损失，约定赔偿损失的方式；二是约定违约金，采用这种方式应当注意根据员工一方承受能力来约定具体金额，切记公平。

（三）指导依法缴纳社会保险

提示用人单位，在与劳动者建立劳动关系后，应依法为劳动者缴纳社会保险，使职工“老有所养，病有所医，失有所依”，这一方面体现了用人单位的诚信，另一方面能增强员工的稳定性和劳动者对用人单位的归属感，激发劳动者工作的积极性和主观能动性。更重要的是，目前随着许多求职者的法律意识不断加强，越来越多的求职者把用人单位是否为员工缴纳社会保险作为应聘的首要衡量标准，因此依法为劳动者缴纳社会保险是吸引求职者应聘的最基本条件。

1. 指导掌握参加社会保险登记。指导做好三项事宜。一是指导缴费单位应按照《社会保险法》规定期限，及时到工商企业执照注册地或机关事业单位、社会团体住所（地址）所在的区县社会保险经办机构申请办理社会保险登记。二是指导缴费单位申请办理社会保险登记时，应填报社会保险登记表，并出示以下证件和材料：企业持企业法人营业执照（副本），事业单位持事业单位法人证书（副本），社会团体持社会团体法人登记证（副本），国家机关持单位行政介绍信，国家质量技术监督部门颁发的组织机构统一代码证书，其他核准执业的证件。

2. 了解社会保险变更、登记与注销。缴费单位的以下社会保险登记事项之一发生变更时，应当依法向原社会保险登记机构申请办理变更社会保险登记，包括单位名称、住所或地址、法定代表人或负责人、单位类型、组织机构统一代码、主管部门、隶属关系、开户银行账号。

3. 了解社会保险缴纳流程。办理社保登记手续→缴费申报→缴费→记账。

小贴士：

社会保险与商业保险的主要区别

1. 实施目的不同。社会保险为社会成员提供必要时的基本保障，不以营利为目的；商业保险则是保险公司的商业化运作，以营利为目的。

2. 实施方式不同。社会保险是根据国家立法强制实施，商业保险是遵循“契约自由”原则，由企业和个人自愿投保。

3. 实施主体和对象不同。社会保险由国家成立的专门性机构进行基金的筹集、管理及发放，其对象是法定范围内的社会成员；商业保险是由保险公司经营管理的，被保险人可以是符合承保条件的任何人。

4. 保障水平不同。社会保险为被保险人提供的保障是最基本的，其水平高于社会贫困线，低于社会平均工资的50%，保障程度较低；商业保险提供的保障水平完全取决于保险双方当事人的约定和投保人所缴保费的多少，只要符合投保条件并有一定的缴费能力，被保险人可以获得高水平的保障。

（四）帮助指导遵守最低工资标准

指导用人单位在为劳动者提供正常劳动的情况下，应支付给劳动者的工资（不含延长工作时间的工资，中夜班津贴，高温、井下、低温及有毒有害岗位的特殊津贴，法律规定的劳动者福利待遇等）不得低于当地政府公布的最低工资标准。

1. 指导进行市场调查，掌握市场工资价位。每年至少调查一次在本地区、本行业以及其他地区的同行业企业同样岗位工资水平状况，合理确定招用本地人员或到外地引进劳务的岗位工资标准。

2. 严格遵守国家相关法律法规，合理确定本单位的岗位工资标准。以所在地区市场和行业市场的工资水平为导向，以企业的行业性质、经营模式和经营体制为基础，合理确定本单位各类岗位的工资标准和工资差距，保证提供正常劳动的员工获得符合国家政策的劳动报酬。如果生产发生困难，要采取各种有效措施，确保实发工资水平不低于当地最低工资标准。

3. 指导建立员工工资正常增长机制和支付保障机制。企业通过建立以绩效考核为中心、以薪酬分配为结果的薪酬体系，优化薪酬结构和职工晋升制度来提升企业核心竞争力。

三、针对小微企业吸引力不够进行指导

（一）指导灵活安排用工形式和工作时间

在用人单位有特殊需要或客观条件允许的情况下，采取季节性用工、聘用兼职人员、非全日制用工等多种用工形式，最大范围地吸引不同诉求的求职者（如自愿通过灵活就业形式，丰富家庭经济来源或挖掘自身更大潜能和价值的劳动者），以扩大用人单位选用人员的范围，降低用人成本。

1. 指导建议采取季节性用工。季节性用工多应用于招用生产一线的工人，企业通常选择适当的季节，高效率地招用“半工半农”的农民工。例如，某食品企业将全国各地区不同的农闲时节作为招录人员的“风向标”：避免在农历 3 月至 6 月到江西省招工，因为那里正值早稻收割旺季；避免在农历 5 月至 6 月到陕西省招工，因为那里正值葡萄采收旺季；避免在农历 7 月至 8 月到福建省安溪县招工，因为那里正值秋茶采摘季节等。而服务行业 5 月至 9 月份是旺季，可以通过到职业技术学校聘请实习学生到岗实习解决用工不足的问题。例如，某酒店在每年的

5月份开始，就联系当地的技校学生到单位实习，并加强培训和实习指导，为其提供良好的生活环境和工资待遇，增强对实习学生的吸引力。

2. 指导建议聘用兼职人员。用人单位应结合工作的不同性质、不同阶段与任务繁简程度，适时聘用一些有意愿从事兼职岗位的在职人员或在校生，以缓解用人单位员工队伍人才结构、季节性用工矛盾等。

3. 指导建议非全日制用工。用人单位可以聘用一些有就业愿望，但因家庭原因或自身条件限制而无法实现全日制工作的劳动者，为其提供灵活的工作时间方案。非全日制用工的工作时间通常以小时为基础，劳动者在同一用人单位一般每日平均工作时间不超过4小时，每周工作时间累计不超过24小时。例如，某地区的一家服装加工厂，考虑到当地农村妇女需要早晚接送孩子、中午要回家做饭的客观要求，设置了两条非全日制工作的流水线，即上午9点到11点和下午2点到4点，每天工作4小时，每周休息一天。这家企业成了当地妇女就业的首选企业。

4. 指导建议采用以完成一定任务为期限的用工形式。对于一些阶段性、一次性的项目，用人单位无须长期雇用人员，可以考虑与求职者签订以完成某项任务为期限的合同。例如，某小区为了在半年内完成物业管理公司的招投标工作，招聘了一名英语会话熟练、写作能力较强的业主委员会秘书，负责招投标期间的文件起草与收发等工作，在此项工作结束后，合同自然终止。

（二）指导通过企业所在地社区服务机构招人

用人单位可通过与社区服务机构建立合作沟通机制，利用社区的公信力、软硬件设备设施等，就地就近补充和储备所需人才，逐步扩大企业影响力。

1. 指导了解空岗信息，储备人才。社区就业服务机构能够详细掌握到所辖社区劳动者的年龄、学历、工作经历、求职意愿等，用人单位应及时与所在社区的就业服务机构取得联系，商定恰当的招工时间、招工数量、招工标准、薪金待遇等，提早获得社区就业服务机构在信息发布、人员储备等方面的支持帮助。

2. 指导委托社区代理招聘（推荐）人员。详细说明企业招用人条件，包括企业文化、岗位职责、工作时间、劳动报酬及晋级机制等，借助社区就业服务机构的公信力，授权社区就业服务机构通过设置招聘展台、筛选求职简历、进行人员素质测评等多种形式代理招聘、推荐或代理面试适宜人员。

3. 指导借助社区文化搭建企业宣传平台。一是要主动与社区公共就业服务机构取得联系，如实提出企业信息宣传的需求和目的，共同研究可行的宣传方案和途径（如公共就业服务网络、LED 信息显示屏、公告栏，以及与社区合办文艺晚会、专题活动等）。二是要精心制作企业宣传材料，最大限度地争取周边资源。

（三）帮助指导长期发布用工信息

依据企业实际需要或长远发展战略，通过与信息传输部门建立长效合作机制，选取相对稳定的发布渠道长期发布用工信息，以达到宣传企业文化，吸引优质人选，充盈人力资源队伍储备的目的。

1. 指导精心制作宣传材料。一是要详尽描述岗位特征，如岗位的任职资格、薪酬区间与福利待遇等。若出现部分岗位人才紧缺的现象，还需要尽可能地放宽标准，降低要求。在必要的情况下，还可添加岗位晋升路径，以便为正在参与技能培训的未就业人员以及有意转岗的在职人员提供更清晰的决策建议。二是分别设置岗位应聘的起止日期。由于招聘活动需在进行岗前培训之前完成才有效，且招聘时间和用工时间存在时间差，因此，要特别强调各岗位招聘的起止日期，使直接或间接获悉招工信息的劳动者即时参与应聘。三是精确提供联系方式，如提供固定电话、移动电话、通信地址、网络邮箱及传真等联系方式，方便求职者、就业服务机构与企业及时联络。

2. 选择可靠的发布渠道。应选用信誉高、效果好、辐射广的公益性就业服务机构、收费合理的媒体或专业网站等，确保信息的受众面。同时，要与合作单位签订发布协议，明确双方的责、权、利，主要强调三点。一是在利用公共职业介绍服务中心或人才交流中心发布用工信息时，可以将该机构现有的求职信息和部分空缺岗位进行优先匹配；也可以报名参加招聘洽谈会，在获得大量人力资源信息的同时，达到广而告之的目的。二是在利用各大媒体或专业网站发布用工信息时，可以选择在显著位置如商场电梯口等人员密集场所的移动媒体，或选择有竞争力的专业网站、电视、报纸等媒体刊登用工信息。三是在利用校园平台发布用工信息方面，要与学校建立校企合作的长效机制，利用校园橱窗、校企洽谈会等方式招用应届毕业生。

3. 帮助指导招用就业困难人员，享受优惠政策。指导企业在充分考虑岗位实际用工需求的前提下适当调整入职标准，为吸收一些因年龄大、身体残疾等原因造成难以就业的劳动者创造条件，以享受各级政府在岗位、社会保险缴纳、税费减免等方面的补贴政策，最终达到节约企业用人成本、实现利润最大化和发挥企业社会责任的多赢效果。

（1）帮助了解掌握政策。指导企业及时了解和掌握当地就业困难人员的认定标准、认定范围、补贴金额、企业已符合的政策条件等，在政策允许范围内尽可能用好政策，享受最大范围的优惠和补贴。

（2）帮助梳理待招岗位。针对就业困难人员存在的年龄偏大、学历不高等特征，帮助企业对内部岗位进行梳理，明确可放宽招用条件的岗位名称、岗位数量等，再进行对外招聘。

（3）及时关注申报时限。在完成就业困难人员的招聘工作后，应密切关注优惠政策的申报时限，为就业困难人员提早收集和整理申领补贴所需的各项材料。

四、针对信息发布渠道不畅进行指导

（一）利用公共就业人才服务机构发布信息

指导用人单位利用覆盖城乡的公共就业服务信息网络平台发布用人信息，在保证招聘信息的真实性、时效性、合法性的前提下，为劳动者提供快捷有效的岗位信息。

1. 确定招聘方式。首先需要就用人单位提出的招用人员的从业条件进行具体分析，包括胜任招用岗位实际工作所需要的文化素质、业务与专业技术的程度，应具备的技能水平以及适应工作发展所应具有的潜力。然后，结合用人单位对招聘岗位所提供的工资、福利、社会保险等待遇水平以及用人单位的社会声誉、工作环境、设施条件等其他因素，分析该用人单位提供的招用岗位对劳动者的吸引程度，最终确定合理的招聘方式。

2. 掌握信息网络和洽谈会两种招聘信息发布方式的性质。采取信息网络方式适用于用人单位招聘各种类型的人员，其优点在于方便快捷并便于用人单位对招聘人员的面试、业绩考察等环节进行操作。采取洽谈会方式的优点在于供求双方直接见面洽谈，及时进行沟通，在短时间内即可了解对方的诉求。

（二）根据招用人员的特点选择信息发布渠道

不同的目标人群所选择的应聘途径往往差别很大。只有明确了潜在应聘人员可能选择的应聘渠道，才能有针对性地、因人而异地选取与之相符的招聘渠道，从而使企业的招聘更具有目标性和高效性。例如，对于行业内的高端人才，常见的应聘方式为通过猎头公司应聘；而应届毕业生往往选择网络招聘和校园招聘的方式应聘。同时，指导企业应结合招聘目标人群的要求和特点，选择合适的信息发布渠道，并考虑在什么时间段内进行信息发布更有效。信息发布渠道主要有以下八种。

1. 就业服务机构（人才中介机构），如人才交流市场、人才服务中心、职业介绍所、人力资源派遣公司等。这种渠道适用于对技工和操作工人等一线工人的招聘。

2. 人才现场招聘会（人才洽谈会、人才交流会、招聘洽谈会）。现场应聘的人员一般以刚毕业的学生居多，他们大多缺乏从业经验，综合素质也较为有限。一般而言，这种渠道适用于对中基层人员的招聘选拔，或者说更适合于对基层人员的招聘。

3. 媒体公开招聘。通过广播、电视、报刊、网络、行业出版物等媒介向公众传递企业的就业需求信息。利用媒体公开招聘的方式进行招聘，可以获得大量的求职者信息，企业可选的余地较大，也会吸引到较高素质的人才。同时，在媒体上公开人才招聘信息时，出色的宣传和表现形式也无疑为企业自身做了一次广告。这种渠道适用于对中基层人员及部分要求较高的基层人员的招聘。

4. 互联网招聘（在线招聘、电子招聘）。互联网招聘是利用互联网技术进行的招聘活动，包括信息发布、简历的搜集和整理、电子面试以及在线测评等。互联网招聘的信息量大、速度快、效率高、覆盖面广、互动性强。但是，这种招聘渠道也有其不足之处。例如，企业想要从成千上万的求职者信息中搜索出合适的人选，就意味着招聘者需要完成大量的工作，同时，信息的处理也具有复杂性。又如，每个求职者为了找到一份好的工作，往往会在简历上下大功夫，试图通过简历把自己包装得完美一些，这样就难免有夸张的成分在其中，因此导致互联网招聘平台上虚假信息大量存在，分辨这些信息的真伪会造成招聘企业资源的浪费。一般而言，这种渠道适用于对有一定知识和技能的年轻群体以及白领阶层的招聘。

5. 猎头公司。由猎头公司来推荐人才效率较高，招聘更有的放矢，应聘人员的从业素质、职业道德也有一定的保证。这种渠道适用于对紧缺人才和经验丰富的高层管理人员的招聘。

6. 校园招聘。校园招聘一般由学校的就业办或省市毕业生就业指导中心在每年 11 月、12 月期间或 3 月、4 月期间举办，主要面向即将毕业的应届生。这种招聘会通常职位数量有限，参加应聘的学生很多。大型、综合的校园招聘会一般选址在大型的展览中心、体育场馆等处，可吸引几百家甚至上千家各种行业和类型的公司前来招聘人才。这种渠道适于对应届毕业生与暑期临时工的招聘。

7. 内部选拔。内部选拔是在招聘时将目光投向企业内部，在企业内部各部门的员工中进行挑选。或将同一部门的员工提升到较高的职位，或将不同部门的员工换到另外一个部门工作。这种渠道适用于对专业技术人员和中高层管理人员的招聘选拔。

8. 动员内部员工帮助招聘。通过员工对企业的认可，在自愿和奖励机制的鼓舞下，员工从乡亲、朋友、同学等熟悉的人群中帮助企业招聘所需的员工。这种招聘方式主要适用于对生产一线员工的招聘。

第二节　针对典型问题的指导

一、针对招用工专业性强进行指导

（一）通过订单、定向培训的方式招用人才

帮助指导用人单位深入分析自身的用人需求，根据空缺岗位的具体要求，设定用工培训目标，通过内部培训、与培训机构或学校定点合作等多种方式，采取订单化、定向式培养的模式引进企业所需的各类专业人才，以加强企业对各类专业人才的储备，满足企业用工需求。

1. 建议开展订单式培训。帮助用工企业向当地人力资源社会保障部门提供就业信息，包括所需工种、人数、薪金和技术要求等，人力资源社会保障部门把这些信息加以整合后，提供给劳动力输出地的人力资源社会保障部门；劳动力输出地的人力资源社会保障部门根据“订单”要求组织培训，然后将这些劳动力整体输送给对方。订单式培训可在使

用较少资金投入的情况下，向企业输送所急需的劳动力，也使富余劳动力得到了满意的工作，以低成本高效率的方式实现了社会、企业、求职者三者利益的共赢，使企业用工社会效益达到了最大化，社会成本和社会风险也降到了最低。

2. 建议开展定向（委托）培训。帮助用人单位（包括非正规就业劳动组织）根据其生产经营活动的需要，提供经费，委托有资质的社会培训机构对其拟录用的当地户籍的失业人员、协保人员和农村富余劳动力，在上岗前实施技能培训，帮助员工跟上企业运营的节奏。简单来说，定向培训的需求方是用人单位，实施方是社会培训机构，培训的对象是用人单位尚未录用但有录用意向的人员（通常是经过用人单位面试，初步有录用意向的人员）。申请定向培训的企业可获得培训补贴经费，为企业节省培训费用。

3. 建议开展校企联合培训。与培训机构或学校建立对口的合作关系，采取学校理论学习和企业实操实习相结合，实现学生由学校到企业的无缝对接。学生入学前，校企共同制订培养方案，合作策划招生办法；教学实施过程中，企业参与教学过程，学生接受专门化教学；学生毕业后，企业接纳学生就业。校企联合培训是开展继续教育的一个有效途径，它既能充分有效地利用学校的教育资源，又能为企业做好员工的继续教育工作，为企业获得更大的发展打下坚实的人才基础。

（二）开展梯级在岗培训，增强内部人才供给

指导企业除了采用正常的社会招聘渠道招用人员，也通过在企业内部建立初、中、高不同技能等级水平的、逐级递进式的人才培养体系，为企业储备不同技能等级的人才，以应对企业内特殊人才、专业人才短缺问题。

1. 坚持开展梯级在岗培训的三个原则。

（1）以需求为导向。梯级在岗培训中要始终以企业岗位的用人需

求为导向，结合岗位的具体要求，设置培训方案、培训内容以及其他培训相关环节。如果没有明确的目标和需求导向性，则整个培训过程将会与培训的目标脱节，经过培训的人员无法胜任岗位的工作。

（2）培训与选拔相结合。梯级在岗培训，一方面是对员工进行业务能力的培训，使员工经过培训后能够获得胜任更高级职位的技能水平。另一方面，还可通过不同层级的培训，在企业内部进行人员的晋升与选拔。

（3）培训制度化。梯级在岗培训要实现其培训体系的目标，就必须在企业内部形成一个制度化、常态化的体系，长期固定开展。一旦企业内部形成了常态化的梯级在岗培训系统，企业内部的人才储备状态将能获得很大的改善，企业内部的员工也会有更加明确的职业生涯发展路径，从而有利于增强企业的凝聚力。

2. 帮助对工作岗位进行科学分析，合理设计培训方案。企业应先组织人力资源专家，针对企业内不同岗位用人的实际要求，如理论知识水平、技能操作水平、特定素质等进行科学分析，再结合当前企业的人员配置情况设计合理的梯级培训方案。

3. 帮助建立人才综合选拔机制。在人员逐级选拔的过程中，除要考察员工的理论功底和技能水平之外，还要特别关注员工的性格特征和个人潜质，如工作积极性、责任心和进取心等。为了实现人才选拔的功能，梯级在岗培训体系的设计不仅要包含理论和技能的培训，还要兼顾员工心理素质的培训与考察。

4. 建立逐级递进的人才培养体系。对筛选出的参加培训的人员，选择能力较强的在职员工，实行“一带一”“二带一”“多带一”的逐级递进的培训体系，在帮带中提升受训者的技能。“一带一”针对新员工，以老带新，通过课堂教、现场学、岗位练、定期考等形式，强化新员工基础技能的培训。“二带一”选择表现优秀的员工培育骨干，通过为员工分别选择主体工种和相近工种的师傅各一名，分别培训，确定培训目标；通过现场实践、参与选题、当好助手、参与攻关等培训方式，锻炼受训者的能力和技能，培养其成为生产骨干。“多带一”培训尖子员工，在基层推荐、专家考核、综合评定的基础上，优选素质好、业务精、技能高的员工纳入到高技能人才的培养序列中，实行动态管理。综合考虑他们的专业和个人特长等要素，为他们每人准备 3 名以上的导师，采取技术专家重点带、优秀人才分别带的方式，有目标、有重点地向他们传授相关技能，培养尖端技术人才。

5. 帮助建立人才激励机制。企业要能够培养人才且留住人才，合理的人才激励机制是必不可少的。在人才激励的方式上，要以物质激励和精神激励相结合，不能单纯只依靠物质方面的激励。精神激励的方式有很多种，例如为优秀人才提供更加广阔的发展空间，更好的工作环境等。

（三）指导通过专业人力资源服务机构委托推荐人才

指导用人单位通过与专业的人力资源服务机构合作并签订委托协议，由人力资源服务机构（包括人才中介公司、职业中介公司、人事外包公司、猎头公司、各大招聘网站等）以代理招聘、劳务派遣、猎头等方式向用人单位提供所需要的不同层次的专业人才，以满足用人单位发展要求和用人需求。

1. 建议通过代理招聘方式推荐人才。代理招聘是指人力资源服务机构接受用人单位委托，为用人单位招聘合格人才的一种服务方式。用人单位与人力资源服务机构签订委托代理招聘合同以后，还需要与人力资源服务机构就其策划的招聘方案（如何进行招聘活动的宣传，如何搜寻、甄选人才，如何组织面试、笔试等）进行讨论和确认，从人力资源服务机构推荐的候选人名单中确定最后录用的人选。

2. 建议通过人才派遣方式推荐人才。人才派遣又称人才租赁、劳务派遣。人才派遣是由人才服务机构分别与用人单位和派遣员工签订合同以规范三方在派遣期间的权利与义务，同时为所聘人才发放薪酬、代办社会保险、托管档案等的一种新型用人方式。用人单位与人力资源服务机构签订人才派遣合同，对人力资源服务机构提供的派遣人才进行复试，最后确定所录用的人员，并与聘用人员签订人才派遣聘用协议。

（四）招用符合条件的离退休人员

聘用具有特殊专业技能的离退休人员，充分发挥离退休人员的专业技能、工作经验和人脉关系等优势，以低成本高效率的方式满足特殊工种岗位用人需求。

1. 建议返聘本企业退休人员。本企业退休人员熟悉企业运作，了解企业的文化，具有符合岗位要求的特殊专业技能，不仅能够快速上岗，节省员工融入企业的时间，还能为企业免去一部分人员培训的费用。对即将退休的专业人员，企业可事先了解其是否有留在企业继续工作的愿望，动员员工留下来，做到“员工退休不离岗”；对已退休离岗的人员，可采用登门拜访、以情动人、满足需求等方式让退休员工重新入职。

2. 建议就近就地招聘。在本地区或周边地区相关行业退休人员中寻找仍有就业愿望的专业人员，将其吸纳到企业中来。具体的方法有两种，一是由本企业员工介绍推荐；二是调查本地区相关行业退休人员情况，选择符合企业要求的个体，并逐个接触、邀请其加入企业。

3. 建议向社会特招。创造吸引优秀离退休员工的条件，如提供住房、解决子女就学和就业等问题、提供优厚的待遇等，然后向社会公开招聘具有特殊专业技能的离退休人员。

二、针对临时性、季节性用工进行指导

（一）提前定点发布招工信息

指导企业能够根据岗位特点提前做好招聘计划，制定详细的岗位要求和工资待遇，并确定招聘时间和招聘媒介，提前一定时间发布用工信

息，在招聘区域范围内形成一定的招聘影响力，吸引更多求职人员关注，从而有效解决临时性、季节性用工需求。

1. 指导做好两个灵活。一是在招聘时要适度灵活。例如，有些求职者可能具备锅炉工操作技能，但锅炉工属于特种作业，必须持证上岗，这时企业可以适当灵活操作，把目光放长远，先把求职者吸纳到企业其他岗位，签订长期劳动合同，安排到不需要持证的岗位，经过培训，逐步向本职岗位转移。二是在人员使用上要适度灵活。例如，某物业公司对经过考核的老员工，无偿进行锅炉工或者其他专业技能培训，当出现用工荒的情况下，让内部员工相互调剂补救，同时也提高了员工待遇。

2. 指导做好充足的筹备工作。根据人员到位时间，提前制订好详细的招聘计划，一般准备时间越充分，招聘效果越理想。筹备工作包括向当地人力资源市场了解本地近期的人力资源信息，运用互联网查询其他地区是否在对应时间有剩余劳动力信息，对人力资源充分做好调查工作等。

3. 指导确定招聘地点及时间。选择当地人力资源市场或原有固定的招聘渠道提前发布招聘广告，在招聘当地人力资源集中的地方进行招聘宣传，形成一定的招聘影响力。应根据招聘所需人数和前期调查的人力资源情况来确定招聘信息提前发布的时间，如果招聘人数越多，则时间上越提前越好，但如果当地人力资源相对充分，提前发布的时间也可适当缩短。

4. 指导及时总结经验，建立长效合作机制。对招聘效果好的渠道和地区建立长效合作机制，为今后再次招聘打下基础。招聘过程中应能够随时根据所掌握的信息在必要情况下进行渠道变更，做好多渠道多途径招聘的准备。

（二）指导建立固定招工渠道

指导用人单位采取与人力资源市场、各类院校、劳务基地、中介公司和劳务经纪人等定向联系，建立固定招工渠道的方式，固定从某一渠道招收劳动者，从而改善用工难的问题。

1. 指导企业要做好紧急招工预案。企业招收临时性、季节性工人需要了解当地人力资源市场供需状况、招聘信息发布途径和招聘方式等，要加强与人力资源市场、劳务基地、各类院校、中介公司和劳务经纪人联系，同时适当放宽年龄、性别、身体等条件，才有利于招聘到临时性、季节性工人。

2. 帮助及时利用媒体和人力资源市场发布招工信息。企业有了招工需求后，应及时通过报纸、网站及电视等各种途径将招工信息迅速发布出去，也可委托人力资源市场发布招工信息。同时，企业应多参加各种招聘会，也可以委托民办职业中介机构和劳务代理机构代为招聘季节性、临时性工人。

3. 建议加大对当地普通劳动者的技能培训力度，以适应当地企业的用工需求。企业要与相关部门联手，加大对临时性、季节性工人技能培训的力度，加快培养企业急需的工人。

4. 建议企业不断提高员工的待遇，做到“招得到、用得好、留得住”。企业对招收临时性、季节性工人的工资待遇应比固定工有提高，同时要按时结算。此外，企业要完善后勤保障服务，在劳动保护、居住、饮食、娱乐等方面为员工安心生产生活创造条件，以吸引本地劳动者实现就近就地就业。

（三）在具备劳务输出条件的地区，依托劳务经纪人招用工

在具备劳务输出条件、劳动力资源丰富的地区，依托本地劳务经纪人（一般是本地有影响力的人士），签订人才代理招聘协议书，将一定的酬劳支付给协议方，这样一方面节省人力、物力，另一方面可以利用本地人员“地缘、人脉”资源比较熟悉的优势特点，通过互惠互利的方式，在规定的时间内，按照协议的内容要求（男女或年龄段、学历、

特点等)，帮助企业招到合适的用工人员。

1. 建立合作信任关系。通过合作双方的相互考察了解，消除疑虑，建立企业与劳务经纪人互为信任的合作关系，应从两个方面入手。一是企业对劳务经纪人的信任，企业可以通过联系当地政府获取信息、走访、试用、绩效考核等考察方式，逐步建立对劳务经纪人的信任。二是劳务经纪人对企业的信任，企业可以通过邀请劳务经纪人或部分经纪人代表定期到用工企业进行实地考察，让经纪人更多了解企业实际情况，树立对企业的信心和信赖感，从而达成双方相互合作的招工目的，更尽心尽力地为企业招到工、招好工，满足企业用工需求。

2. 预付定金，先行约定。企业通过劳务经纪人事先收集劳动力资源信息，掌握有务工意愿的劳动力信息，提前支付一个月或半个月的薪酬定金，事先约定使用。有了支付薪酬定金的约定和劳务经纪人的实时监控，可以避免商定的人员临时有变故或者被其他单位抢走。

3. 注意事项。一是依托劳务经纪人招工绝不能只求数量，萝卜白菜一起往篮子里拾，要按照本企业的用工条件和岗位要求，制定详尽的招工条件，把好用工质量关，避免滥竽充数，影响岗位的工作质量。二是对劳务经纪人既要充分信任，发挥其主观能动性，也要注意资金的安全性，当涉及预付人员薪酬的问题时，要完备相关的财务及账目收支手续，做到资金专款专用，稳妥、真实、可靠、安全，避免钱拿走了人却找不到这种鸡飞蛋打的现象出现，给企业造成经济和用工的双重损失。

三、针对偏远、经济欠发达地区企业招工进行指导

（一）利用当地人才引进政策吸引人才

指导偏远和经济欠发达地区的用人单位，针对人才“引进难、留不住”的尴尬局面，充分利用当地的人才引进政策来吸引人才，采取提高人才待遇、建立有效的人才发展激励机制、搭建人才施展才能的舞台等方法来留住人才。例如：提供住房，享受岗位人才补贴；加强企业的文

化宣传建设，提升人才精神层面的满足感；通过职业规划，明确人才未来的职业发展空间，让他们有事业成长的需求感等。以达到能够吸引人才、稳固人才、引进短缺人才为企业增强自主创新能力、提供当地发展需要的人才智力支持的有效目的。

1. 坚持把握“适合”标准，主要强调三点。一是企业要根据自身的实际发展需要，引进企业切实需要的、合适的实用型人才，不要贪多求全。二是企业要根据自身的岗位紧缺程度，优先选择最急缺的人才，用诚心和待遇留住人才。三是企业要与人才就未来双方的需求与发展达成共识，及时签订人才引进合同，约定引进时间及报酬，既要留得住、又要用得好，这样才能为企业造福。

2. 确保引进人才的切身利益有保障。引进人才，使用人才，让人才发挥巨大的效能作用，其核心工作之一就是要保障人才的切身利益，进行该项工作要注意三点。一是要把企业的目标实现和个人的收入标准具体结合起来。如给予人才一定的物质或资金奖励、企业股份等，以充分挖掘人才的积极性和创造潜能。二是实行阶段性或阶梯式的岗位薪酬，以单位达到的利润增长或远景目标实现为基本点，提高刺激性的奖励标准。三是要给予精神激励，要关心、理解和尊重人才，使其从中感到组织的爱护和关怀，从而形成良好的自我身份认知和定位，培养和形成归属感，在感情上将企业当作自己的家园，从而使其自发地把自身发展与企业的发展联系起来，在追求自我价值实现的同时，为企业的发展做出更大的贡献。

3. 搭建人才施展才能的舞台。为人才搭建施展才能的舞台，使得个人才能得以更大的发挥，让人才感到被重用并获得成就感。企业要加强对人才的服务，增加必要的设备仪器投资，提供一定的科研启动经费，并资助人才开展科学研究、参加学术活动、出版专著和发表论文等，不断加强才能施展舞台的建设，使人才的能力得到持续更新，为企业带来效益与声誉的双丰收。

（二）建议定向委培人才

建议采取“订单式”人才培养模式，用人单位可根据自身发展需要，提前完成将来的人才储备工作或专门设立人才培养计划方案。例如，学校按照用人单位的人才需求而专门设立人才培养“订单班”；由单位全额出资对本单位的人才进行升级培养，学校及培训机构为一个单位的在职员工专门开设的某个课程的培养计划等。这种专门按照工作单位的培养目标而制定的教学培养模式可因需施教，设置针对单位岗位需求的有关课程，对单位的人才岗位的适用度大大提升，可以更好地保障所需人才的供给量，以达到培养和招录符合本单位需要人才的目的。

1. 加强多角度的校企合作人才培养模式。学校具有人员培养的师资力量和场地优势，生源广、专业多，通过校企合作，既可以让企业提前发现人才、储备人才，又可以扩大企业的社会影响力与知名度，一举多得。如某模具制造企业与某技工学校合作，学校为企业培养优秀人才，学生毕业后直接进入企业，短时间内即可上岗操作。另按企业需求，如果对人员专业要求不高，所需技能容易掌握的，可以采用短期订单式培训模式；如果专业技能难以掌握，可采用长期培训模式。

2. 帮助与人力资源部门合作对人才进行有效的培养使用。为解决劳动力再就业问题，人力资源部门开展了针对下岗、失业、低保人员的各种技能培训，有专门的培训师资和培训经费，在满足一定条件时甚至可以提供全免费培训。企业和人力资源社会保障部门合作，利用人力资源社会保障部门的培训平台，一方面可减少培训支出，另一方面如果录用下岗失业人员，还可根据当地的相关帮扶政策享受在税收、社保等方面的优惠待遇。

3. 建议选拔适合企业发展的优秀人才进行再培养。用人企业可根据自身需求，结合员工的意愿，选取一定量的人员参与短期培训或定期培训。为了保证人才的忠诚度与可用性，可以签订人才培养协议，以保证人才不外流。

（三）与高校建立联系，开展针对性宣传和指导，吸引大学生就业

偏远和经济欠发达地区的企业应主动和高校合作，建立全方位的联系，走进高校广泛开展招聘宣讲活动。

1. 指导重点做好以下四类学生的宣传工作。一是生源地学生。这些学生在那里出生成长，家庭、亲戚、朋友、老师、同学等社会关系都在当地。他们对故乡有很深的感情，对企业也很熟悉，回生源地企业就业的可能性很大。二是有志于到基层发展的学生。企业要帮助有志于到基层发展的学生科学规划个人的发展目标并创设良好的发展环境，将企业发展与个人发展紧密结合在一起，形成良性导向。三是就业困难学生。企业应积极联系就业困难学生，和高校一起开展就业指导和就业教育。对于家庭困难学生，可以考虑以资助、代付学费等方式吸引毕业生来企业就业。四是就业观念落后的学生。帮助指导人员应帮助他们转变就业观念，宣传国家或省（市）等有关就业优惠政策，号召学生去欠发达地区、到基层建功立业，指导他们先就业、再择业，到企业中去锻炼成长。

2. 争取地方政府的政策和资金支持。例如，内蒙古自治区采取发放住房补贴、安家费，高定二档职务工资，不受进人计划、编制及流向限制，在专业技术职务聘任上不受岗位数额限制等优惠的人才政策，进京招聘大学生和其他高端人才，取得了比以往好得多的效果。又如，某贫困县为吸引人才，提出了“本科以上人才实行事业和企业双重身份、双重管理、双份工资，简化签约流程，现场笔试、面试，现场签约”等优惠政策，吸引了大批毕业生前去咨询就业。

3. 建议采取多种方式与高校合作。与高校的合作方式可以有很多，主要介绍四种：一是可以商讨建立就业实习、工业见习基地等相关事宜，组织学生到企业顶岗实习，帮助学生了解企业现状和未来的发展；

二是通过参与高校学生文体娱乐活动，建立奖助学金等方式提高企业在学生中的认可度和知名度；三是可以定期举办本地区的同乡联谊活动，动员他们回去建设家乡，并通过他们的介绍和影响带动一批学生到企业就业；四是有条件的企业可以和高校开展定向、委托培养等事宜。

四、针对岗位劳动强度大、工作环境差进行指导

（一）指导科学改进工作内容、流程

用人单位在生产过程中，要从实际出发，利用现代科学技术手段对传统工作模式加以升级改造，通过设备更新、材料替代、流程简化和整合等方式，科学安排各个环节的工作内容，从而实现岗位劳动由繁入简、化劣为优。

1. 建议内外并重实施改进。从外部条件来看，应注重材料替代或设备完善、提高工艺水平；从内部条件来看，应注重流程内在的合理性和实效性。

2. 建议因势利导实施改进。可根据企业自身实际情况，有选择性地采取以下方式。一是水平工作整合，是指将原来分散在不同部门的相关工作整合或压缩成为一个完整的工作，或将分散的资源集中，由一个人、一个小组或一个组织负责运作，这样可以减少不必要的沟通协商，并能为终端提供单一的接触点。二是垂直工作整合，是指适当地给予员工决策权及必要的信息，减少不必要的监督和控制，使工作现场的事能当场解决，而不必经过层层汇报。三是工作次序最佳化，是指通过工作步骤的调整，达到流程最佳化。

（二）科学安排工作与休息的时间间隔

指导完善企业工作时间制度，注重工作时间与个人支配时间之间的协调与默契。通过合理安排上下班时间、工间休息、休假、轮班结构以及提高工作时间的利用率等措施，保持良性的工作与休息的时间间隔，确保调整好员工身心状态，有效地提高生产效率。

1. 建议实施标准工时制。建议企业每天延长工作时间不得超过1小时，特殊原因每天延长工作时间不得超过3小时，每月延长工作时间不得超过36小时；执行休假制度，按照国家有关员工休假规定，根据工作情况合理安排休假，如带薪年假、婚假、产假等。

2. 建议实施弹性工时制。建议企业推行"弹性工作、弹性休息"的不定时工作制，该工作制首先必须取得工会或相关职工同意，通过职工代表大会形成决议并经人力资源社会保障部门审批同意后才能实行；其次，执行过程中，应根据标准工时制度合理确定职工的劳动定额或其他考核标准，且在单位时间内总工时不能超过法定的总工时，保障员工休息权益。对于员工在规定的工作时间内提前完成工作任务的，可允许其拥有更多的休息时间。一般情况下，在规定工作时间本应完成工作任务而未完成的，可责成其在休息时间完成。

3. 建议实施综合计算工时制。建议企业以标准工作时间为基础，以一定的期限（月、季、年）为周期，综合计算工作时间的工时，其平均日工作时间和平均周工作时间应当与法定标准工作时间基本相同。在保障职工身体健康并充分听取职工意见的基础上，采用集中工作、集中休息、轮休轮调等适当方式，确保职工的休息休假权利和生产、工作任务的完成。

（三）在最大限度上改善工作环境

建议企业在成本预算范围内，尽可能地改善工作环境，提升企业形象、提高工作效率、增强人文关怀意识。

1. 建议围绕员工需要改善环境。建议企业坚持以人为本，始终把实现员工愿望、满足员工需要、维护员工权益作为干事创业的出发点和落脚点，努力为员工办实事、做好事、解难事，使全体员工不断享受到事业发展的成果。企业应注重员工工作环境尤其是安全生产环境的改善，真正让员工愉悦工作，使企业与员工和谐发展。企业应制订和实施劳动保护年度计划，不断提升劳动保护技术方法，进行安全设备、设施的更新改造，防止伤亡事故和职业病的发生，维护员工安全健康权益，使生产顺利进行。

2. 建议给予相应的人文关怀。建议企业开展送温暖活动，如帮助困难员工及家属、加强食堂安全管理、改善员工住宿条件。

3. 建议企业注重员工的身心健康和劳动保护，主要注重三点。第一，安排员工合理休假。法定节假日尽量不安排加班，保证员工正常休息休假。对于工作表现好的员工，可以奖励休息休假或外出旅游，以此调动员工工作积极性。第二，为员工安排健康体检和疾病预防。对员工进行岗前、岗中和离岗后体检，通过体检让员工充分了解自己的身体健康状况，做到有病及时发现、及时治疗，预防重大疾病的发生。在流行病高发期为员工免费注射疫苗，对慢性疾病员工进行干预，不定期为员工及家属提供健康讲座，开展健康知识竞赛。第三，关注员工心理健康。将员工心理健康管理纳入工作日程，建立专业员工职业心理健康问题评估体系，对存在心理问题的员工提供热线咨询、网上咨询、团体辅导、个人面询等帮助，帮助员工及其家庭成员解决各种心理和行为问题，以提高员工的工作绩效并改善企业气氛和管理，使企业走好“心经济”之路，赢得市场、赢得发展。

（四）建议合理配置性别比例，提高生产效率

指导用人单位在招用员工时从实际需求出发，分析招聘岗位的素质要求，灵活掌握招工条件，按照最优性别比招录不同性别的员工，保证科学的性别比例，实现人力资源的合理优化配置，最大限度地提高劳动生产力。

1. 坚持合理优化配置的三个原则。

（1）合理性原则。有些情况下性别作为企业招聘的重要条件被放到很高的位置，诸如非男不招或非女不招经常致使企业招不到人。这里

的合理性主要是说企业招人不可偏激，男性与女性都有自身优势，不能因偏见摒弃其中一方，导致岗位性别比例失调。要做到人力资源与岗位需求合理匹配，实现劳动力与生产资料的最佳配置。

（2）逆向性原则。企业应打破固有的用人旧习，从实际工作要求出发，例如有些岗位，如行政、人力资源类等工作，男性从业者不一定比女性从业者要差，而且还能融入男性的职业特点。而有些男性从业者比例大的岗位，女性同样具有相匹配的素质，而且工作更加细致。因此要大胆调整性别比例，做到人尽其才，才尽其用。

（3）互补性原则。“男女搭配干活不累”这句话有其道理，在工作中，男性的魄力与女性的细致等性别特征可互补，所以在工作中男女进行合理搭配，工作效率会提高。

2. 根据岗位实际，合理定岗定员。企业对岗位及工作性质应进行深入细致的剖析，明确男女比例，确定不同性别员工的招收数量，并将其安排在与之相适应的就业岗位上，实现劳动力和生产资料最优配置。在招工难的时期可放宽对性别的限制，因为一部分岗位男性或女性都可以做，例如会计、人力资源、计算机相关方面的工作等，主要应考虑求职者是否具有相应的素质而非性别。

3. 打破观念束缚，吸纳夫妻双就业。主要有两种做法。一是招收夫妻双方就业。由于受到中国传统思想的影响，婚姻对于双方的黏合力很高，夫妻二人共同在一家单位工作的稳定性也是比较高的。尤其相比异地就业的员工，夫妻间避免了一些牵挂，工作会更加踏实。二是鼓励单位通过联谊会等形式为企业内部适龄男女搭建沟通交流的平台，消除企业员工特别是年轻员工成家立业的后顾之忧，使其安居乐业。

（五）帮助指导解决员工后顾之忧

指导企业在生产过程中，从人本关怀的角度出发，多渠道帮助企业员工解决自身困境及子女上学、住宿、交通等关心的问题，增强员工对企业的认同感和归属感，稳定员工队伍特别是骨干队伍，为企业经营和长远发展打好基础。这种留人的方式会吸引更多求职者慕名而来，提高招聘成功率，有效缓解招工难问题。

1. 建议企业深入了解员工的需求，做他们的贴心人。要解决员工的后顾之忧，就要像关心企业自身一样去关心员工，做员工的知情人、贴心人。安排专人深入员工队伍，通过走访、座谈、设置意见箱、填写家庭情况登记表等形式，倾听员工的心声，了解员工的困难，了解大多数人的普遍需求与个别人的特殊需求，衡量权重并加以判断。对于能够解决的问题要迅速想办法解决，对于暂时解决不了或确实有困难的，详细说明情况以获取理解。

2. 建议企业切实解决员工困难。许多劳动密集型企业招工难的原因来源于求职者对家庭的牵挂，例如，子女的教育、老人的照顾或是夫妻长期两地分居等情况。作为企业首先要努力改善员工的生产生活条件，如为员工提供费用低廉、环境较好的住宿条件，改善员工伙食状况，为员工上班和子女教育提供班车等，同时要依法保障员工的各种权益，对于员工的合理要求尽量给予满足，积极与有关部门协调沟通，帮助员工解决住房、子女教育等公共服务管理问题。

3. 建议企业建立解决后顾之忧的制度，善待老员工。如果用人单位是一家生产型企业，那么对于老员工的需求更要悉心听取，解决他们的后顾之忧。因为一个新员工要经过一段时间的学习与磨合才能够把工作做好，往往一位技术熟练的老员工可以在短时间内完成的任务，新员工需要花费数倍于此的时间才能完成，因此，老员工的流失往往预示着生产成本的增加。另外，当解决后顾之忧的制度建立后，员工就有“法”可循，有利可得，员工的稳定性会大大提高，并会通过他们的人脉进行宣传，带动更多人来就业，解决企业招工难的问题。

阅读与思考

请结合本章内容，围绕下面三个用工指导的案例开展研讨，研讨的主要问题是：①列举案例所反映出的招用工指导的特点；②案例中解决问题的基本思路和方法；③本人或本部门所遇到的招用工指导的问题及其解决方案。

案例 1："算账法"为企业点醒留人策略

某食品有限公司是集雪糕、冰激凌、速冻水饺、汤圆、粽子、烩面、桶装饮用水等产品的研发、生产、销售于一体的大型民营企业。该企业具有较强的季节性用工特点，在夏天旺季时需要大量雇佣员工进行生产，但招得进员工却留不住他们，是该企业一直比较头疼的事。

某年二季度该企业进入生产旺季，由于缺工严重，企业人力资源部刘主任非常急迫地来到市职业介绍服务中心招聘处咨询登记，服务中心职业指导科晁科长接待了该企业，在初步了解了基本情况后，晁科长立即组织人员到该企业进行上门走访，经过深入调研，给企业负责人算了一笔"职工生活成本"的经济账。该企业职工现在月平均工资 1 800~3 000 元，每月要有正常的住宿、伙食、通信、交通、保险等生活必需开支，工资减去住宿费 300 元，伙食费 500 元，通信费

100元，交通费120元，社会保险费590元等必需开支后，已经所剩无几。员工辛辛苦苦干了1个月，到头来却赚不到钱，白白忙活，肯定留不住。而如果不增加职工福利待遇，等职工都跳槽了再花费人力、物力、财力去招聘新员工并负担培训的费用，这样算下来，不但没有节省费用，反而加大了经营成本，不利于企业健康发展。

晁科长通过算账法，帮助企业领导清楚地认识到了导致留人难的核心问题。企业迅速整改，合理调整工资待遇，还购置了8台大巴车接送职工，新建了职工宿舍并增加职工夜班补助，提供免费工作餐和补贴，同时全额报销外地员工探亲休假交通、食宿等费用，有效稳定了职工队伍。

让企业给职工涨工资是件很难的事情，通过算账法，可以使企业清楚地认识到现行的工资标准是否合理，制定的现行政策是否可行。在此基础上调整思路、制定策略，招到并留住合适的人才。

案例2：职业要求化整为零，一招解决“招工难”

某民营造船企业，由于信誉好、质量高，一下子揽了几份造船的大订单，任务已经排到了5年后。按理说，这种情况老板早已乐得合不拢嘴了，然而事实恰恰相反，这可急坏了企业老板老刘。原因是自打订单揽到手之后，他一直在招船舶电焊工，要满足产能他需要3 000名电焊工，结果快一年了，费了九牛二虎之力，才招上来100多名。他找过技工学校、找过公共就业服务机构、试过到全国各地去挖人……可以说，能想的办法他都试了。这段时间，急得老刘是茶饭不思，嘴里全是水疱。再不解决这个问题，不用说完不成工期，影响企业形象，更可怕的是还要向客户交付违约金，那可不是小数啊……一想到这，老刘真有点绝望了。

天无绝人之路，经朋友介绍，老刘请到了职业指导专家陈教授来“会诊”。老刘向陈教授详细介绍了企业情况，说明了事态的严重性，同时告诉陈教授，他现在通过涨工资可以招来许多农民工，他们很愿意做这项工作，但他们没有几个具备船舶电焊技能的。陈教授问：“那你们培养一个合格的船舶电焊工需要多长时间呢？”“最起码也得半年。”老刘焦急地说。陈教授说：“你先别着急，能不能带我到现场去看一看，咱们再商议。”老刘便带着陈教授在船厂里走了一圈。

陈教授看到船厂里热火朝天，船舶电焊工们都在紧张地忙碌着。他发现，有人在岸上焊，有人在船上焊；有人在船头焊，有人在船尾焊；有人焊直线，有人焊曲线；有人是俯焊（脸朝下），有人是仰焊（脸朝上）……

陈教授似乎一下子找到了问题的症结，很兴奋地问老刘："要按照船的部位来分工，需要多少个工位呢？"

"那可就多了，至少得有百十个工位。"老刘答。

陈教授又问："如果只针对一个工位进行技能培训，一般需要多少天？"

老刘仔细想了想说："估计得需要半个月吧。"

问到这里，陈教授会心地笑了，他对老刘说："船舶电焊工是一个职业，要学习这个职业的所有知识和技能自然需要很长时间。我们现在能不能将这个职业按照每一个工位要求，划分若干个培训模块呢？即让每一位新手，一上来只学习一个工位上的内容。就像将一个大蛋糕，切成若干小块，让不同的人都只吃一小口……"说到这里，老刘那紧锁多日的眉头一下子舒展开来，他豁然开朗地喊道："化整为零！"

案例 3："对比法"帮助企业摆脱招人困境

某公司属于省汽车零部件重点企业，占地面积 220 亩，注册资金 1 亿元，固定资产总投资 5.8 亿元人民币，现有员工 300 余人。

某年该公司频繁参加市职业介绍服务中心举办的招聘会，但效果却很差。服务中心职业指导师老王看在眼里、急在心头，通过将该企业与同行业的其他企业对比，他了解到，该公司招聘方案中存在不少问题，如招聘年龄要求过于年轻化，学历要求较高，月工资却比同行业低了 500~1 000 元，而且没有为一线员工完全办理社会保险等。这样一看，招聘条件的限制将年富力强的中年求职者挡在了门外，而福利待遇和社会保险等各项保障又没有任何能够吸引求职人员的地方，招不到人也就很正常了。

老王把该企业和其他企业的招聘要求和薪酬待遇做成一览表逐项对比，通过一览表可以清楚地看到该企业存在工资待遇偏低、招聘门槛过高以及缺少社会保险和带薪休假等问题，于是他据此向企业提出了指导建议。企业按照老王的建议，及时调整了招聘方案，采取了以下措施。①降低招聘门槛。将原招聘方案中招聘年龄上限由 30 岁以下改为 55 岁以下，学历要求由大专降至高中。②提高福利待遇。普工工资由 1 500~2 000 元提高到 3 000~4 500 元。③办理社会保险。为职工办理了养老、医疗、工伤等社会保险。④保障职工休假。实行每月 4 天的带薪休假制度。这些措施有效解决了招聘要求过高的问题并维护了职工权益，仅用 1 个月的时间就有效解决了企业缺工问题。

附录　综合案例应用

综合案例 1：加强高校就业指导，提升毕业生就业质量

一、案例背景

近年来，我国经济缓慢下行，对高校毕业生就业市场带来较大的冲击，高校毕业生就业指导服务相关问题也越发凸显，这些问题直接影响到高校毕业生就业质量。

信息不对称。由于没有建立起统一、规范、共享的就业服务平台，没有建立并联的信息传递渠道，在校生不能及时获取最新就业政策和相关信息。高校毕业生获取就业岗位信息的主渠道仍然是校园招聘会和各类网络招聘信息，信息渠道不畅，传递速度慢、容量低、覆盖面小，有些网络信息时效性差、缺少监督、可信度低。

就业竞争力弱。许多大学生在校期间偏重于理论课学习，对职业及职场环境缺乏必要的了解，到毕业学年既忙于毕业论文答辩，同时又要进行实习，对步入职场应掌握的必要知识与技能准备不足，学校为其提供的实习岗位与所学专业知识契合度不高。这导致他们应聘到正式工作岗位后需要重新学习，步入职场前普遍职场适应能力差，就业竞争力弱。

就业维权意识差。许多高校仍停留在对毕业生档案转寄、组织关系接转的传统经办方式，对高校毕业生离校后的不同去向经办程序缺乏详细的告知，特别是到外埠就业及灵活就业等手续办理，高校毕业生在离校前往往基本不了解。这导致高校毕业生对签订就业协议及劳动合同的

区别与联系缺乏了解，维权意识差。

就业指导服务不能满足实际需求。各高校虽已普遍设立了就业指导机构，但在就业服务方面，总体处于较低水平。直接影响高校毕业生就业服务质量的主要有五个方面。一是思想认识不足。把就业工作作为一项阶段性的、突击性的、指标性的工作来抓，缺乏对就业指导目标的深层次思考。二是组织机构不健全。大多数学校的就业指导机构都是挂靠在某一个部门，实行一套人马两块牌子。三是专职人员配备不足。许多学校的专职就业工作人员配备都没有达到规定要求。四是工作经费不足。五是指导人员素质较低。

二、主要问题

如何对高校毕业生实施精准就业服务，为其提供具有高技术含量、高附加值的适宜工作岗位，已是摆在高校就业指导人员面前的一个重大课题。

三、解决途径与措施

（一）加快完善高校公共就业服务职能

完善高校毕业生就业市场建设，设立大学生就业服务中心，专门负责对高校毕业生的就业指导和宏观就业服务，向高校毕业生提供全流程、宽领域、多层次、高质量的就业服务，为高校毕业生选择理想岗位搭建就业服务平台。

1. 建立常设的高校毕业生就业市场，为高校毕业生和用人单位提供公益性就业服务。省市要建立常设的高校毕业生就业市场，向高校毕业生提供公益性就业服务平台，为高校毕业生与用人单位交流、沟通创造条件，实现高校毕业生就业市场与人力资源市场线上线下贯通。高校毕业生就业市场要遵循公开、平等、竞争和择优的原则，建立完善的就业市场管理制度，维护市场经济的契约关系，保证参与主体的真实性和协议的有效性。

2. 在高校设立大学生就业服务工作站，实现就业载体、就业政策、就业信息、就业服务前移。人力资源社会保障机构下属就业服务部门，通过对高校进行专题调研，充分了解高校在校生资源及专业设置，由校方提供建筑设施，政府所属就业服务部门出资，在高校建立“大学生就业服务工作站”，完善高校就业市场功能。将服务载体延伸至高校，通过门户网站、微信公众号、手机 App 等多平台向在校大学生提供精准就业服务，为其开展在线“查询就业岗位”“投放求职简历”“接受就业指导”“接受人才测评”“获取企业反馈”等多项服务，形成“见习”“实习”“就业”相连接的数据库，并开展大数据分析，为大学生提供互动型、参与型、自助型的就业服务体验。

3. 建立针对高校毕业生的公共就业网络服务平台。由人力资源社会保障机构下属就业服务部门与各高校、用人单位及相关就业服务机构实现网络链接，实现高校毕业生资源和用人单位岗位需求信息资源共享。为在校生举办专项就业服务系列活动，包括校园招聘会、职业介绍、就业推荐、职业指导等线上线下融合服务，引导高校毕业生结合自身综合能力确定合理就业定位，宽领域、多渠道实现顺利就业。利用网络传播速度快、信息时效性强的特点，为用人单位和高校毕业生搭建功能强、效率高的就业服务平台，提升人力资源市场供需对接成功概率。

（二）加快完善高校毕业生就业指导体系

1. 完善就业指导工作机制。

（1）建立有力的工作保障制度。院校要有独立的毕业生就业指导机构，保证不低于 1%的年度学费用于就业指导工作，保证配备师生比不低于 1∶500 的专职就业工作人员。

（2）建立综合性强的工作机构。就业指导部门应由教学、科研、后勤与行政人员所组成，聘请历届成功毕业生、政府官员、企业人士担任顾问，定期开展教学、科研和高校毕业生就业服务工作的研讨，切实履行各项职能的实体。

（3）要在高校“大学生就业服务工作站”中设立职业指导室。要规范帮助指导内容，为在校生开展职业生涯规划与求职准备、择业方法技巧与渠道、就业的适应与发展、就业见习、创业的环境与战略、市场与大数据、毕业生素质测评、劳动合同法相关知识宣讲等服务。

（4）加快完善工作职能。要把就业指导工作从单纯的服务性职能扩展为思想教育、“三观”教育、心理辅导、择业指导、高校毕业生就业服务等多项职能。

2. 完善职业指导体系。

（1）职业指导要贯穿于整个学校教育过程，学校教育要有计划地、连续地、系统地融入职业指导。

（2）要把就业指导课程作为一门必修课，并计入相应的学分；要从单纯针对毕业生转变为覆盖全体学生；要将共性指导与个性指导相结合，让在校生通过理论课的学习同步提升职业意识与职业技能，以更强的综合实力迎接未来职业及岗位对自己的考验。

（3）要加大对高校毕业生就业权益保护，确保高校毕业生就业无后顾之忧，加强劳动监察管理，确保高校毕业生就业过程安全。

（4）要定期组织在校生到管理规范、技术含量高的现代大型企业和科研院所参观，使其及时了解我国高端制造业及科研机构的发展现状，特别是主要产品与发达国家在高新技术、总体规模、市场占有率等方面的对比，了解我国相关行业的优势与劣势，明确自身发展方向，激发其奋发努力、报效祖国的豪迈热情。

（5）要对贫困、残疾毕业生实施积极的就业帮扶措施。对低保家庭毕业生、建档立卡贫困毕业生、残疾毕业生、残疾家庭毕业生、享受助学贷款的毕业生摸清底数，在毕业学年提前采取积极有效的帮扶措施，为其求职择业提供岗位信息、就业指导、拨付求职择业补贴等多节点帮扶措施。

四、延伸思考

（一）加强对高校专业设置和学科建设的指导、管理和服务

政府有关部门应积极指导和帮助高校做好人力资源市场的预测、支持，并鼓励高校开设有市场需求和良好发展前景的专业，以培养“产销对路”的人才，并严格审查高校办学条件，根据办学条件开设相关专业，以确保大学生的培养质量，尽可能避免学科、专业的盲目和重复建设，形成科学合理的学科、专业布局结构，确保教育资源的充分利用。高校在专业设置中必须充分考虑人才的定位问题，不同的人才定位决定不同的培养模式，不同的人才发展定位要求不同的知识侧重，因而有着不同的专业课程设置。研究型人才侧重于基本原理、学科的历史现状和未来趋向，重点是科学研究能力的培养；应用型人才侧重于知识的广泛性和实际运用能力。

（二）克服高校产品脱离社会实际以及过于同质化的弊病

高校“产品”（即指学生）的广泛同质性、无差异性大大削弱了其在就业市场上的核心竞争力。现今不少高校的课程设置和教学内容差异不大，各学校缺少培养特色，使学生的知识结构、能力水平高度趋同，缺少特色。大量的同质教育“产品”在几乎同一时间挤入同一人力资源市场，供过于求也就成为一种必然。

（三）要引导合理配置人力资源

在促进学校树立正确办学指导思想的基础上，既要重视一次就业率的引导，更要重视高校毕业生的可持续就业引导。努力引导人力资源的合理、有序流动，避免在高校毕业生就业高峰期造成大量高校毕业生不能顺利就业的情况。

（四）要建立大学生职业技能培训体系

职业技能培训是帮助高校毕业生尽快达到职业化和专业化水平的有

效途径。政府应制订系统的培训计划，有组织地培训待就业高校毕业生，可将这项工作列入高校的就业指导工作，或者由社会中介服务机构承担，形成多层次、多渠道、多形式、系统化的培训系统。要加大培训力度，增加见习岗位，积极疏通和拓宽高校毕业生就业渠道。

综合案例2：失业人员职业指导案例

一、案例背景

张某，男，38岁，初中文化程度，性格内向，不善言谈。他原先在一家印刷厂上班，家庭经济状况比较困难。几年前因印刷厂倒闭被迫下岗，从那以后他一想到自己丢失了奋斗了10多年的工作，心里就十分苦闷。

失业后张某四处寻找工作，他曾先后在两家单位工作过一段时间。一家是人力资源市场推荐的饮用水生产企业，他在该企业从事清洁工1年多，虽工资尚可，但他感到工作内容单一枯燥，并且总觉得同事瞧不起他，都刻意隔阂他，周围环境也与自身期望不符，于是逐渐失去兴趣，最后黯然离职。另一家是一个保安公司，离家较近，工作比较轻松，但不仅工资低还要倒班，他在和一位业主吵架后，觉得自己干不了这个活，只得放弃。工作屡屡受挫导致张某逐渐少言寡语，不愿出门，情绪低落；与他人交谈时，他不愿提及自身就业状况，觉得自己既缺乏就业机会，又没有信心，大家都看不起自己。他认为自己除了会干印刷工作外，再没有别的技能，内心还是想找一个印刷方面的工作，干起来顺手。

二、主要问题

1. 张某性格内向，不善言谈，工作屡屡受挫，自信心不足，害怕和人交流就业方面的事，和他交流沟通比较困难。

2. 张某最近的两次失业都是自身因素造成的，说明他在职业适应方面存在问题，对劳动力市场的就业状况缺乏理性认识。

3. 张某是一名下岗失业人员，技能单一，文化程度低，帮助他再找一份满意的工作实属不易。需要帮助他调整求职思路，提升就业能力。

三、主要做法和措施

结合张某的情况，职业指导人员采取了以下做法。

（一）确定帮助思路

主要着眼于四点。一是张某性格内向，不善言谈，需要注意与其沟通的方式。二是在求职过程中屡屡受挫对他的打击比较大，应帮助他找回自信，重建就业信心。而帮助他认识到自身存在的问题时不能单靠简单的劝说，而是需要用典型案例去引导。三是要帮助他分析就业形势和自身优劣势。四是要为他提出合理化建议，帮助规划职业方向，帮助他找到一份合适的工作。

（二）实施措施 1：帮助树立就业信心

职业指导人员从了解张某目前的生活状态入手，试探着和他交流，调整他的情绪。而张某先是发牢骚，埋怨社会不公和别人对他的不理解。职业指导人员细心倾听张某的诉说，并适时地插话引导，表示接纳和理解，渐渐地打开了张某的话匣子。职业指导人员就其就业想法进行了交流，并给张某介绍了两个和他有类似经历的就业成功案例，帮助他正确认识就业过程中会遇到的困难，开拓就业的思路，让他认识到，找工作大家都难，不是他一个人难，但只要心态调整好，就能找到自己满意的工作。

（三）实施措施 2：帮助分析就业形势和自身优劣势

张某在求职过程中受到的挫折主要是错位挫折，这种挫折源于张某的择业目标与劳动力市场职业需求之间存在的较大差距，择业目标高于市场需求，造成求职失败。导致这一现象的主要原因是张某对自身的职业能力和职业定位缺乏正确认知，对劳动力市场的职业需求状况不够了解，从而导致信息不对称。职业指导人员为他介绍了扶持就业的有关优惠政策和当前的就业形势，引导他正确认识自己受到的挫折，并客观地为他分析了自身优劣势：劣势在于文化程度低，技能单一，好面子；优势在于踏实肯干，有进取心，就业欲望强烈，喜欢机器操作并掌握了机械方面的一些知识和技能。

（四）实施措施 3：提出合理化建议

张某的就业观念有些墨守成规，他在失业后没有充分考虑劳动力市场的需求情况，还想继续找一份印刷厂的工作，这是比较困难的。一方面，随着印刷技术不断提升，他以前掌握的技术不一定在当下还适用；另一方面，小型印刷厂效益普遍下滑，面临减员和破产的考验。针对张某的情况，职业指导人员建议他去参加挖掘机操作培训，除政府给予补贴外，自己适当掏点钱，掌握一技之长后再就业。职业指导人员还为他分析了市场需求，介绍了几个就业成功的人物，张某采纳了。

（五）实施措施 4：帮助寻找就业岗位

张某结束培训后，职业指导人员先介绍他到人力资源市场去登记就业，张某在人力资源市场很快就找到了一家建筑公司，该公司急需挖掘机司机，给的待遇还不错。职业指导人员进一步向他介绍了签订劳动合同、接续社会保险等方面的政策，提醒他在就业过程中需要注意的一些事项。于是，张某顺利上岗了，之后张某又换过一家建筑公司，但不再是被动下岗，而是主动追求更好的待遇。

四、延伸思考

（一）良好的沟通是帮助指导的关键

只有通过良好的沟通才能掌握服务对象的真实情况，打开他们的心结，了解他们遇到的真实困难。

（二）就业能力是可以通过针对性的培训得到提升的

人具有很强的可塑性，每个人都有自己的特长，每个人都有一套生存的本领。帮助指导就是要帮助求职者发现自己的特长，发挥自己的优势。

（三）掌握一技之长是失业人员实现就业的有效途径

在生产技术飞速发展的今天，劳动者必须不断提升自己的就业竞争能力，否则就会被市场淘汰。

综合案例3：四次指导实现成功进阶

一、案例背景

某高校就业指导中心刘老师遇到毕业生小丽，并对她实施了四次指导。

第一次指导：一天上午，小丽走进了指导中心，刘老师热情地接待了她，给小丽倒了一杯水，让她坐下来慢慢介绍自己的情况。谁知小丽话未出口就哭了起来。

小丽说："我是2012届财会专业毕业生，工作是在校园招聘会上找到的。刚开始干得还挺顺的，部门主管对我也不错，我的干劲十足，实习期刚结束，就和单位签了三年的劳动合同。谁知后来部门又来了一位男实习生，经理安排他在我这个岗位上实习。前天部门开会，他争着发言汇报，该说的都让他给说了，我就没有再发言。领导第一次批评了我，说我工作不主动。"

刘老师说："安排那个男生在你这个岗位上实习，说明公司还是很信任你的。"

小丽说："就是因为那个男生比我能说会道，会处关系，拉人缘，而我就是太老实了，只会干工作不会讨人喜欢。"

刘老师说："公司和你签了三年的合同，你在合同期内，有什么好害怕的呢?"

小丽说："因为那个男生实习期快结束了，他转正后可能会替代我，我很担心，觉得自己没有他优秀。"

刘老师说："看得出你心里很压抑，这事搁谁身上都会很担心，每个人的工作都不是一帆风顺的，我以前也有过不愉快的工作经历，有一段时间也想不开，很难受。"

小丽猛然地抬起了一直低着的头，吃惊地看了一眼刘老师说："你也有过我这样的经历吗？"

刘老师说："是的，甚至比你还严重。我为了工作中的事和别人吵过嘴，差一点就想辞职不干了，你看我现在不也走过来了吗？其实领导更看重的是工作能力，人缘好也并不能说明业绩就好。"小丽在刘老师的指导下又重新回到了原来的工作岗位上。

第二次指导：一个月后，刘老师又接到了小丽打来的电话，这一次感觉她的心情很好，她在电话中告诉老师："那位男同学转正后，就被派到下属单位了，而由于这个月的财务报表她做得很精细明了，还得到了公司经理的赞扬。"这次交谈刘老师主要做了两件事：一是耐心地听她说，与她分享快乐；二是叮嘱她脚踏实地，精益求精，努力工作。

第三次指导：半年后，小丽又主动来到了学校就业指导中心，求助刘老师说："老师，我感觉这个公司给我的薪酬太低了，我们班里的一个同学比我上班还晚，拿的薪酬比我还高，我想换个单位，你帮我再找个工资高点的吧。"

刘老师说："其他的同学呢，薪酬都比你高吗？"

小丽说："其他的同学也有比我低的，但和我同岗位的这个同学比我的高。"

刘老师说："你觉得你在这个单位工作开心吗？"

小丽说："挺开心的，领导都比较信任我。"

刘老师说："领导信任你，说明你把岗位上的工作做得很好，每个单位都有一套薪酬制度，该涨工资的时候，一定会给你涨上去的。"

小丽说："是的，我也听主管这么说过一次，公司可能年底要开薪酬大会。"

刘老师说："你看是吧，单位职工的表现，领导心里有数，不会不给你涨的。"

刘老师的言谈中重点暗示了两个问题：一是薪酬不是要调走、换岗的绝对依据，二是领导的信任和培养是职业进阶的关键。

第四次指导：又过了几个月，刘老师又接到了小丽打来的电话说："老师，我们部门的主管要退休了，公司正在招聘新主管，我想报名试试，可不知道能不能够成功，万一不成功，又担心领导说我不安心工作。"

刘老师说："你觉得自己有这个能力胜任主管的工作吗？"

小丽说："老师，我不确定，我来这个部门工作加上实习的时间有三年多了，一直跟着主管干活，工作的流程我都清楚，所以我想试一试这个岗位。"

刘老师说："那你就大胆地试一试吧，机遇都是给有所准备的人，你最熟悉这个岗位，一定要相信自己。"

两周后，小丽满面春风地来到学校就业指导中心，见到刘老师特别高兴地说："其实部门前主管也向经理推荐了我，加上我的自荐，公司领导同意我做这个部门的主管了，工资也涨了，谢谢刘老师。"

二、主要问题

刘老师对小丽同学的四次职业指导，主要反映了初入职毕业生经常遇到的三个问题：一是如何面对岗位上的竞争对手；二是怎样看待薪酬问题；三是如何突破自我，实现成功进阶。

三、案例分析

（一）小丽缺乏自信心

从本案例中可以看出，小丽从学校的会计专业毕业后，通过实习很顺利地在本岗位上转正，后来单位还派来了实习生跟着小丽实习，足以证明小丽有一定的专业能力水平，并且在工作上态度认真、做事勤恳，深得部门主管及单位领导的信任。可小丽并不这么认为，当面对岗位上的竞争对手时（甚至没有直接构成竞争），她觉得自己不够优秀，能力不如别人强，当受到了一点批评和委屈后就产生了低落情绪，甚至想辞职换单位，这说明小丽极度不自信。

（二）小丽的岗位意识薄弱

当得知同班同学的薪酬比自己高时，小丽又开始坐不住了，产生了动摇的心理。她不考虑自己在岗位上的实际状况，也不顾眼前工作的客观需要、适合度以及近期公司的薪酬安排，只想着和别人比眼下的薪酬。可以看出，小丽的岗位意识很薄弱，没有坚定的职业信念，有一点风吹草动就对自己的工作岗位产生了怀疑，如果不是指导老师的及时劝导，她就错失了大好的发展机会。岗位意识薄弱问题会使人在职业的道路上不断“颠簸”，严重影响个人在职场中的有序发展，甚至还会影响到心理健康。

（三）小丽的抉择能力不强

小丽的当任部门主管面临退休，公司在招聘新主管，小丽也得到了这个可提供升职机会的好消息，可是，小丽面对眼前出现的机遇时却犹豫不决，不敢做出选择，即使觉得自己有这个心愿，也想得到这个职位，但在行动上还是优柔寡断，下不了决心。

四、延伸思考

（一）梳理清现象

在解决任何一个职业问题之前，首先就是要对问题的现象进行清晰梳理，结合以往的操作经验与正确的判断标准“对号入座”，通过耐心、细致的分析，拨开现象下的层层迷雾，看清楚问题本来的面目，确切地找到问题发生的根源。在本案例中刘老师刚开始接触小丽时，采取顺藤摸瓜的方式，一步步揭开小丽心中的困惑与迷茫，精准地找到了小丽的主要问题。

（二）抓住问题的本质

在梳理清问题的现象之后，紧接着就要分析问题的本质，判断其属于哪一类型的职业问题及“病症”，然后采取有效的应对措施。在本案例中刘老师第一、第二次沟通通过跟进式指导，了解到了小丽因为怕别人取代自己的岗位而出现了职业的迷茫和动摇；第三次沟通又通过探索式指导，帮助小丽解除了关于薪酬的困惑；第四次沟通通过肯定式指导，帮助小丽实现职业发展中的成功进阶。

（三）解决问题的原则

梳理现象、抓住本质，就是要为最终解决问题找到真实可靠的前提和条件，做到有据可依、寻源找实、挖根刨底，从而把问题处理好。比如本案例中刘老师在给小丽进行的四次职业指导过程中，就是本着实事求是的指导原则进行的，不夸大问题的矛盾，也不轻视问题的实质，对事论事，找准问题的着眼点，抓住问题的核心要点一举击破。刘老师利用语言上的诚恳沟通和心理上的关怀与正向暗示，运用开导、鼓励、安抚等方法，最终通过连续的指导帮助小丽消除了职业病结，重新回到职业的正常轨道上，找回安全感和信心。

综合案例4：为什么我的生涯我不能做主?

一、案例背景

拉巴次仁出生于西藏拉萨一个藏族家庭，父母都是当地公务员，有着稳定的工作和收入，家庭生活幸福和谐。2003年他以优异的高考成绩进入咸阳西藏民族学院经济管理专业，从此步入多姿多彩的大学生活。

懵懂地过了一学期之后，拉巴次仁逐步适应了大学的生活。他努力学习大学的各门课程，参加了多个社团，在学长的帮助和影响下也经常参加校园内外活动。

大三暑假，父母看到逐步成熟的孩子打心眼里高兴。在谈到就业问题时，父母语重心长地对他说，要是考不上公务员就没出息。而拉巴次仁心里却有着自己的主张：他在大学期间参加了很多社会实践以及知名企业、企业家的讲座，那些成功企业家的创业经历与职业发展经历深深触动了他。

在就业制度改革与发展的形势下，国家鼓励大学毕业生进入企业发展，出台了很多优惠政策，他立志要进入企业，在商海大展拳脚，充分发挥和展示自己的才能。

毕业前，拉巴次仁的同学有的考研究生、公务员，有的进入企业将自己的所学应用于实践。而拉巴次仁想，考研虽然是一条好的路径，但他不想再给父母增加负担；考公务员是父母所期待的，可自己的条件并不适合做公务员，况且西藏公务员录取的比例逐年下降，竞争也十分激烈。

通过职业咨询和就业指导课程的学习，拉巴次仁发现自己更适合去企业发展，结合当前就业形势和政策，适合自己的正是这条路。大学四年的学习与社会实践带给了他更多的自信和勇气。因此，大四毕业时他选择了西安一家外资企业实习。

由于拉巴次仁刻苦勤奋、职业生涯意识明晰并且专业功底扎实、英语水平不错，毕业前他被实习企业正式聘用并签订了就业与劳动合同。此后两年的时间他完成了自己的角色转变，从普通员工升职到部门经理助理，收入也相当可观。

拉巴次仁的职业生涯迈出了成功的一步，他感到工作充实并快乐，但令他不安的是父母并没有因为他的快乐而快乐。他的父母始终不同意他进入企业发展的这条道路，经常打电话催他回西藏拉萨工作，见多次劝说无果，竟亲自到西安，硬是要将儿子拉回拉萨考公务员。孝顺的拉巴次仁实在拗不过父母，很不情愿地于 2009 年上半年参加了西藏公务员考试，通过面试后，被拉萨某政府部门招录，他的父母终于实现了他们的期盼与心愿。

然而，上岗后的拉巴次仁并没有兴奋起来，相反，公务员的工作让他感觉到从未有过的困惑与不适应。他以前的外资企业工作和现在的机关部门工作性质迥异，令他在职场上游刃有余的人际交往能力与专业水平在当下得不到施展。他很清楚自己根本不可能改变现状，情绪郁闷、内心痛苦，工作状态陷入低谷，他后悔自己违心走上了这条道路。

二、主要问题

1. 问题出在拉巴次仁没有坚持自己的理想。

2. 长此以往，拉巴次仁在心理上可能会出现问题，需要及时疏导与干预。

3. 兴趣爱好是个人发展的强大驱动力，而目前的工作不是拉巴次仁的兴趣所在。

三、案例点评与分析

1. 可以肯定地说，拉巴次仁是一个非常有理想、有抱负的有为青年，而且是一个非常懂事、非常孝顺父母的好孩子。原本事业成功的他完全可以有更高的成就，可是为了父母、为了家庭，拉巴次仁做出了很大的牺牲。

2. 拉巴次仁的内心并不快乐，现在的工作和生活并不是他想要的，也并不是他的理想所在。他每天面对的是内心的冲突与挣扎，心理已经出现问题，如果不改变现状长期这样下去，甚至可能会出现心理障碍。解决拉巴次仁的问题，还是要尊重他自己的选择，听从他内心的呼唤。

3. 性格特征、兴趣爱好与职业有高度的相关与匹配，当一个人找到了与自己性格特征相匹配的工作时，他的工作和生活是快乐的，而且工作也容易出成绩。拉巴次仁找到了自己的兴趣所在，可他如今无法从事与兴趣相匹配的工作了。

4. 拉巴次仁的职业生涯道路是曲折的，考上了国家公务员在外人看来是令人羡慕不已的，可是对拉巴次仁来说是不幸福的、是痛苦的。从职业生涯规划的角度来看，他的职业生涯是失败的；从职业生涯发展理论来看，他的职业发展是违背科学理论的。

本案例带来的几点启示：一是文化与经济的差别导致思想观念的不同；二是思想观念不同形成价值取向的不同；三是性格特征、兴趣爱好与职业有高度的相关与匹配；四是兴趣爱好是个人发展的强大驱动力，职业的选择与兴趣有高度的关联；五是人的成长过程中外部环境非常重要。

四、延伸思考

（一）帮助求职者探索影响职业取向的因素

在职业取向的探索中，不仅要探察求职者的不同取向，还要结合求职者的年龄、职位、环境等因素，做出综合分析和判断，主要是三点：一是帮助求职者了解他们自己的取向；二是帮助求职者客观地认识自己，认识自己的疑虑以及现实的职业环境；三是帮助求职者聚焦在最有代表性的职业取向上。职业取向的确认要采用适当的沟通方式，帮助求职者真正理解其职业取向。职业取向分析仅仅根据求职者陈述是不够的，需要借助客观科学的评议手段进行深入分析和探索。

（二）帮助求职者明确价值观

任何人的选择都会受到一定动机的支配，而择业动机一般都是由价值观决定的。价值观是一种内心尺度，它支配着人的行为、态度、观察、信念、理想，支配着人如何认识世界和事物对自己的意义，以及自我了解、自我定向、自我设计等。

综合案例5：应用具体化指导技术

一、案例背景

邱女士38岁，曾从事某知名外企人力资源经理岗位10年以上。离职后，她欲应聘民营企业人力资源总监，她觉得外企工作经历令自己掌握了先进的人力管理知识，正是民营企业需要的人才。职业指导人员询问时，发现邱女士职业认知清晰、职业诉求明确、工作经验丰富，用人单位似乎毫无理由拒绝这样的人才，不料其面试却数次受挫。在谈到面试情况时，邱女士表示数次面试时间均较长（超过半小时），谈了很久并感觉良好。她认为这是因为受到用人单位重视的缘故，但指导人员却持不同观点：面试时间长，说明单位对重要职位用人态度的慎重，但未必完全是因为对求职者的重视，也可能是用人单位对求职者心存疑虑，想多进行交流以充分考察求职者。因此面试时间长不代表录用可能性高……问题隐约是抓到了，可面对人力资源工作经历比职业指导人员还丰富且气场强大的邱女士，如何才能令其心悦诚服地接受呢？

王小姐今年35岁，未婚，从事英语翻译工作。半年前因公司倒闭离职。离职后，她应聘原职业，却始终未得到面试机会。后病急乱投医，降低要求应聘一些有英语要求的文职岗位，虽获得数次面试机会，但始终未获录用。咨询中，职业指导人员发现她对自身优劣势了解清晰，求职态度积极，应该不难应聘成功。她将最近面试受挫的原因归结为未育，但职业指导人员认为英语翻译属技术型工作，受劳动环境约束较小，甚至可以在家办公，换言之，婚育对其就业影响不大。职业指导人员查看王小姐简历时，发现简历撰写逻辑不甚清晰，夹杂不少与英语翻译无关的经历，一看就是“半路出家”，令人对其专业能力产生怀疑。由于王小姐确实被以未育为由多次拒绝，要改变其认知，使其相信

“完善简历就能增加就业机会”的难度颇大。

二、主要问题

1. 结合上述两人情况不难看出：邱女士得到的面试机会多，且都是令自己满意的企业，因此在面试环节出现问题的概率最大；王小姐简历投了很多，得到的面试机会寥寥，说明其简历很可能有问题。但这些都是职业指导人员的判断，对邱女士的指导需要找到“真凭实据”才有可能说服她；对王小姐的指导则要证明“简历问题”可能更大于“未婚未育”。

2. 这两个案例的另一个难点是态度问题。即邱女士本身是一位经验丰富的人力资源管理者，而且觉得自己职业定位是“低就”了。基于多年职业生涯建立起来的自信，她认为面试失败必然不是自己有缺陷，而是用人单位“慧眼蒙尘”。而王小姐职业认知清晰，职业态度也较端正，但由于屡次遭受就业歧视，将求职失败主要原因归咎于未育，遂认为一切努力都是无用的。其面试前准备不足，面试中态度消极，尤其一问到婚育情况，就彻底自暴自弃，不再用心作答。

三、主要做法和措施

——针对邱女士的帮助指导

（一）确定指导思路

在经过了解诉求、采集信息、完成诊断后，职业指导人员决定：一是将指导流程分为调整认知和促成自省两个阶段；二是为了降低阻抗，职业指导人员在指导过程中应使用具体化的指导策略。

（二）实施措施 1：客观讨论不切实际的态度

职业指导人员：“您觉得面试感觉好，是因为把想说的话都说了，令自己感觉良好，还是因为您的话令面试官十分赞同，让对方感觉良好？”（询问邱女士）

职业指导人员："您觉得面试时，是您说得多还是对方说得多，大概比例是多少？"（继续询问）

职业指导人员："在您回答完后，对方针对您的话有没有什么具体评价？"（继续询问）

人力资源管理经验丰富的邱女士听了这些问题，认识到自己的面试可能出现了问题。

（三）实施措施 2：具体化

职业指导人员："您认为面试时间长都有哪些可能，我们看看哪一种情况更可能成为造成时间长的原因？"

职业指导人员："面试过程中，用人单位都提了哪些重要的问题，您是如何回答的？"

经过将事件具体化发现，用人单位在问到"如果和部门中的关系户（老板亲戚）发生矛盾，你会如何处理"时，邱女士回答"我觉得只要为了公司好，大家可以商量，不行开会让老板决定"。看似圆滑，其实却反映其愿意在和谐环境下工作，不喜欢不和谐的工作氛围。试想人事经理本来就是为老板分忧的，什么事都要老板解决，甚至"背锅"，要此职位何用？与外资企业不同，私营企业人力资源管理工作更看重人际沟通能力和矛盾处理经验，邱女士的回答显然令用人单位失望了。

（四）实施措施 3：换位思考（进一步具体化）

职业指导人员进一步与邱女士就面试题进行讨论，引导邱女士换位思考。

职业指导人员："用人单位此问目的何在？"

职业指导人员："您的回答能否充分展现自己的人际沟通能力和矛盾处理能力？"

职业指导人员："如何回答会更符合用人单位的期望？"……

通过具体问题的讨论，邱女士意识到了面试失败的原因，职业指导人员继而提醒邱女士在面试时养成换位思考习惯的重要性。不久，邱女士即在一次面试中被顺利录取。

——针对王小姐的帮助指导

（一）确定帮助思路

职业指导人员决定：一是从论证单位关心的不是生育情况，而是工作稳定性这个问题入手，换言之，证明只要有责任心，即使未育，单位依然可能考虑；二是通过当前生育政策分析，分享面试回应技巧。

（二）实施措施 1：客观讨论不切实际的态度

职业指导人员："您觉得单位关心婚育情况的目的是什么？"

通过对这个问题的分析和讨论，王小姐开始意识到，单位更为关注的是工作的稳定性，而不是自己的未育。

（三）实施措施 2：具体化

职业指导人员："您觉得未育女性是失业多还是就业多？"（继续实施客观讨论）

通过对本地适育年龄段女性就业数据（包括招退工数据）分析，得出"绝大多数适育年龄段女性能找到工作"的结论，进一步纠正王小姐"未婚未育没人要"的错误认知。

职业指导人员："近三个月获得面试机会的具体职位是什么？"（继续询问，实施具体化）。

结果发现王小姐面试的职位均为文职。

（四）实施措施 3：比较分析论证

职业指导人员利用资料库，将工作内容相似的文职招聘信息进行分析比较，探讨不同劳动条件下，招聘单位的隐形壁垒（包括婚育、身高、形象等）设立原因，发现职业岗位核心技能越难被替代，受婚育等隐形壁垒的影响就越小，再通过对翻译和文职职位的替代性比较，提出坚持初衷，继续应聘翻译职位的建议。

（五）实施措施 4：修订完善简历

在认真阅读简历后，职业指导人员决定利用对简历中具体内容的探讨，来启发王小姐自省。

职业指导人员："这份简历的目标职位是什么？"

职业指导人员："如果您是面试官，看到专业旁边括号里写'自学考'是什么印象？"

职业指导人员："与目标职位无关的经历写在简历里的目的是什么？"

通过探讨，王小姐终于意识到简历的业余才是面试机会少的主要原因。在调整了简历内容后，面试机会大增，仅两周就找到了心仪的翻译工作。

四、延伸思考

1. 心理咨询中的具体化指导技术，是指咨询师协助求职者清楚、准确地表达他们的观点以及他们所用的概念、所体验到的情感以及所经历的事情。在职业指导过程中运用具体化指导技术不但能辅助职业指导人员进行诊断，而且能帮助服务对象自省，指导其提高求职技巧、端正职业认知。

2. 具体化指导技术并不否认服务对象的观点，而是通过不断提出具体问题的方式，使其随着职业指导人员的思路进行思考，逐渐得出与原先不同的结论。由于该技术使服务对象自己得出结论，故阻抗较小。在具体的指导实践中，具体化指导技术可运用于职业定位、途径选择、简历撰写、面试等。当然，具体化指导技术只是指导的一种方法，它并非独立存在，也不可能解决所有问题。

3. 下面结合求职者的一些典型问题给出了具体化指导技术的应用示例，供指导人员在实践中参考，见附录表-1。

附录表-1　　具体化指导技术的应用示例

<table>
<tr><th>求职阶段</th><th>可能遇到的问题</th><th>具体化指导问题参考</th><th>指导目标</th></tr>
<tr><td rowspan="5">职业定位</td><td>要求钱多事少离家近（职业诉求不合理）</td><td>您能接受的最低薪资/工作单位离家最远距离是多少？
这里有一份工作，一般员工工作三年后都不低于×××（高于期望薪资20%），但起始月薪×××（低于期望薪资）/车程可能超过您的预期20分钟/可能要偶尔加班，您能接受吗？
如果薪资×××（超过期望薪资20%），但车程多20分钟/偶尔要加班，您能接受吗？</td><td>通过劳动条件的不断变换，帮助服务对象自省哪些职业诉求是主要的，哪些是次要的</td></tr>
<tr><td>随便做什么工作都可以（缺乏职业定位）</td><td>您对工作有什么要求吗？
对薪资有何要求？班时有何要求？路程有何要求？单位性质有何要求？能否接受加班？
您过去从事过什么工作/什么专业毕业/有哪些证书？
您最好的朋友是怎么评价您的？</td><td>通过具体问题，帮助服务对象了解自身诉求和竞聘优势，进行职业定位</td></tr>
<tr><td>职业认知偏差</td><td>情景模拟：
假设两辆地铁追尾，地铁要暂时停运，您将怎么做？（地铁站务员）
假设国庆节经理要去北京中关村出差，您将如何安排行程？（行政助理/秘书）</td><td>通过具体工作事例帮助服务对象了解体会职业要求，从而判断自己是否胜任</td></tr>
<tr><td rowspan="2">自我认知偏差</td><td>根据您对薪资（或其他条件）的要求，您觉得哪些职位可能适合您？该职位的具体要求是……</td><td>同意服务对象求职条件的合理性，反推合适职位，一方面试探服务对象对职业的思考深度，另一方面通过服务对象的职业能力与职业要求做比对，令其自省胜任与不足</td></tr>
<tr><td>我这里有份职业测试量表，有兴趣做一下吗？</td><td>用相对权威的职业测试来帮助服务对象了解自己，调整认知偏差</td></tr>
</table>

续表

求职阶段	可能遇到的问题	具体化指导问题参考	指导目标
途径选择	对常用应聘途径是否适合自己不了解	您观察到该招聘途径其他应聘者的条件如何？ 和他们比您有哪些优势和劣势？ 您觉得这个职位对用人单位而言有多重要？ 如果您是用人单位，您招聘时更在乎及时程度还是费用？所以，您觉得用人单位更可能通过哪些渠道招聘？	通过问题引导服务对象思考特定招聘途径的竞争对手条件或用人单位的招聘思路，以此来选择合适的求职途径
简历撰写	冗余信息多	您写这条信息的目的是什么？ 您写下的信息对应职位的哪些要求？	根据职位要求，通过具体的细节分析来排除简历中的冗余信息
	竞聘思路不够清晰	您觉得这个职位的核心要求是什么？ 您能按用人单位的重视程度将各种要求排序吗？ 您自己的竞聘优势有哪些？	通过对比职位需求和竞聘优势来确定简历各项内容排序
面试	面试不知如何准备	您应聘的这个职位和其他同类职位有何异同？ 根据这些异同，您觉得用人单位可能会比较关注求职者的哪些特质？您过去有哪些经历能证明自己具备这些特质？ 根据招聘信息，您觉得这个职位可能要负责哪些具体事务？和哪些人打交道？可能有哪些要求？ 我们来模拟面试一下，首先，能否介绍一下自己……	通过具体的职位分析、职业模拟和面试模拟，帮助服务对象抓住职位核心需求，理清竞聘思路
	面试问答得失探讨	用人单位提了哪些问题？根据职位要求，您觉得单位分别想了解您哪些方面特质？ 您在面试中向单位传达了哪些信息？	通过具体的面试问答分析，帮助服务对象反省面试得失，积累面试经验

综合案例6：全方位指导服务助失业者重建信心

一、案例背景

小王，本科生，31岁，曾从事银行柜员工作。因为怀孕生子，暂时辞去了工作。一年后，其通过公益性就业服务网站“就业快车”中的“名师预约”功能找到了职业指导人员寇老师。

寇老师和小王通过电话进行了初步沟通，了解到小王是想找一个与之前岗位不同的工作。小王认为，之前从事的银行柜员工作在外人看来光鲜，但在她本人看来，压力非常大。除了绩效考核外，每天原本朝九晚五的工作，却经常因为等候取款车而提早或延迟，每天工作时间算下来平均在10小时以上。

寇老师与小王约谈，进一步了解到，她对自己的求职方向和目标感到很迷茫。她本想考会计证，可该资格考试已被取消；又想考教师证，但报考要求30岁以下，自己已超出年龄，即便放宽到35岁以下，也要求必须有2年以上的教师工作经验。她眼下已经没有什么期望，也没有什么具体的想法，只提出希望找到不离开所属辖区，正常上下班，能双休的工作。

二、主要问题

寇老师认为小王在面对择业、就业和职业发展方面有三个问题：一是小王对市场就业形势和择业工种情况几乎不了解；二是小王的择业目标和职业发展方向模糊不清；三是需要尽快找到一份工作。

三、主要做法和措施

1. 介绍就业援助服务协议的内容，说明了签订协议的目的和意义以及各自的权利和义务，正式建立了就业援助关系，为下一步的诚信互动奠定了基础。

2. 介绍当前就业形势，引导小王与时俱进。寇老师为小王介绍包括区域转型升级后的新定位、简单制造业陆续外迁、高端服务业就业机会增多且前景广阔等情况，同时特别阐明在新形势下，企业对求职者的学历、经验等又有了许多新要求，鼓励鞭策小王要有一个长远的就业打算。

3. 帮助小王客观了解自己。寇老师为小王进行了职业兴趣测试，结果显示，小王非常适合从事与人打交道的工作，她的兴趣取向与当前人力资源市场的一些热门行业、热门岗位非常契合。

4. 指导规划职业发展路径。寇老师结合小王的职业经历，具体分析了通往“理财”“教师”等类型岗位的职业发展路径，介绍了这些岗位的一些具体工作情况，并特别指出，这些岗位并非高不可攀，但要坚持分步实施的原则进行职业发展。小王听后坦言，多数岗位自己其实只知其名，不知其职责内容、职业环境和职业路径，在求职过程中一方面自以为是、屡遭挫折，而另一方面却又错失了许多好的求职机会。

5. 提供信息采集渠道，引导自助实现就业。寇老师指导小王关注本地人力资源市场的公众微信平台，以便每天接收到最新的岗位信息和就业资讯，同时指导她多参加每周三、周五举办的供需见面会，若遇到自己感兴趣或者中意的岗位，可随时与职业指导人员沟通，以获得对行业、岗位的客观认识。

6. 优先推荐适合岗位并提供跟踪指导服务。一周后，寇老师获知民生银行招聘客服的消息，他立即联系小王，并特别对其自身优势、与应聘岗位的对接点、岗位未来可能的晋升路径等进行了详细介绍。小王很感动，最终在职业指导人员的陪伴下参加了面试，并凭借出色的自我展示，在面试中脱颖而出，获得了培训见习机会，她自信满满、整装待发。

四、案例分析

寇老师对小王开展了全面系统的指导推荐服务，取得了较好效果，基本满足了服务对象的需要。特别值得强调的有以下两点。

1. 提供适当的心理调适指导可以快速拉近与服务对象的关系。在求职中，求职者常常表现出对市场竞争的不自信和对未来职业发展的不确定。如在本案例中，小王在产后居家待业的一年里失去了与外界、与人力资源市场的联系，不了解市场的行情动向，加之前一个工作岗位让小王产生了一定的心理负担和压力。据此，职业指导人员在与其签订就业援助服务协议或提供就业形势和最新资讯指导服务之前，如果能够为其提供适当的心理调适指导（例如，列举身边女性成功就业的典型案例、介绍当前公共就业服务机构精细化的服务等）则可以增强服务对象对自身以及未来的信心，拉近与服务对象的关系。

2. 客观介绍岗位的优劣势是帮助服务对象充分做好就业准备的重要保障。职业指导人员需要在为求职者说明岗位对接优势的同时，告知他们还要做好克服压力、困难的心理准备。针对就业困难群体，还要在其上岗后通过电话回访、单位回访，详细了解试用或见习培训情况。通过主动了解其心理动向，解决其新入职期间的问题，可以有效缓解求职者的紧张、畏难情绪，实现就业稳定和职业发展。

五、延伸思考

1. 网上“名师预约”服务是一种线上、线下相结合的新型指导模式，它打破了时间、空间的限制，可以为服务对象提供便利服务。每次一小时左右的“一对一”“面对面”沟通，也能够让服务对象全身心投入到对自身、对职业的探索中，为实现自主自助就业打牢基础。

2. 客观全面的岗位介绍是服务对象在择业、就业和职业发展过程中重要的信息资源，全面获取岗位信息资源是职业指导人员的基本功。做好这项工作可以通过与招用人单位的人事负责人进行深度访谈或在已就业人员的定期回访过程中解决，职业指导人员能否勤于发问、勤于思考总结、勤于提炼掌握更多的动态性信息，是能否有效进行岗位信息获取的关键。

综合案例 7：对简单问题做复杂处理

一、案例背景

赵师傅今年 53 岁，他 18 岁从中餐厨师职高毕业后，先后在饭店、物业、小学、幼儿园做了 31 年的厨师。这两年，因照顾家庭，他办理了灵活就业，打了些零工贴补家用。这些日子家庭情况稳定下来，他又有了一些新的想法，希望能够找到一份更好的工作，找一个长期工。

赵师傅来到公共职业介绍服务中心登记求职。考虑到自己年龄大了，他想找保安、车管员一类工作。职业指导人员老王热情地接待了赵师傅。赵师傅对老王说："我之前在幼儿园和小学的工作就是您给介绍的，这回您还得帮助我找个工作。"

二、主要问题

赵师傅的求职问题看上去非常简单，但是参考职业指导人员老王专业化的处理，可以清晰地看到精准化帮助指导的内涵。

三、主要做法和措施

（一）实施措施 1：了解情况

老王在指导赵师傅填写求职登记表时了解到了他最近 5 年的工作和生活状况：因母亲身体不好，卧病在床，生活不能自理。这几年他为了照顾母亲的生活，只能打些零工贴补家用。最近半年，因母亲身体状况不太好，为更好地照顾母亲，让她有个幸福的晚年生活，他特地请了个专职保姆照顾母亲的日常起居生活，经济压力陡然增大。这使得他要找个收入校高的工作挣钱贴补家用，以保障母亲的生活质量；他希望最好上半天的班，这样还能照顾母亲。

（二）实施措施 2：优劣势分析

结合赵师傅多年的中餐厨师工作经历，老王说："保安、车管员的工作虽然可以做，但毕竟工资少，而且都是上 8 小时的班，不如还干你的老本行厨师。厨师是越老经验越丰富，你现在身体还好，找个只做早餐和中餐的员工餐厨师岗位，这样就多出下午半天的时间可以更好地照顾母亲的日常生活了。”赵师傅听罢说：“您的建议太好了，这最合我的心意，只是这样的岗位好找吗？”

（三）实施措施 3：采集信息，进行求职匹配

与赵师傅达成一致后，老王就开始在数据库中和网络上为赵师傅采集信息，进行岗位匹配查询。经过多次筛选，老王最终为他匹配到了一家物业公司的员工餐厨师岗位，只做早中两餐，赵师傅非常高兴地上岗了。

（四）实施措施 4：面试指导

在与招工单位约好了第二天的面试时间后，老王向赵师傅简要介绍了面试注意事项，推荐他第二天上午去面试。面试结束后，赵师傅打电话高兴地告诉老王：“我面试合格，招工单位对我的厨师手艺很满意，今天就开始正式上班了。上班时间是早晨七点至下午两点，这个时间点正合我的心意。这份工作既能挣得较高的工资、发挥我的专长，又能使我有相对较长的时间照顾卧床的母亲，太适合我了，非常感谢您的帮助。”

四、案例分析

1. 依据求职人员的职业能力和当前就业市场的需求变化，进行职业指导和岗位匹配，利于求职人员再就业。

2. 本案例中，老王依据赵师傅具有的中餐厨师的技能优势，通过信息采集和求职匹配，指导其选择适合自己的中餐厨师岗位，最终既帮助赵师傅实现了再就业，也使供需双方实现了共赢。

五、延伸思考

职业指导人员在面对求职者时重点要让他们把握住三点：一是要了解自己的就业优势在哪里；二是要分析清楚困扰自己实现就业的问题是什么；三是要调整心态，顺应就业市场变化，以实现就业为最终目标。

综合案例 8：对典型问题做规范处理

一、案例背景

王某，36 周岁，男性，本科计算机专业，有 8 年的采购工作经验，2018 年 8 月被单位裁员。当时他有两个孩子，大孩子 9 岁，小孩子 3 岁，妻子之前因为照顾家庭而辞去了原有的工作。他觉得自己没有太多从业经历和职业技能，在重新就业方面没有信心。在办理失业登记手续时，他了解到职介中心有专门的职业指导工作室，于是就找到职业指导人员寻求帮助。

二、主要问题

对于大多数城镇失业人员而言，王某面临的问题具有典型性，职业指导人员应当从何入手，采取哪些措施将是本案例重点反映的内容。

三、主要做法和措施

职业指导人员针对王某的情况对其进行了一系列的帮助指导，主要是五个方面。

（一）化解失衡心态

职业指导人员首先帮助王某化解失衡心态。王某对单位辞去他一直耿耿于怀，一心想着就被单位解聘的问题与单位打官司去讨个说法。职业指导人员了解到，王某单位在解聘他的时候，给予了 8 个月工资的经济补偿，这说明单位做出的解聘决定合理、合规、合法；职业指导人员还发现王某此前因从事采购工作心理上有优越感，但失业后却形成了很大的心理落差。针对这两点，职业指导人员对王某进行心理疏导，帮助其接受现实。一方面劝说他不要去跟单位打官司，因为单位没有违规违法，期待获得更多经济补偿的想法是不现实的，而打官司则会耗时耗力耗钱，且没有任何赢的机会；另一方面，职业指导人员告诉王某，在市场经济大环境下，工作岗位是非常多的，他还年轻，还是大有可为，要去改变能够改变的事情，同时要有好的心态去接受不可改变的事情。职业指导人员一番细致的心理疏导使王某释然了。

（二）盘点家境计划开销

职业指导人员帮助王某分析家庭生活情况，盘点家中生活开销使用状况，并查看家里还有多少积蓄，然后把这些积蓄合理地安排好。同时，职业指导人员告诉王某，因为他有可能在未来的两三个月间找不到合适的工作，没有收入来源，所以在家庭花销方面要进行合理分配。王某和妻子双方家里都有老人，老人年纪不算太大，可以在某种程度上帮助他们。通过分析，王某对下一步的生活开始有了信心。

（三）重新定位职业方向

职业指导人员先为王某进行了职业评估，对他的职业兴趣、市场意识、工作经历、曾经接触过的客户等情况进行逐一分析。详细了解他此前在工作中所采购的产品都是哪些方面的，以及他对产品的熟知程度和感兴趣的程度，对这些方面逐一进行分析和梳理。在了解这些情况之后，职业指导人员建议王某尝试自主创业，并结合他本人大学计算机专业出身的知识背景，帮助他进行正反两个方面的创业前景分析：一方面给他介绍当前政府的一系列创业优惠政策，如免费的创业培训、无息贷款、创业扶持金、免税待遇、孵化基地免房租等；另一方面指出他缺乏创业经历，贸然进入市场投资做创业者，风险性太大。在这个环节中，王某对自己的职业出路方向有了进一步的认识，开始看到创业发展的可能性。

（四）确定走出困境的策略

职业指导人员给了王某以下建议。一是先去参加创业培训，全面了解创业过程与应知应会。王某参加了由人社部门组织的网络创业培训，经过了两个半月的学习，掌握了网络创业的基本相关知识。二是建议他在学习期间找几份零工，这样一方面可获得一定收入保证日常开支，同时也可以避免失业带来的懈怠。三是特别指导他找临时工作要有意识地往将来要创业的方向去靠近，建议他往网络创业方面去努力和发展，多熟悉一下网店、物流、配送等工作，多跑一些商品批发市场，逐渐增长市场营销的意识和相关知识，比如产品的质量、款式、受消费者喜爱情况等。

（五）扶上马，再送一程

为了让王某能够顺利实现既定目标，职业指导人员亲自陪着王某去考察市里规模最大的商品批发城，帮助他掌握更多的市场知识和经验。职业指导人员还送给他一些创业方面的书籍，要求他阅读并写出自己的心得体会，多给导师提问题，然后由导师给出详细的解答。

四、案例分析

通过一段时间的指导，王某找到了比较适合他当前情况并契合将来创业方向的临时工作。这份临时工作的工作时间比较宽松，这使他能够有一定的时间照顾家人，还可以跑跑市场并阅读创业方面的书籍。通过四个多月的学习和准备，在失业半年之后，王某注册了自己的淘宝店。第一个月，他的淘宝店挣了几百元钱，第三个月，收入就达到了 4 000 多元，已经远远超过了他此前对收入的预期。在开店四个多月的时候，他辞去了此前的临时工作，带着家人全职做起了淘宝。经过半年的时间，王某的工作和生活步入了正轨。